天下文化
BELIEVE IN READING

健康生活 179

薩克斯自傳

（原書名：勇往直前）

On the Move

A Life

by Oliver Sacks

奧立佛・薩克斯 — 著　黃靜雅 — 譯

薩克斯自傳

（原書名：勇往直前）

目錄

On the Move
A Life

合作出版總序

樹立典範——給新一代醫療人員增添精神滋養

黃達夫醫學教育促進基金會董事長
和信治癌中心醫院院長 黃達夫

我一直很慶幸這四十幾年習醫與行醫的生涯，適逢生命科技蓬勃發展，醫學進步最迅速的時期，在這段時間，人類平均壽命幾乎加倍，從戰前的四十幾歲增加到今天已接近八十歲。如今，我雖然已逐漸逼近退休年齡，卻很幸運的能夠與年輕的一代同樣抱著興奮的心情迎接基因體醫療的來臨，一同夢想下一波更令人驚奇的醫學革命。

我更一直認為能夠在探究生命奧祕的同時，協助周遭的人們解除疾病帶給他們的痛苦，甚至改變他們的生命，這種經常與病人分享他們生命經驗的職業，是一件極具挑戰性、極有意義的工作。在我這一生所接觸的師長、同僚和後輩中，我不斷的發現樂在工作的人，都是從照顧病人的過程中獲得滿足，從為病人解決問題的過程中找到樂趣。而驅使他們進一步從事教育、研究、發現的工作最強有力的動機，也是為了解決病人的問題。自從我進入醫療工作後，因著這些典範的激勵，支持我不斷的往前走，也常讓我覺得能與他們為伍是個極大的光榮，更讓我深深感受到典範對我的影響力和重要性。

除了周遭生活中所遇到的典範外，我相信在每個人的生命中，必定也經常從書籍中找到令我們欽慕的人物和值得學習的經驗，這些人、這些觀察也常具有相同的影響力和重要性。因此，我過去曾推薦一些有關醫療的好書給天下文化出版社，建議他們請人翻譯出版，這次當天下文化出版社反過來提議與黃達夫醫學教育促進基金會合作出版有關醫療的好書，由基金會贊助提供給國內的醫學院學生和住院醫師時，我認為是件非常值得嘗試的工作，董事會也欣然認同這是件值得投入的事情。目前計劃每年出版三本書，給國內新一代醫療人員增添一些精神上的滋養，希望能激勵他們從醫療工作中找到生命的意義和生活的樂趣。

二〇〇二年一月十五日

導讀

腦神經科學的冒險家——奧立佛・薩克斯醫師

和信治癌中心醫院醫學教育 講座教授
兼神經內科主治醫師 賴其萬

奧立佛・薩克斯醫師於二〇一五年八月三十日逝世於紐約，享年八十二。國際各大報章雜誌紛紛報導這件事，並有許多朋友與我分享有關哀悼他的文章、過去他所接受的採訪報導、錄音，以及自己過去寫過與他有關的文章與書摘，使我忍不住著手整理出這篇稿子，一者抒發自己對這位心目中的偶像之欽慕，一方面也希望可以介紹這位不世出之天才給國人。

奧立佛・薩克斯醫師可以說是當今神經內科醫師最多產的作家，他一九三三年出生於英國倫敦，早期小學、中學、大學三年主修生理學與生物學、醫學院四年都在英國受教育，他在一九五八年畢業於牛津大學醫學院（皇后學院），兩年以後在獲得英國醫師執照後，就經加拿大，轉往美國，在舊金山錫安山醫院（Mt. Zion Hospital）接受神經內科住院醫師訓練，然後到加州大學洛杉磯分校（UCLA）當神經內科研究員，而於一九六五年轉到紐約行醫。他著作等身，有好幾本書已有中譯本問世，包括《單腿站立》、《看見聲音》、《錯把太太當帽子的人》、《火星上的人類學家》、《看得見的盲人》、《腦袋裝了二千齣歌劇的人》、《幻覺》等書，深受臺灣讀者的歡迎。

我第一次見到薩克斯醫師本人是在一九九三年九月，在加拿大溫哥華的世界神經醫學會。他一九七三年的成名作品《睡人》（*Awakening*）於一九九〇搬上銀幕，而兩位天王巨星羅賓．威廉斯（Robin Williams）與勞勃．狄尼洛（Robert De Niro）演活了書中主角，一時神經學的疾病與治療成了社會大眾的熱門話題，大會因為他的努力提高了社會大眾對神經科學的認知而頒獎給他。他當天的受獎答詞給我留下很深的印象，他以清晰的英國口音，語重心長的說：「我們大家是醫『病人』的病，而不是醫『病』而已，不管多忙，我們要切記，不要忘了人與人的關係。」他說，他父親當時已經九十四歲，但仍然在英國行醫，而且他老人家仍然到病人家出診，家人勸他不要再出診，但他堅持不肯接受，說他「不能讓他的病人受苦等待」。薩克斯醫師的這一席話，使我聽了之後有如沐春風之感。

二〇一五年二月十九日的《紐約時報》，薩克斯醫師以〈我自己的生命〉（my own life）發表了一篇文章。他談到九年前因為一邊眼睛網膜發現有黑色素瘤，而接受放射與雷射治療，導致一邊眼睛完全失去視覺，但想不到最近被告知黑色素瘤已經擴散，整個肝臟有非常多顆腫瘤轉移，即將不久於人世。他很瀟灑的回顧自己的一生，他說自己一個月前還完全健康，而且事實上是非常的健康，因為他八十歲還能每天游一英里，但他終於到了生命的盡頭。他特別提到一位他很喜愛的哲學家休謨（David Hume）在一七七六年四月、六十五歲那年得到重病，知道再也沒有幾天的生命時，寫了一篇很短的〈我自己的生命〉，說他「此生無憾」，對自己雖得到重病，卻沒有遭受很大的痛苦，而且精神還是非常健康，而心存感激。

接著薩克斯醫師表示他自己比休謨多活了十五年，而且他比休謨還有時間，已經完成了一本即將要出版的自傳。最後他說，雖然就此結束生命實在很難接受，但他覺得自己曾經全心投入自己的生命而滿足，也非常珍惜自己過去所認識的朋友與他所建立的友誼。他提到最近這十年來，開始注意到同年齡的友人一個個先他而去，也知道遲早會輪到他，他說每個生命事實上都有其獨特的地方，「每個人應該尋找自己的路，過自己的生活，用自己的方式結束生命。」字裡行間看不出有絲毫的怨尤，而能優雅的接受死亡即將來臨。他甚至還在最後一次接受Radiolab電臺的訪談（https://www.wnyc.org/radio/#/ondemand/527964）中，笑說他肝臟有很多癌細胞的轉移，而他事實上最喜歡吃肝臟做成的料理，引起訪談者與他大笑一番。

哈佛大學內科教授傑若．古柏曼（Jerome Groopman）也是一位名作家，他為了奧立佛．薩克斯出版的這本自傳，寫了一篇新書介紹。他說薩克斯醫師年輕時就不讓自己為一般常規所拘束，譬如說他明明已經獲得牛津大學授予獎學金入學，但還得接受他認為毫無意義的入學「預試」，而他竟然考了三次都無法通過，後來還是教務長特別要求他勉為其難再考一次，才通過校方的基本要求；後來他念醫學院時，解剖學成績在班上敬陪末座，因為他對這種制式的有一定答案的測驗題最是無法忍受。但他深知身為外科醫師的母親一定非常注重解剖學，所以他就硬著頭皮報名參加一項全校競爭非常激烈的解剖學論文競賽，而他因為遲到，只在七個題目中選擇一個困難的申論題「結構的分化是否意味著功能的分化？」，想不到他的論文居然獲得全校冠軍的殊榮，使全班同學跌破眼鏡。

他在這本自傳中坦然「出櫃」，說出自己一直是個同性戀者。他坦承大學時期父親注意到他好像都沒有女朋友，而問起這方面的問題。經過父子一番深談，他才坦白告訴父親，他從十二歲就開始注意到自己對女性沒有興趣，但他也沒有與男生做過什麼越軌的事。他深知母親是陽剛型的外科醫師性格，一定無法接受兒子是同性戀者的事實，所以他特別要求父親不要告訴她。但想不到父親還是告訴了母親，而隔天一早母親就對他直言：「You are an abomination（你實在是非常令人憎惡的人）」，然後更說了一句令他十分傷心的重話：「但願我沒有生下你這個孩子」，而使他一直耿耿於懷，甚至在過世前的Radiolab電臺訪談中，他還提到母親說的這段話，並說母親在往後的三天都不跟他說話。

事後他認為，母親可能因為他的哥哥被診斷為「思覺失調症」（過去稱為「精神分裂病」），而他在四個兄弟排行最小，父母最寄予厚望，也因此父母非常失望他竟然也是異於常人。他說，英國在一九五〇年代遠比美國保守，對同性戀者不只視為異於常人，而且還有人視之為一種犯罪行為。

薩克斯醫師在二十幾歲醫學院畢業沒多久就離開英國，後來的五十多年都一直定居於美國。薩克斯醫師提到他第一次發現自己非常喜歡一位男老師，曾向他表達深深的愛慕，但老師很坦率的回應他不可能與他有這種關係，而使他遭受到難以接受的「失戀」。後來到了洛杉磯以後，熱中於運動，曾經喜歡上一位舉重選手，但沒多久就分開。以後他就一直獨居，直到七十七歲時，才終於找到他的真愛——作家比利．海斯（Billy Hayes），而他們一直同居到他過世。

薩克斯醫師從小家庭環境非常優渥，他的父母都是醫師，父親是一般科醫師，而母親是當時英國少有的外科女醫師，父母經常在餐桌上談病人的故事，所以他從小就很習慣醫生的生活。父親是游泳健將，童年時代他從父親那裡學了很多游泳的祕訣，他除了是游泳高手，也喜好各種運動，曾在洛杉磯得過舉重競賽蹲舉冠軍，他喜愛冒險、登山，曾經在挪威登山時，意外跌斷大腿骨而差點喪命，他曾談到在這次的意外事故，他沿路聚精費神哼著自己熟悉的音樂，而忘卻骨折的痛苦，繼續走下山求救。他非常喜歡騎重型機車，他在UCLA擔任住院醫師期間，有時星期五晚上一下班，就騎著機車奔向大峽谷，追星趕月看日出，消磨週末時光，星期日晚上再奔回洛杉磯，隔天一早就報到上班。他一生有許多不尋常的經驗，喜歡冒險、充滿活力，也因此擁有多采多姿的生命做他寫作的題材。

最值得稱道的是他到紐約的初期，曾經在一所收容八十位罹患一九一七到一九二八年歐美盛行的「嗜睡性腦炎」病人的安養中心服務。他有機會觀察到這種眼神呆滯、沒有活力或希望的病人，遠比一般巴金森氏病的病人更嚴重，他形容這些病人像「關在盒子裡生活」，或是「睡美人」。但一九六七年開始有人發現巴金森氏病的病人是因為「多巴胺」（dopamine）的缺乏，而以化學方法合成了「左旋多巴」（L-dopa）這種化學藥品，來治療這種病人，想不到結果這些昏睡多年的病人突然醒過來，所以他在一九七三年蒐集了他所照顧的二十位這類病人的故事，出版了《睡人》，一時洛陽紙貴，成了暢銷全美的好書。

薩克斯醫師在一九八五年接受美國極受歡迎的NPR（國家公共電臺）「清新空氣」（Fresh Air）節目主持人泰蕊．格羅斯（Terry Gross）的採訪。在訪談的錄音裡，我聽到他以如詩的口吻描述他親眼看到這種病人，由長年有如冰凍的僵直姿勢，突然間醒過來，像是「由魔鬼附身突然驚醒過來」，完全不像真實能夠發生的事。他還描述曾經看過一位六十二歲的病人，吃了左旋多巴以後「醒」過來，告訴他自己只有二十一歲，因為他這之前的四十年都「被冰凍多年」、「完全與世隔絕」的一片空白。薩克斯醫師在那訪談中，生動描述自己有幸目睹新藥帶給病人「新生命的黎明時刻」的充滿戲劇性變化而欣喜若狂。聽他親口道出「醫者那瞬間的喜悅」，使我充分體會出這性情中人找到自己選擇這救人行業的滿足感。特別讓我留下難以抹滅的印象是他的謙沖，在採訪結束時，他語帶幽默的謝謝泰蕊．格羅斯，因為「她能夠在訪談中成功的不讓他脫離主題。」

薩克斯醫師相當特立獨行，他有很長的一段時間嗑藥，而透過嗑藥中產生的幻覺以及思路的異常，使他嘗試到各種不尋常的親身體驗。他坦承有一次用安眠藥過量，昏睡一段時間後產生很多幻象，讓他看到蜘蛛在牆上對他說「哈囉」。他有一段時間幾乎每個週末都使用LSD（麥角酸二乙胺，一種迷幻藥），而看到了「世界上最美的顏色」，那就是太陽光的七種光譜裡紅、橙、黃、綠、藍、靛、紫裡的靛（indigo），他甚至描述自己有一次使用LSD加上安非他命（amphetamine）之後，他對自己說「我要看最美麗的靛色」，而靛的顏色馬上出現在他眼前，使他進入狂喜，看到有顏色的天堂，並聽到優美的仙樂。最不尋常的是，他曾經因為失眠而長期服用水合氯醛（chloral hydrate，一種鎮靜催眠劑），而有一次在停止使用這種藥物以後，發生類似震顫性譫妄（delirium tremens）症狀。他後來持續對各種感官的幻覺進行研究，包括他的病人因為神經學疾病（如癲癇、偏頭痛等）或自己嗑藥的經驗引起的視、聽、或其他感覺的異常現象，而最後寫出另一本暢銷書《幻覺》，也因此在二〇一二年再度接受NPR訪談。

薩克斯醫師在接受神經科臨床訓練的時代，醫學上還沒有「電腦斷層」或「核磁共振」這種高科技的檢查，所以床邊的仔細詢問病史以及熟練的神經學檢查技巧是唯一的診斷利器，再加上仔細觀察與邏輯思考，那就是神經科醫師的基本功。也因為這種訓練，再加上他對文學藝術的深厚功力，使他能夠一方面給予病人精確的診斷而給予有效的治療，一方面不斷寫出精采的作品。

薩克斯醫師覺得，他比一般人更注意自己感官的感受。他長年苦於偏頭痛發作，有一次偏頭痛發作竟然帶來十幾分鐘的思緒與現實完全脫節，而且講話也變得語無倫次，但他居然能在那瞬間，即席提筆巨細靡遺的記下當時的感受，而留下一篇非常難得的自述偏頭痛發作的先兆、以及頭痛之外在思考、感官所發生的各種奇異症狀的病人第一手資料。薩克斯醫師也曾經考慮以專攻偏頭痛的研究從事學術生涯，但他當時的主任，一位專攻偏頭痛的神經科大師剽竊他的寫作發表，使他對學術界大感失望。而且後來他也漸漸發覺自己並不適合躲在象牙塔裡從事學術研究，因為「他沒有耐心等待實驗的結果」。他覺得自己最大的興趣是照顧病人，離開病人的研究他沒有興趣。他認為「與病人交談，了解他們的病痛，而照顧好他們」的成就感，遠比他一個人關在實驗室默默的做研究來得有意義。但想不到離開學術界多年的他，後來居然因為醫學教育開始注重人文教育，而被哥倫比亞大學醫學院這種重視研究的學術殿堂，聘請為醫學人文藝術方面的教授，後來也陸續接受好幾所著名大學醫學院的禮聘。

在臨床工作裡，他因為對病人的感受特別敏感，有時會發現病人奇怪的症狀是來自於大腦某些部位的功能短暫或長期的失能，而耐心的幫忙病人尋求進一步的藥物或復健治療。他曾經描述一位八十八歲的養老院病人中風以後，開始有陣發性的幻聽，經他再三追查，雖然病人無法提出這歌曲自己在哪裡聽過，但薩克斯醫師由她哼出的音樂，證明這是病人的故鄉愛爾蘭的兒歌，而使他成功診斷出罕見的「音樂癲癇」，並進而證明病人在大腦記憶區發生小中風，而變成癲癇的病灶。他最有名的一本書《錯把太太當帽子的人》，就蒐集了一些很傳神的大腦病變以後發生的奇怪症狀，而其中的一篇描述病人得病以後，錯把太太當帽子的個案，更是膾炙人口，也使讀者不得不驚嘆造物者的鬼斧神工，大腦不同部位竟有如此奇妙的不同功能。薩克斯醫師在他的自傳裡說過：「我從來沒有看過一個病人沒有教我一些新的東西、或者是讓我有新的感覺、新的思路、新的想法，所以我想這些人事實上是帶給我冒險的滿足，我個人認為神經學本身就是一種冒險。」

這幾年來每次閱讀薩克斯醫師的作品，我都會因為他博覽群書，對神經學過去兩百年的許多重要發現如數家珍，以及所寫的書都有詳細的加注、並附上重要的文獻參考資料，而由衷佩服他做學問的態度。薩克斯醫師對提高醫學界與社會大眾對腦科學的興趣，的確有很大的貢獻，他也影響了不少對科學或醫學有興趣的年輕人選擇走上研究腦科學或成為神經科醫師的路，同時他也讓一些想學醫的學生，了解行醫與寫作這兩條路是可以並行而不相衝突，尤其是腦科學可以見證到許多令人歎為觀止的奇妙世界，可以帶給作家更多靈感的源泉。

最後，我忍不住感嘆，英國好不容易培養出這麼一位天才，但卻無法留住他。如果薩克斯醫師終其一生都留在他的祖國，他會有今天這樣的成就嗎？同時我也不覺自問：如果這豪邁不拘的天才，生長在臺灣今天的環境，又有可能脫穎而出，大放異采嗎？臺灣的醫學院可以延攬這種不是象牙塔內專注研究的學者，而是廣博群書、著作等身、入世濟人的醫學人文大師，加入醫學教育嗎？事實上，這種能夠兼具言教、身教於一身的醫生老師，才是今天培育良醫最需要的良師，但我們現行的教育制度能容許醫學院聘任這種教授嗎？

——本文原載於《民報》二〇一五年九月三十日

（http://www.peoplenews.tw/news/ad9a409c-bdd6-4752-9b9b-8db3fd2ff1ad）

獻給比利

生命必須在前瞻中展開，
卻只能在回顧中領悟。
——齊克果（Kierkegaard）

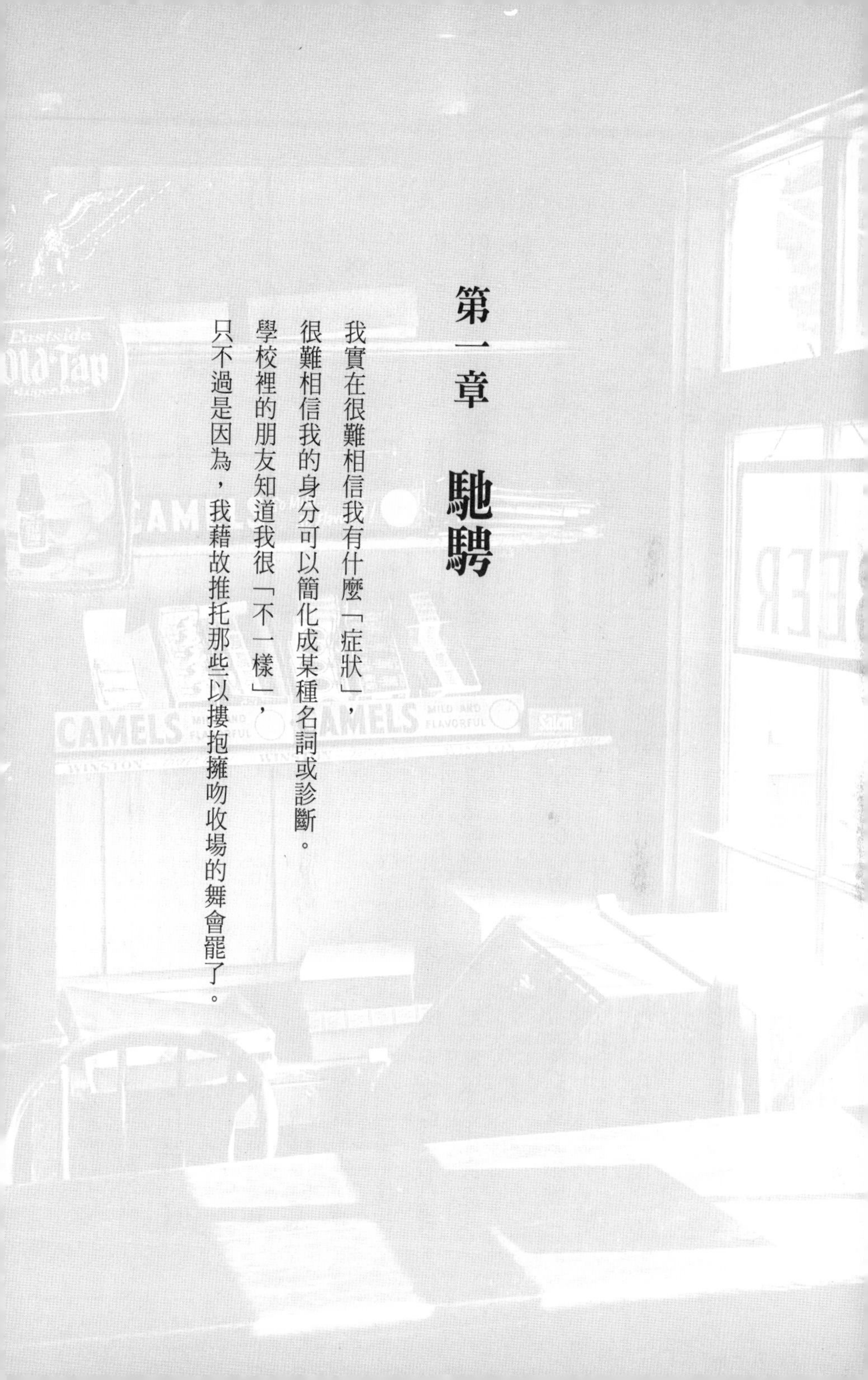

第一章　馳騁

我實在很難相信我有什麼「症狀」，
很難相信我的身分可以簡化成某種名詞或診斷。
學校裡的朋友知道我很「不一樣」，
只不過是因為，我藉故推托那些以摟抱擁吻收場的舞會罷了。

小時候，在戰爭期間，我被送去寄宿學校念書，那時的我有一種受禁錮卻無能為力之感。我嚮往「動」與「力」——輕鬆自如的「動」、超凡無比的「力」。簡單說吧，當我夢到飛行，或是在學校附近的村莊騎馬時，那樣的動與力都讓我很享受。我很愛我的馬，既有力又柔韌，我還記得牠那輕巧愉快的動作、暖暖的身體，以及甜甜的乾草香。

在所有的動、力活動中，我最愛摩托車。我父親早在戰爭前便擁有一輛「斯科特飛鼠」，配備大大的水冷式引擎，還有能發出似尖叫聲的排氣管，我也好想要一輛這麼有力的摩托車。對我來說，摩托車、飛機、馬的形象融為一體，摩托車騎士、飛行員、牛仔的形象也是，我把他們想像成「顫顫巍巍卻又興高采烈駕馭著威猛坐騎」的人。西部牛仔片和英勇的空戰片，滿足了我天真爛漫的想像力，看飛行員冒著生命危險，駕駛颶風戰鬥機和噴火戰鬥機，卻只靠厚厚的飛行夾克保護自己，就像是摩托車騎士把安危交給皮夾克和頭盔一樣。

一九四三年，十歲的我回到倫敦，我喜歡坐在前廳的窗欄邊，觀看並試圖辨認飆馳而過的摩托車（戰爭結束後，汽油比較容易取得，摩托車變得普遍多了）。我可以辨認出十幾種廠牌型號，例如ＡＪＳ、勝利牌、ＢＳＡ、諾頓、無敵、文生、維羅塞提、艾瑞兒、陽光，還有罕見的外國摩托車，例如ＢＭＷ和印地安。

十幾歲時，我和志同道合的表親，三不五時會去水晶宮看摩托車賽車。我常搭便車去史諾多尼亞爬山，或去湖區游泳，偶爾會搭上別人的摩托車。坐在摩托車後座讓我興奮不已，激發了我的白日夢，幻想著哪天也能擁有一輛時髦有勁的摩托車。

到了十八歲，我的第一輛摩托車是二手的BSA Bantam輕型車，配備二衝程小引擎，後來發現煞車有毛病。我在攝政公園上演騎車處女秀，結果算是運氣不錯，或許是命不該絕，因為正當我全力加速時，油門竟卡住了，而不夠力的煞車根本煞不住車子，連讓車子稍微慢下來都不行。攝政公園由一條馬路環圍著，我發現自己一直在繞圈子，困坐在停不下來的摩托車上。我大喊大叫，警告行人走避。大家紛紛讓路給我，但隨著我一圈又一圈繞過，他們竟叫嚷著為我鼓舞。我知道車子騎到沒油，終究會停下來。不由自主的繞了公園幾十圈後，引擎總算劈啪一聲熄火了。

起初，我母親一直很反對我買摩托車。此乃意料中事，但我父親的反對倒是讓我很訝異，因為他自己一直都在騎摩托車。他們為了勸我不要買摩托車，還買了輛一九四三年的標準牌小轎車給我，時速連六十五公里都不到。長大的我看小車不順眼，有一天，我一時衝動把車賣了，拿賣車的錢去買那輛二手的Bantam摩托車，結果車子一騎就壞了。我只好向父母解釋，弱不禁風的小車或摩托車很危險，因為出了問題使不上力，騎那種更大更有力的摩托車反而安全得多。他們勉強同意這個說法，出錢幫我買了一輛諾頓摩托車。

騎著我的第一輛諾頓二百五十西西摩托車，好幾次差點出車禍。第一次是我靠近紅燈時騎太快，發現沒辦法安全煞車或轉彎，只好直接騎過去，不知怎麼的（簡直是奇蹟），我竟然從兩列反方向行進的車陣間穿越而過。一分鐘後我才反應過來，我又騎了一段路，把車子停在小路上——然後就暈倒了。

第二次發生意外是在一條蜿蜒的鄉間小路上，那晚下著大雨。對面開過來的車子沒有把車燈調暗，害我什麼都看不見。我本以為會迎頭撞上，但最後關頭我跳車了——話說得可輕巧，這舉動可能救命，也可能送命。我放手讓摩托車跑向一邊（它並沒有撞到那輛車，不過全毀了），自己往另一邊跳。幸好我當時穿戴頭盔、靴子、手套，加上一身皮衣皮褲，儘管我在濕滑的路上滑行了二十公尺左右，但衣服把我保護得好好的，身上竟然毫髮無傷。

我父母嚇壞了，但很高興我平安無恙，我說要再買更猛的諾頓「統治者」六百西西摩托車時，很奇怪，他們竟然只提出一點點異議。此時我已從牛津大學畢業，正要前往伯明罕，一九六〇年的上半年，我在那裡找到外科實習醫師的工作。我小心翼翼的說：有了伯明罕與倫敦之間新開的M1高速公路，加上高速摩托車，我每個週末都可以回家。那個年代的高速公路沒有車速限制，所以我騎回家只需一個小時多一點點。

我在伯明罕遇到一群摩托車騎士，嘗到了融入群體、分享熱情的樂趣；在此之前，我一向是獨行俠。伯明罕附近的鄉間很天然、未受破壞，一大樂事便是騎車去埃文河畔斯特拉特福鎮，看看有什麼莎士比亞戲劇在上演。

一九六〇年六月，我去看TT大賽，那是每年在曼島盛大舉行的「旅行者大獎」（Tourist Trophy）摩托車賽事。我設法買了個「急救醫療服務」臂章，這樣就能混進維修站看賽車選

手。我認真寫筆記，準備寫一部以曼島為場景的摩托車賽車小說。我為此做了很多研究，卻一直寫不出來。✫

一九五〇年代，倫敦附近的北環公路也沒有車速限制，非常吸引喜愛極速的人，那裡有一家著名的「王牌」咖啡館，基本上就是高速摩托車車手的聚會所。想要成為「飛車男」（Ton-Up Boy）圈內人，「上百」（時速達一百英里）是最低標準。

即使在當時，很多摩托車都可以上百，尤其是經過微調、拆除多餘重量（包括排氣管）、加了高辛烷值燃料的摩托車。環繞二級公路的「火速」（burn-up）賽車更具挑戰性，只要一進咖啡館，就得冒著遭挑戰的風險。不過大家都不贊成「尬車」（playing chicken），因為即使在當時，北環公路也時常交通繁忙。

我沒玩過尬車，但我喜歡玩小型的公路賽車；我的六百西西「統治者」引擎稍微加大了馬力，但仍比不上受「王牌」圈內人青睞的一千西西「文生」。我曾經試騎文生，但對我來說實在太不穩了，尤其是低速行駛，和我的諾頓很不一樣，諾頓的車架像羽毛褥墊似的，無論什麼速度都穩得不得了。（我很想知道，能不能拿文生的引擎來搭配諾頓的車架，幾年後，我發現這樣的「諾文」摩托車已經製造出來了。）

✫ 在那時所寫的筆記本上，我表明自己打算寫五本小說（包括摩托車那本），還要寫一本少年時代的化學回憶錄。我從來沒寫過小說，但四十五年後，我寫了回憶錄《鎢絲舅舅》。

不過，北環公路實施車速限制之後，再也不能上百；賽車的樂趣沒了，「王牌」原有的盛況亦不復存。

我十二歲時，一位觀察入微的校長在報告上寫著：「薩克斯以後會很有出息，如果他沒有太出包的話。」真的是這樣。小時候，我做化學實驗常常出包，房子裡全是有毒氣體；幸好，我從來沒有把房子燒掉過。

我喜歡滑雪，十六歲那年，學校組隊去奧地利玩高山滑雪。隔年，我單槍匹馬去挪威的泰勒馬克郡玩越野滑雪。那趟滑雪旅程很順利，搭渡輪回英國之前，我在免稅商店買了兩瓶白蘭地，順利通過挪威的邊境管制。無論我帶幾瓶酒，挪威的海關官員都不管，但他們告訴我，我只能帶一瓶酒回英國，英國海關會把其餘的酒沒收。緊握著兩瓶酒，我上船來到上層甲板。那天的天氣異常晴朗，非常冷，但我把暖和的滑雪衣統統穿在身上，不覺得有什麼問題。其他人都待在船艙裡，整個上層甲板只有我一個人。

有書可以看——我正在看《尤利西斯》，看得很慢；還有白蘭地可以喝——沒有什麼比酒精更能使人暖和起來。船身催眠般的輕柔搖晃，讓我昏昏欲睡，我坐在上層甲板，時不時喝一口白蘭地，陶醉在我的書本裡。有一度，我很驚訝的發現，我愈喝愈多，竟然喝掉將近半瓶。我沒什麼感覺，所以繼續看書、喝酒，不知不覺喝到只剩瓶底一點點。當我發現船正在進港時，嚇了好大一跳。我太沉迷於《尤利西斯》，竟然沒注意到時間的流逝。酒瓶現在全空了。我還是沒什麼感覺；我想說，這酒一定比他們說的還淡很多，儘管標籤上說是「一百度」。我沒察覺有什麼不對勁，直到我站起來馬上跌了個狗吃屎。我對此驚訝萬分，難道船突然搖晃了嗎？於是我站起身，竟又立刻摔了一次。

到現在我才開始明白，我喝醉了，而且是醉得很厲害，不過這酒精顯然是直奔小腦，完全不理會腦袋的其他部分。一位船員上來確認大家都下船了沒，發現我正舉步維艱、拿滑雪杖支撐著。他叫來一位幫手，兩人一人扶一邊，把我扶下船。雖然走路東倒西歪，而且引人矚目（多半是看笑話），但我覺得自己打敗了制度，因為我離開挪威時有兩瓶酒，到達時只剩一瓶。我蒙混了英國海關一瓶酒，心想，本來他們應該會愛死那瓶酒。

一九五一年發生了很多事情，有些事情很令人心痛。三月時，柏蒂阿姨過世了，她一直是我生命中的常客；我這輩子到當時為止，她都和我們住在一起，毫無條件的愛我們大家。柏蒂阿姨個子很嬌小，智力不高，我母親的兄弟姊妹當中，她是唯一有生理缺陷的。我一直不太清楚她幼年時發生什麼事，有人說她的頭部在嬰兒時期受了傷，也有人說她是先天性甲狀腺功能低下。對我們來說，這些都無關緊要；反正她就是柏蒂阿姨，是家裡不可或缺的一份子。

柏蒂阿姨的死令我悲傷不已，或許直到那時，我才明白她在我生命中有多重要。幾個月前，我拿到牛津大學的入學獎學金，那時把電報拿給我的正是柏蒂阿姨，她擁抱我、恭喜我，也掉了幾滴眼淚，因為她知道，這意味著她最小的外甥——我，就要離開家了。

夏末我就要去牛津念書。我剛滿十八歲，父親覺得這時候應該跟我開誠布公，來一場父子對談。我們談到零用錢和花費，這問題不大，因為我生性節儉，唯一的奢侈品就是書。然後，父親終於問了真正令他擔憂的問題。

「你好像沒有很多女朋友，」他說：「你不喜歡女生嗎？」

「她們還好啦，」我回答，想要快點結束對話。

「難不成你喜歡男生？」他繼續追問。

「是啊，我喜歡男生，不過那只是一種感覺而已，我從來沒有『做』過什麼事情，」我很擔心的補上一句，「不要跟媽說，她會受不了。」

但父親竟然跟她說了，第二天早上，她擺著一副臭臉責罵我，我以前從來沒看過這種臉色。「你真是可憎！」她說：「當初不該把你生下來。」然後她就出門了，好幾天都不跟我說話。等到她又開口時，並沒有提到她說過的話（後來也不曾舊事重提），但我們之間已經有了隔閡。我母親在很多方面都很開明，而且很支持我，在這方面卻是既苛刻又頑固。跟父親一樣，她也是常讀聖經的人，她最喜歡《詩篇》和《雅歌》，但《利未記》裡頭可怕的詩句卻讓她耿耿於懷：「不可與男人苟合，像與女人一樣，這本是可憎惡的。」

我父母都是醫師，擁有很多醫學書籍，包括好幾本有關「性病理學」的書。不到十二歲，我已經翻閱過克拉夫特—埃賓（Krafft-Ebing）、赫希菲爾德（Magnus Hirschfeld）、艾利斯

（Havelock Ellis）等人的書。但我實在很難相信我有什麼「症狀」，很難相信我的身分可以簡化成某種名詞或診斷。學校裡的朋友知道我很「不一樣」，只不過是因為，我藉故推托那些以摟抱擁吻收場的舞會罷了。

我沉湎於化學，後來沉湎於生物學，我不太知道周遭（或身體裡面）發生什麼事，在學校裡也沒有迷戀上任何人。不過，樓梯口那尊著名雕像的全尺寸複製品——與蛇搏鬥試圖救出兒子、肌肉健美的裸體拉奧孔（Laocoön），卻讓我感到「性奮」。我知道，「同性戀」這樣的想法會引起某些人的恐慌；我懷疑我母親也無法免俗，這就是為什麼我告訴父親：「不要跟媽說，她會受不了。」也許我根本不該告訴我父親。大體上，我認為我的「性事」是我自己的事，別人管不著，不是什麼祕密，但也不致淪為話柄。艾瑞克．寇恩（Eric Korn）和喬納森．米勒（Jonathan Miller）是我最要好的朋友，他們都知道這件事，但我們幾乎從來沒討論過這個話題。喬納森說，他當我是「無性」。

我們都是成長環境、文化、時代的產物。我有必要反覆提醒自己，我母親生於一八九〇年代，受過東正教的薰陶，況且在一九五〇年代的英國，同性戀行為不僅遭人視為變態，而且是刑事犯罪。我也得記住，「性」乃是所謂的正派、理性（在其他方面）人士，可能產生「強烈、非理性觀感」的領域之一，如同宗教與政治。我母親並不是故意要殘忍，寧願我死掉算了。現在我才明白，她是一時之間不知所措，或許很後悔說了那些話，或許已把那些話，屏隔在她內心深處的私密一角。

但她的話卻糾纏我大半輩子。我本來可以自在、歡愉的表達性事，但我卻不敢表達，而且感到內疚。她的那番話，對我造成了極為深遠的影響。

我哥哥大衛和他的妻子麗麗，知道我缺乏性經驗，覺得我可能是因為害羞，只要找個女人、甚至是做個愛，就可以讓我恢復正常。一九五一年聖誕節前後，我在牛津上完第一個學期，他們帶我去巴黎玩，目的不只是看風景，例如羅浮宮、巴黎聖母院、艾菲爾鐵塔之類的，而且還要帶我去找個體貼的妓女，讓她試出我的能耐，嫻熟耐心的教我什麼是性愛。

他們選了一位年齡、個性都很適合的妓女（大衛和麗麗先跟她談過，說明我的情況），然後我就走進她的房間。我害怕極了，嚇得陰莖癱軟，睪丸都快縮到腹腔裡去了。

那個妓女長得很像我的一位阿姨，一眼就看穿我的窘境。她英文說得很好（這也是她獲選的條件之一），她說：「別擔心，我們不如來喝杯茶吧。」她拿出茶具和小蛋糕，打開茶壺，問我喜歡什麼樣的茶。「正山茶，」我說：「我喜歡煙燻的味道。」此時我已恢復聲音與信心，邊享用煙燻茶，邊和她輕鬆的聊天。

我待了半小時才離開；哥哥嫂嫂在外面等我，充滿期待。

「怎麼樣，奧立佛？」大衛問。

「太棒了，」我一面說，一面揩去鬍子上的蛋糕屑。

到了十四歲，我以後要當醫師乃是「心照不宣」。我母親和父親都是醫師，最大的兩位哥哥也是。

然而，我不確定我真的想當醫師。我不再懷有當化學家的野心；化學這門科學已經大有進展，超越了十八、十九世紀的無機化學——那是我的最愛。不過十四、十五歲時，受到學校生物老師的影響，以及大文豪史坦貝克寫的《製罐巷》啟發，我心想，那我當個海洋生物學家好了。

拿到牛津大學的獎學金時，我面臨抉擇：我應該堅持念動物學，還是成為醫學預科生，念解剖學、生物化學、生理學？「感官生理學」特別令我著迷——我們如何看出顏色、景深、動作？我們如何「認出」任何東西？我們如何用視覺來理解世界？我從小就對這些東西很有興趣，因為我患有視覺性偏頭痛，鮮豔的鋸齒狀線條可能會讓我發作；除此之外，在偏頭痛先兆期，我可能會失去色彩感、景深感、動作感，甚至無法認出任何東西。我的視覺可能會在眼前消失、解構（這很嚇人，卻也很迷人），然後又重新產生、建構，這一切的發生只有短短幾分鐘。

我家的小小化學實驗室曾兼作攝影暗房之用，顏色與立體攝影特別吸引我，這些東西也讓我很想知道「大腦如何建構顏色與景深」。我一直很喜歡海洋生物學，如同我一直很喜歡化學，但現在我想要了解「人類的大腦如何運作」。

我對自己的智力一向沒什麼自信，儘管大家都認為我很聰明。如同我那兩位最要好的同學喬納森和艾瑞克，我對科學、文學也很著迷。喬納森和艾瑞克的才智令我敬畏，我想不通他們為什麼會和我廝混，但我們上大學都拿到獎學金。可後來，我遇到了一些困難。

在牛津，學生必須考過所謂的「預試」才能入學；我以為那只不過是一種形式，因為我已經拿到獎學金。但我預試沒考過；考第二次，又沒過。考第三次，還是沒過，這時候，院長瓊斯先生把我拉到一旁說：「薩克斯，你申請獎學金的論文非常傑出，為什麼這麼無聊的考試卻老是考不過？」我說我不知道，他說：「好吧，這是你最後一次機會。」所以我又考了第四次，這次終於考過了。

在聖保羅中學念書時，和艾瑞克、喬納森在一起，我可以隨心所欲享受「藝術與科學結合」的樂趣。我是文學社的社長，同時也是田徑社的祕書。這樣的結合在牛津比較難，因為解剖學系、科學實驗室、拉德克利夫科學圖書館都聚集在南公園路，離大學講堂和學院有點遠。我們這些念科學或醫學預科的人，與大學的其他人之間，有實質上與社交上的隔閡。

在牛津的第一個學期，我強烈感受到這一點。我們必須寫文章交給導師，所以得待在拉德克利夫科學圖書館好幾個小時，閱讀各種論文、評議文章，摘選最重要的部分，用有趣的、自己的方式表達出來。花很多時間閱讀「神經生理學」頗有樂趣，甚至令人興奮不已(浩瀚的新領域似乎正不斷的開展出來),可是我愈來愈感覺到生活中少了些什麼。我幾乎沒看什麼閒書,除了經濟學家凱因斯的《傳記文集》;我自己也想寫一本傳記文集,但不太一樣,我想寫的是那種與臨床有關的文章,介紹具有不尋常缺陷或能力的人,並說明這些特徵對他們生活的影響;簡單說,我想寫的是臨床傳記,或是某一類的特殊病歷。

我的第一個、到頭來也是唯一的題材是胡克(Theodore Hook)——我拜讀維多利亞時代早期的才子史密斯(Sydney Smith)的傳記時,看過這個人的名字。胡克也是口若懸河的才子,比史密斯早一、二十年成名,他還擁有無與倫比的音樂才華。有人說,他曾寫過五百多部歌劇,坐在鋼琴前面即興唱出所有聲部。這些歌劇曇花一現——震撼、優美、短暫;全是現場即興演出,從未重複,從未寫下,於是很快便遭人遺忘。有關胡克即興天才的種種描述,令我深深著迷:什麼樣的大腦才能做到這一點?

我開始閱讀有關胡克的一切資料,以及他寫的書。這些書讀起來異常沉悶又吃力,與他急智、創意非凡的即興之作形成對比。我對胡克有很多想法,到了米迦勒學期(第一學期)快結束時,我寫了一篇和胡克有關的文章,密密麻麻打了六大頁,總共有四、五千字。

最近我在某個盒子裡找到這篇文章,還有其他我早期的著作。讀著讀著,文章之流暢、淵博、華麗、狂妄,讓我大感驚訝,看起來不像是我寫的。難道整篇文章都是抄來的?或是從一堆資料拼拼湊湊來的?或者,那確實是我自己寫的,刻意以博學、教授似的口吻措辭,好用來反駁「我只是個乳臭未乾的十八歲小子」的事實?

胡克的文章只是消遣。我的文章題目大多與生理學有關，每個星期都要寫來讀給導師聽。當我拿到關於「聽力」的題目時，我太興奮、看太多資料、想太多，結果根本沒時間寫文章。不過在演講當天，我帶了一疊紙，假裝在讀上面的文字，根據題目即時「出口成章」，還假裝翻頁。講到一半，卡特博士（我在皇后學院的導師）叫我停下來。「我聽不太懂，」他說：「你可以再講一次嗎？」我有點緊張，試著重複最後幾個句子。卡特滿臉疑惑。「讓我看一下，」他說。我把空白的一疊紙遞給他。「很厲害嘛，薩克斯，」他說：「太厲害了。不過以後，我希望你還是好好寫你的文章。」

身為牛津學生，我不僅可以進出拉德克利夫科學圖書館，還可以進出博德利圖書館，這座牛津的總圖書館非常棒，最早可追溯至一六〇二年。胡克那些毫不起眼、如今已遭人遺忘的作品，就是我在博德利圖書館偶然發現的。除了博德利圖書館（以及大英博物館的圖書館），其他圖書館都無法提供我需要的資料，而且博德利圖書館的寧靜氣氛對於寫作最是理想。

不過，我最喜歡的牛津大學的圖書館，是我們皇后學院自己的圖書館。據說那宏偉的圖書館建築設計乃出自雷恩（Christopher Wren）之手，在建築物底下，布滿加熱管與架子的地下迷宮裡，藏有龐大的收藏品。

將古書、古版書捧在自己手上，對我來說是全新的經驗。我特別崇拜格斯納（Conrad

Gesner）一五五一年出版的《動物史》，書裡的插圖極為豐富，包括杜勒（Albrecht Dürer）著名的犀牛畫，以及阿加西（Louis Agassiz）有關魚化石的四卷作品。正是在那座書庫裡，我看到達爾文所有著作的原始版本，也是在那裡，我愛上了布朗爵士（Sir Thomas Browne）的所有作品，例如《一位醫師的宗教信仰》、《甕葬》、《居魯士的花園》。這些書有的簡直是荒唐透頂，但文字卻華麗無比！

如果覺得布朗爵士的古典豪語太誇張，可以改讀精工雕琢錘鍊的斯威夫特（Jonathan Swift）——沒錯，他的所有作品原始版本都在那裡。雖說我從小到大閱讀的都是十九世紀作品（那是我父母親的最愛），但皇后學院圖書館的地下書庫，讓我認識了十七、十八世紀的文學，例如約翰遜、休謨、吉朋、波普等人的作品。這些書統統隨手可得，並非藏在什麼特殊的、鎖起來的善本珍藏室，而是擺在書架上。我想像著，這些書從最初出版之後，就一直擺在那裡了。正是在皇后學院的地下書庫裡，我真正獲得了歷史意識，以及我本身的語言風格。

我母親是外科醫師兼解剖學家，儘管她承認我太笨拙，實在沒辦法繼承衣缽成為外科醫師，但她期望，至少我在牛津念解剖學能名列前茅。我們要解剖屍體、上課聽講，幾年後還要參加解剖學畢業考。成績一公布，我看到我在班上的排名竟然是倒數第二名。我很懼怕母親的反應，於是決定，在這種情況下，勢必得喝酒壯壯膽。我來到我最喜歡的酒吧

——寬街上的「白馬」酒吧，在那裡喝了大約兩公升的蘋果酒（比大多數的啤酒更烈，而且更便宜）。

連滾帶爬從白馬酒吧出來，喝得爛醉，我突然心血來潮、有了既瘋狂又放肆的念頭。解剖學畢業考的表現實在太差，我想要彌補，所以斗膽去應試極具聲望的威廉（Theodore Williams）人體解剖學獎學金。考試已經開始，我踉蹌摸進考場，憑著酒膽，往空書桌前一坐，看起考卷來。

有七道問題要回答，我栽進其中一題：「結構的分化是否意味著功能的分化？」不停的寫了整整兩個小時，將所有想得到的動植物知識旁徵博引、詳加討論一番。然後我就離開考場，距考試結束還有一個小時，其他六題就不管了。

那個週末，考試結果公布在《泰晤士報》。我——奧立佛．薩克斯，贏得那項獎學金！所有人都目瞪口呆：解剖學畢業考倒數第二名的人，怎麼可能抱走威廉獎？我自己倒是不怎麼驚訝，因為這正是當初我參加牛津預試的舊事重演，只是反過來而已。我對於真正的考試（是非題）很不在行，但是碰到寫申論題，我就可以大展身手。

威廉獎學金有五十英鎊——天哪！五十英鎊！我從來不曾一下子擁有這麼多錢。這回，我不是去白馬酒吧，而是去酒吧隔壁的「黑井」書店，花四十四英鎊，買了整套十二大卷的《牛津英語詞典》。

對我來說，那是世界上最令人垂涎、最值得擁有的書。等我後來繼續攻讀醫學院，才把整套詞典從頭到尾讀完。偶爾，我還是喜歡從書架上拿一卷下來，當做睡前書來閱讀。

我在牛津最要好的朋友是一位羅茲學者（拿著名的羅茲基金會獎學金前來牛津交流的外國研究生）——年輕的美國數理邏輯學家柯恩（Kalman Cohen）。我以前從來沒見過邏輯學家，柯恩的「腦力集中」能力讓我大感興趣。他似乎能將注意力鎖定在某個問題上，幾個星期毫不間斷，而且他熱愛思考；思考這項行為似乎能讓他很興奮，不管想出來的是什麼。

儘管我們如此不同，相處卻極為融洽。他被我不時瘋狂聯想的頭腦吸引，我也被他高度專注的頭腦吸引。他帶領我認識數理邏輯界的大人物：希爾伯特（David Hilbert）、布勞威爾（Luitzen E. Jan Brouwer），我則帶領他認識達爾文和十九世紀偉大的博物學家。

人們認為科學是發現，藝術是發明，但是有沒有某種數學的「第三世界」，很奧妙的兩者兼備？數字（例如質數）到底是存在於某種永恆的、柏拉圖式的理想世界？抑或是人發明出來的、如同亞里斯多德所想的那樣？無理數（例如 π）該如何理解？虛數（例如負二的平方根）又該如何理解？諸如此類的問題，我時常想半天也想不出結果，但對柯恩來說，那幾乎是攸關生死的大事。他的願望是用某種方式來調和「布勞威爾的柏拉圖派直觀主義」及「希爾伯特的亞里斯多德派形式主義」；對於數學的真面目，兩者的觀點如此不同，卻又彼此互補。

我跟父母聊起柯恩，他們立刻想到他離家好遠，便邀請他來我們倫敦的家度週末，輕鬆一下、吃吃家常菜。我父母見到他很高興，但第二天早上，我母親卻大發雷霆，因為她發現柯恩睡過的床單上寫滿了墨水字跡。我解釋說，柯恩是天才，他利用床單來研究數理邏輯的新理論（這我有點誇張），於是她的憤怒轉為敬畏，堅持留著床單不洗滌、不把字跡洗掉，以防將來柯恩再度光臨，說不定會想再參考一下。她還得意的將床單展示給布羅茲斯基（Selig Brodetsky）看，他從前是劍橋的數學特優生（也是狂熱的猶太復國主義者），是母親唯一認識的數學家。

柯恩從前就讀於美國奧勒岡州的里德學院，他告訴我，這所學校以優秀的學生聞名，而多年來他一直是成績最好的畢業生。他輕描淡寫、很自然的提到這件事，好像在說「今天天氣很好」。這本來就是事實。柯恩似乎也認為我很優秀，儘管我的頭腦明明就是既混亂又不合邏輯。柯恩認為優秀的人應該和優秀的人結婚，然後生下優秀的孩子。考慮到這點，於是他安排我跟另一位羅茲學者相親：來自美國的「牛頓」小姐。這位小姐芳名雷·珍（Rael Jean），人很安靜，不喜歡出風頭，但是思緒「如鑽石般銳利」（柯恩說的）。我們整頓晚餐都在討論高深的抽象概念，我們友好的說再見，卻從未再見。柯恩也不再試著幫我找對象了。

一九五二年夏天，我們頭一次度長假，柯恩和我從法國到德國一路搭便車，睡在青年旅館。途中我們染上頭蝨，只好剃光頭。皇后學院一位頗優雅的朋友辛茲海默（Gerhart Sinzheimer）邀請我們去他家住幾天，他與父母正在黑森林蒂蒂湖邊的家中避暑。當柯恩和我全身髒兮兮、頂著大光頭來到他家，講了抓頭蝨的故事之後，他們命令我們兩個去洗澡，還把我們的衣服蒸燻殺菌。在優雅高貴的辛茲海默家短暫而尷尬的住了幾天後，我們來到維也納，那正是我們心目中、電影「黑獄亡魂」場景的維也納，我們在那裡試喝了世人所知的每一種酒。

雖然我沒有念心理學學位，但有時我會去心理學系旁聽。我在那裡認識了吉布森（J. J. Gibson），他是「視覺心理學」理論學家兼實驗學家，來自美國康乃爾大學，休公假一年來牛津訪問。吉布森剛出版他的第一本書《視覺世界的知覺》，他很樂意讓我們試戴他的特殊眼鏡。一戴上眼鏡，我們平時所見的東西立即變成上下顛倒（一眼顛倒、或兩眼都顛倒）。沒有什麼比顛倒看世界更詭異的了，然而，過不了幾天，大腦就會習慣並適應這樣的視覺世界；只不過摘下眼鏡時，周遭看起來又會是上下顛倒。

視錯覺（visual illusion）也讓我很著迷。視錯覺顯示：智能理解、洞察力、甚至常識，對於「知覺扭曲」的威力竟如此招架不住。吉布森的「顛倒眼鏡」顯現出「頭腦調整視覺扭曲的能力」，視錯覺卻顯現出「頭腦修正知覺扭曲的無能為力」。

說到塞利格（Richard Selig），六十年過去了，但我依然能看見他的臉、他的體態舉止（彷彿是一頭獅子），如同一九五三年我在牛津的莫德林學院外第一眼看見他。我們聊了起來；我懷疑，開始交談的人應該是他，因為我總是太害羞，不敢展開任何交往，而他的俊美讓我更害羞。初次交談，我得知他是羅茲學者，是詩人，在美國各地打過各種零工。即使考慮到年齡差距（他二十四，我二十），他對於世界的了解還是遠甚於我，遠甚於其他從中學直升大學、不曾有過真實生活經歷的多數大學生。他覺得我這個人很有趣，我們很快便結為好友——而且，我愛上他了。這是我這輩子第一次墜入愛河。

我愛上他的臉、他的身體、他的心靈、他的詩、他的一切。他常會拿剛寫好的詩給我，我也回贈我寫的一些生理學文章。我想，我並不是唯一愛上他的人；還有其他人，男人女人都會愛上他，這是一定的——因為他的俊美、他的天賦、他的活力、他對生命的熱愛。他暢所欲言聊到自己，聊到他在詩人羅特克（Theodore Roethke）門下的學徒生活，聊到他與許多畫家的友誼，聊到他在領悟「無論自己有什麼才華、真正的熱愛是詩歌」之前那年，曾經當過畫家。他的腦子裡往往裝著意象、文字、詩句，自覺與不自覺的在腦中連續創作好幾個月，直到誕生成為完整的詩，或棄之不用。他的詩曾發表於《邂逅》雜誌、《泰晤士報文學增刊》、《伊希斯》雜誌、《格蘭塔》雜誌，並且獲得詩人史班德（Stephen Spender）的贊助。我認為他是天才，或是醞釀中的天才。

我們會一起散步，談論詩歌和科學。塞利格喜歡聽我興致勃勃的聊化學和生物學，這時候的我一點都不害羞。雖然我知道我愛上塞利格，但我對於承認這件事感到焦慮不安；我母親所說的「可憎」讓我覺得，我絕不能說出自己的身分。然而，神祕又奇妙的是，愛上一個人，而且是愛上像塞利格這樣的人，竟是喜悅與自豪的泉源。有一天，我提心吊膽的告訴塞利格，我愛上他了，不知道他會有什麼樣的反應。他抱著我，緊抓著我的肩膀，說：「我知道。我不是那樣的人，但我珍惜你的愛，也很愛你，用我自己的方式。」我並不覺得遭到拒絕、或傷心欲絕。他用最明理的方式說他該說的話，我們還是好朋友。由於我放棄了某種痛苦絕望的渴求，如今反而更自在。

我以為我們會是一輩子的朋友，或許他也這麼以為。但有一天，他來我的住處找我，看起來心神不寧。他發現他的鼠蹊某側長了腫塊；起初他一直沒理它，想說應該會消失，但腫塊愈長愈大，而且愈來愈不舒服。他說，我是醫學預科生，可以幫他看一下嗎？他拉下褲子和內褲，雞蛋大小的腫塊就在他的鼠蹊左側。腫塊固定不動、摸起來硬硬的。我馬上想到是癌症。我對塞利格說：「你一定要去看醫師，可能要做切片檢查，別再拖了。」

腫塊經切片檢查診斷為淋巴肉瘤；塞利格被告知，他只能再活不到兩年。告訴我這件事之後，他再也沒有跟我說過話；我是第一個確認他的腫瘤可能致命的人，也許他把我看成了死神的使者或象徵。

然而他下定決心，在他剩餘的日子裡要盡量活得充實。他娶了愛爾蘭豎琴家兼聲樂家奧哈拉（Mary O'Hara），和她一起去紐約，十五個月後便過世了。他最出色的詩歌，大多是在最後這幾個月寫出來的。

在牛津，念完三年要參加畢業考，考過就可以畢業。我留下來繼續做研究，在牛津第一次發現自己孤零零的，因為和我同期的人幾乎都離開了。

獲得威廉獎學金之後，解剖學系提供我研究職位，但我婉拒了，儘管我很景仰這位解剖學系教授——非常傑出、超級平易近人的勒格羅斯克拉克（Wilfrid Le Gros Clark）。勒格羅斯克拉克是很棒的老師，他擅長以演化的觀點來描述所有的人體解剖構造。在當時，他也因揭發「皮爾當造假案」（Piltdown hoax）而聞名。不過我婉拒了他的好意，因為我迷上一系列生動的醫學史講座，由專精人體營養學的高級講師辛克萊（H. M. Sinclair）講授。

我一向喜歡歷史，甚至小時候念化學的那段日子，我都很想知道化學家的生平與性情，以及偶爾伴隨新發現或新理論而來的爭議與衝突。我想了解化學如何開展成為人類的偉業。而如今在辛克萊的講座中，活生生呈現出來的正是生理學的歷史、生理學家的思想與性情。

朋友、甚至皇后學院的導師，都試圖警告我，勸我不要這麼做，他們認為這是個錯誤的抉擇。然而，雖然我聽說過辛克萊的八卦傳聞（不是很具體，只不過是他很孤僻、在學校裡獨來獨往之類的閒話，還有，學校準備關掉他的實驗室），但他們勸阻不了我。

我一進到人體營養學實驗室開始工作，立刻意識到我的誤判。辛克萊的知識（至少是他的歷史知識）是百科全書式的，他指示我做的那些研究，我都只是稍微聽過而已。在美國禁酒時期（一九二〇年至一九三三年），所謂的「薑酒中毒性麻痺」曾造成嚴重致殘的神經損傷，當時愛喝酒的人不能喝法定種類的酒精，只好改喝非常烈的萃取酒「牙買加薑酒」（jake），這種酒用來「提神」，可以自由買賣。濫用這種酒的可能性愈來愈明顯，於是政府在酒裡摻入一種非常難喝的化合物「三鄰甲苯基磷酸酯」（TOCP）。但這根本阻止不了好酒之徒，後來才發現，其實TOCP是一種嚴重致死、但藥性慢慢發作的神經毒物。等到大家知道這件事，已經有五萬多名美國人遭受多方面、往往不可逆轉的神經損傷。病人的手臂及腿部呈現獨特的麻痺現象，形成易於辨認的特有步態：傑克走路（jake walk）。

TOCP究竟如何造成神經損傷，仍不清楚，不過曾有人認為，TOCP尤其會對神經髓鞘造成影響，而且辛克萊說，沒有已知的解毒劑。他要求我研發這種疾病的動物模型。由於我很喜歡無脊椎動物，我立刻想到蚯蚓：牠們的神經纖維具有巨大的髓鞘，可以調節蚯蚓受到傷害或威脅時「猛然捲曲」的能力。這些神經纖維還算容易研究，而且我想抓多少蚯蚓都沒什麼問題。除了蚯蚓，我想到還可以加上雞和青蛙來做補強。

我們一討論完研究項目，辛克萊便神隱在他擺滿書的辦公室裡，幾乎不理人，不單我碰了釘子，人體營養學實驗室的所有人也是如此。其他研究人員都很資深，樂得沒人管，自己做自己的事。相反的，我是新手，亟需建議與指導；我試著去找辛克萊，但試過幾次之後，便明白這件事沒什麼指望了。

研究工作從一開始就不順利。我不知道TOCP的效力強度、該加在什麼樣的介質裡，也不知道是否該加糖來掩蓋苦味。起初，蚯蚓和青蛙不肯吃我調製的TOCP美食。雞卻似乎什麼東西都狼吞虎嚥——吃相實在不太好看。儘管這些雞吃相難看又亂啄又咕咕叫，我卻開始愈來愈喜歡牠們，對牠們的吵鬧及活力感到有點自豪，更欣賞牠們與眾不同的行為與特色。幾個星期之內，TOCP發揮作用，雞的腿部開始變得虛弱無力。這時候，我想到TOCP可能有點類似神經毒氣，這類毒氣會干擾神經傳遞物質「乙醯膽鹼」（acetylcholine），便拿抗膽鹼藥物充當解毒劑，餵給一半的「半癱瘓」雞吃。由於誤判劑量，我把那些雞全害死了。同時，沒吃解毒劑的母雞也愈來愈虛弱，簡直是慘不忍睹。最後，我為了自己和我的研究，眼睜睜看著我最喜歡的母雞（她沒有名字，只有編號四三〇四，是一隻異常溫馴、性情乖巧的動物）兩腿癱瘓倒在地上，可憐兮兮的唧唧慘叫。當我忍痛犧牲她（用氯仿讓她安樂死）時，我發現她的末梢神經髓鞘與脊髓中的神經軸突受損，和進行過驗屍的人類受害者一樣。

我還發現，TOCP會破壞蚯蚓猛然捲曲的反射作用，卻不會影響其他動作，因為TOCP破壞的是有鞘神經纖維，而不是無鞘神經纖維。但我覺得我的研究整體來說很失敗，我再也不敢指望成為科學研究人員。我寫了一份生動豐富、頗具個人色彩的工作報告，試圖藉此將整件痛苦的插曲從腦海中抹去。

這件事讓我很鬱悶，而且所有朋友都離校了，更讓我覺得孤立，感覺自己陷入某種「安靜卻又有點焦慮絕望」的狀態。除了鍛鍊身體，我找不到紓解的方法，每天晚上我都沿著伊希斯河的曳船道長跑。跑一小時左右，便跳進河裡游泳，然後濕濕冷冷的跑回我位在基督教堂對面的狗窩。我會囫圇吞些冰冷的晚餐（我再也不忍心吃雞肉），然後寫作到深夜。這些作品標題為〈睡前酒〉，是我努力想要捏造某種人生哲學、某種生活良方、某種繼續前進的理由，但卻狂亂而功敗垂成的嘗試。

我在皇后學院的導師，也就是曾試圖警告我不要為辛克萊工作的那位老師，察覺我的狀況，把他的擔憂告訴我父母。這讓我既驚訝又欣慰，沒想到此時那位老師還知道我的存在。他們商量後，覺得我有必要脫離牛津，找個友善互助的社區，待在那裡做苦工，從黎明直到黃昏。我父母認為「基布茲」（kibbutz，以色列的人民公社）正可符合需求，我雖然毫無宗教或錫安教派（猶太復國主義者）意識，倒也很喜歡這個主意。於是我離開牛津來到「審判之泉」，那是一處「盎格魯撒克遜人」的基布茲，位於以色列海法附近，在那裡可以說英語，直到我能說流利的希伯來語——但願如此。

一九五五年夏天，我都待在基布茲。我有兩個選擇：在苗圃工作，或是養雞。此時的我，對雞有恐懼感，因此選擇苗圃。我們天還沒亮就起床，吃過大鍋飯早餐，便出發去幹活。

我很訝異我們每餐竟然都有一大碗剁碎的肝臟。基布茲沒有牛，我想不通，光靠雞如何供應我們每天吃的幾十公斤剁碎的肝臟。我問的時候惹來一頓嘲笑，我誤以為的肝臟，原來是剁碎的茄子，那是我在英國從來沒吃過的東西。

我和大家相處得還不錯，至少會聊幾句，但沒有很談得來的。基布茲有很多家庭，或者更可說是共同組成一個大家庭，裡頭所有的家長照顧所有的孩子。我是與眾不同的單身漢，並不打算在以色列成家立業（我有很多表親都這麼計劃）。我不太會閒聊，來這裡的最初兩個月，儘管一天到晚泡在希伯來學堂，卻只學會非常少的希伯來語；不過到了第十週，我突然開始聽懂、並且開口說起希伯來語句。然而，這種辛苦的勞動生活，加上身邊和善體貼的人們，對於在辛克萊實驗室獨自煎熬的那幾個月來說，卻算是一種止痛良藥，那幾個月的我，簡直是把自己禁閉在自己的腦子裡。

基布茲對我的身體也有很大的影響：我剛來基布茲時，一副死氣沉沉、重達一百一十公斤的神豬模樣；但三個月後我離開時，已經減輕將近三十公斤，而且就某種深刻的意義來說，在我自己的身體裡，我感覺更自在了。

離開基布茲之後，我花了幾個星期去以色列其他地方旅行，想要多了解這個年輕、充滿理想主義、紛擾的國家。以前在逾越節（猶太教紀念猶太人逃離埃及的節日）禮拜、回顧猶太人的「出埃及記」時，我們總是說「明年耶路撒冷見」；如今，我終於見到所羅門於西元前一千多年建造聖殿的城市。但此時耶路撒冷遭到分割，因此無緣進入舊城。

我在以色列的其他地區探險：海法的舊港口（我很喜歡那裡）、特拉維夫、位於內蓋夫的銅礦（據說是所羅門王的礦山）。我對從前念過的卡巴拉猶太教一向很有興趣，尤其是它的宇宙開創論，因此我首度長途旅行前往薩法德，某種意義上也算是朝聖，十六世紀時，偉大的以薩．路里亞（Isaac Luria）曾在那裡生活、教學。

然後我來到真正的目的地：紅海。那時候的艾拉特（以色列最南的城市）寥寥數百人口，放眼望去只有帳篷和棚屋；現在則是金光閃閃、飯店林立的濱海大城，已有五萬人口。我幾乎整天都在浮潛，而且有了第一次水肺潛水的經驗，那時候還相當原始。（等到幾年後，我在加州拿到潛水員證書時，水肺潛水變得簡單、簡便多了。）

我又感到疑惑了，如同我最初去牛津念書時曾有的疑惑：我是不是真的想當醫師？我對神經生理學非常感興趣，但我也喜歡海洋生物學，特別是海洋無脊椎動物。藉由研究無脊椎動物神經生理學，尤其是研究頭足類動物（例如章魚、烏賊）的神經系統與行為，說不定能將兩者結合起來？✩

✩ 我在一九四九年應試高中會考時，動物學的主考官是偉大的動物學家楊恩（J. Z. Young），烏賊的巨神經軸突就是他發現的；幾年後，正是這些巨軸突的研究，讓我們首度真正了解神經傳導的電學與化學基礎。楊恩本人每年夏天都待在拿坡里研究章魚的大腦與行為。我當時在考慮要不要和他一起做研究，如同我的牛津同輩蘇德蘭（Stuart Sutherland）正在做的。

一部分的我，原本希望一輩子都留在艾拉特，整天游泳、浮潛、水肺潛水、研究海洋生物學與無脊椎動物神經生理學。但我父母等得不耐煩了；另一部分的我，覺得在以色列已經閒混夠久了，已「痊癒」了，該是時候回到醫學、回到倫敦開始臨床工作、開始看診了。但我還有一件事必須得做，那是以前從來想不到的事，現在我想到了：二十二歲的我，長得好看、曬得黝黑、體格健美，而且還是處男。

我和艾瑞克去過阿姆斯特丹好幾次，我們都很喜歡博物館和音樂廳。我第一次聽到英國近代作曲家布瑞頓的歌劇《彼得．葛萊姆》以荷蘭語演出，就是在阿姆斯特丹音樂廳。我們很喜歡運河，兩旁排列著高大、有階梯的房屋，還有古老的霍圖斯植物園、美麗的十七世紀葡萄牙猶太教堂、林布蘭廣場的露天咖啡店、路邊現賣現吃的新鮮鯡魚，以及似乎是這城市特有的熱忱、開放的氛圍。

不過現在，從紅海「剛撈上來」的我，決定一個人去阿姆斯特丹，去那裡失去自我，明確的說：失去我的童貞。但這件事該如何著手呢？這門課沒有教科書。也許我需要喝杯酒，才能抑制我的膽怯、我的焦慮、我大腦的額葉。

瓦摩士街有一間非常舒適的酒吧，靠近火車站；艾瑞克和我以前常去那裡喝酒。但現在隻身一人，我喝很烈的荷蘭琴酒，好讓自己擁有「荷蘭人的勇氣」。我喝到醉茫茫，吧檯看來忽明忽暗，聲音聽來時大時小。直到我站起身，才發覺站也站不穩，不穩到連酒保都用荷蘭文說：「Genoeg（夠了）！」問我回旅館需不需要幫忙。我說不用了，我住的旅館就在對街，便搖搖晃晃走出酒吧。

我一定是昏過去了，因為隔天早上醒來，我並不是在自己床上，而是在別人床上。我聞到好香的煮咖啡味道，隨後，眼前出現房間的主人、救了我的人，身披晨袍，兩手各拿一杯咖啡。

他說，他看到我爛醉如泥躺在水溝裡，於是把我帶回家……奪走了我的童貞。

「舒服嗎？」我問。

「嗯，」他回答。非常舒服——他很抱歉我醉得太不省人事，沒能好好享受。

吃早餐時，兩人聊了很多，聊到我的性恐懼，聊到英國那種壓抑、禁閉、不安的氣氛，因為英國把同性戀活動當成犯罪行為。阿姆斯特丹完全不同，他說。成年人之間的同性戀活動是可以接受的，不違法，不會遭人譴責、不會被當成有病。在許多酒吧、咖啡店和俱樂部裡，都可以遇見其他的同性戀者（gay people，我以前從來沒聽過gay這個字的這種用法）。他很樂意帶我去其中一些地方，或乾脆告訴我店名、在哪一帶，讓我自己去找。

「犯不著像你這樣，」他突然一臉嚴肅：「喝到爛醉如泥、不省人事、躺在水溝裡。這樣很可悲，甚至很危險。希望你再也不要這樣了。」

說著說著，我如釋重負的哭了起來，感覺心頭重擔（尤其是「自責」的重擔）解除了，或至少減輕了許多。

在牛津待了四年，又去了以色列與荷蘭探險之後，一九五六年我搬回家住，開始成為醫科學生。大約兩年半期間，我輪流學習內科、外科、骨科、小兒科、神經科、精神科、皮膚科、傳染病科，以及其他只用字母來表示的專科：GI、GU、ENT、OB／GYN。

有件事讓我很意外、但讓我母親很滿意：我對產科特別有感覺。那個年代的嬰兒都在家裡出生，譬如我就是在家裡出生，我所有的哥哥也是。接生主要由助產士負責，我們這些醫學生會在旁邊幫忙。電話一響起，往往是在半夜，醫院的接線生會給我一個名字、一個地址，有時還補上一句：「趕快！」

助產士和我騎著腳踏車趕去產婦家會合，直奔臥室或偶爾直奔廚房；有時候，在廚房的餐桌上接生比較容易。丈夫及家人在隔壁房間等著，他們滿懷期待豎起耳朵，準備傾聽嬰兒的第一聲啼哭。這一切的「人間劇」讓我感到興奮。這種真實感是醫院工作沒有的，這也是我們在醫院之外，唯一可以做點什麼、扮演某種角色的機會。

身為醫學生，我們並沒有太多的授課或正式教學；必要的教學都在病床邊，最重要的學習是「傾聽」，是從病人那裡獲得「目前症狀的病歷」，並且詢問適當的問題，以便在病歷中填入細節。我們學到要使用自己的眼睛和耳朵，要觸摸、感覺，甚至聞聞看。聽聽心跳、敲敲胸部、摸摸腹部，以及其他形式的身體接觸，重要性並不亞於傾聽與說話。身體接觸可以建立某種深厚、有形的聯結；人的雙手本身就能成為治療工具。

一九五八年十二月十三日，我取得醫師資格，有幾個星期的空檔。我在中央密德薩斯醫院（Central Middlesex Hospital）的實習醫師工作，要到一月一日才開始。✫

我很興奮、也很訝異，自己竟然能成為醫師，我終於做到了。我從來沒想過我做得到，甚至現在有時做夢，還會夢到沒完沒了的學生時代。

我很興奮，但是也很惶恐。我確信自己一定會犯所有的錯，讓自己出醜，讓人看成無可救藥、甚至危險的笨傢伙。我心想，在中央密德薩斯醫院的工作開始前這幾個星期，找一份暫時的實習醫師工作，應該可以給我必要的信心和能力。於是我在倫敦郊外幾公里、位於聖奧爾本斯的一所醫院，找到這樣的工作。戰爭期間，我母親曾擔任這所醫院的急診外科醫師。

在那裡的第一個晚上，半夜一點我被叫醒；一名嬰兒因細支氣管炎入院。我趕緊到病房去看我的第一位病人——四個月大的小嬰兒，他的嘴唇周圍都變藍了，發高燒、呼吸急促、不斷的發出咻咻氣喘聲。我們（護理師和我）救得了他嗎？有希望嗎？護理師看到我那害怕的樣子，給了我必要的支持與引導。小男孩名叫「希望」，我們無稽而迷信的把這當成好兆頭，彷彿他的名字可以帶來好運。我們辛苦工作一整晚，當淺灰色的冬天黎明來

✫「實習醫師工作」在美國稱為internship，在英國稱為house job。「實習醫師」在美國稱為intern，在英國稱為housemen。「住院醫師」在美國稱為resident，在英國稱為registrar。

臨，「希望」脫離險境了。

一月一日，我開始在中央密德薩斯醫院工作。雖然少了巴特（Barts）的古風，但中央密德薩斯醫院還是擁有極高的聲望。所謂的巴特，是聖巴塞洛繆醫院（St. Bartholomew's Hospital）的簡稱，起源於十二世紀，乃歐洲歷史最悠久的醫院，我哥哥大衛曾是巴特的醫學生。中央密德薩斯醫院成立於一七四五年，比巴特年輕多了，從一九二〇年代末便座落於現代化的建築物裡。我大哥馬可斯也曾在中央密德薩斯醫院受訓，而我現在正步入他的後塵。

我先在中央密德薩斯醫院的內科實習六個月，後來又在神經科實習六個月，克雷默（Michael Kremer）和吉利亞特（Roger Gilliatt）是我在神經科時的總醫師，兩人都很傑出，個性卻是南轅北轍、令人發噱。

克雷默親切和藹、溫文有禮。他笑起來怪怪的，笑容微微扭曲，究竟是因為習慣性以反諷角度來看世界，或是因為貝爾氏麻痺（Bell's palsy，短暫性的顏面神經麻痺）舊疾殘留，我從來不確定。他似乎將世界上所有的時間都留給了他的實習醫師和病人。

吉利亞特嚴峻多了——苛刻、不耐煩、性情急躁、動不動就發飆，有時在我看來，一股受壓抑的怒氣隨時都會爆炸。我們實習醫師覺得，只要有一顆鈕扣沒扣好，可能就會惹他暴怒。他的眉毛又粗又濃且黑得發亮，根本就是用來恫嚇我們這些晚輩的工具。吉利亞特才三十幾歲，最近剛成為英國最年輕的會診醫師（consultant）之一。☆這並未削弱他令人畏懼的一面，反而可能增強。他曾獲頒軍功十字勳章，表揚他在戰爭中的英勇出眾，他的舉止體態很有軍人的樣子。我非常怕吉利亞特，他問我問題時，我嚇得幾乎癱瘓。後來我才發現，很多他的實習醫師都有類似的反應。

　克雷默和吉利亞特檢查病人的方法很不一樣。吉利亞特要求我們有系統的做每樣檢查：腦神經、運動系統、感覺系統……等等，按照固定的順序，絕不能違背。他絕不會貿然跳過步驟，直接對準放大的瞳孔✻、肌束顫動、不見了的腹壁反射……之類的。對他來說，診斷過程就是「有系統的遵循每道步驟」。

　依照所受的訓練與性情來看，吉利亞特顯然是卓越的科學家、神經生理學家。他似乎很遺憾必須應付病人或實習醫師，不過後來我才知道，他和研究生在一起時，完全變了個人，既和藹可親又很支持他們。他真正的興趣、熱愛，都和「末梢神經障礙」與「肌肉神經支配」的電學研究有關，他正逐步成為這個領域的世界權威。

　另一方面，克雷默卻是極端的憑直覺行事。我記得有一次，我們一進入病房，他便立

✰ 這確實令人印象深刻，然而我不得不想到，我母親二十七歲便成為會診醫師。

✻ 羅格（Valentine Logue）是他們的神經外科同事，他常問菜鳥醫師有沒有看出他的臉有什麼「不對勁」，這時我們才發覺他的眼睛怪怪的：一邊瞳孔比另一邊大很多。我們經常猜測為什麼會這樣，但羅格從不曾為我們揭曉。

刻對剛入院的病人做出診斷。他在二十幾公尺外看到病人，激動的抓著我的胳膊，在我耳邊低聲說：「頸靜脈孔症候群。」。這是非常罕見的症候群，隔了整個病房那麼遠，我很驚訝他竟然一眼就能看出來。

克雷默和吉利亞特讓我想起帕斯卡（Blaise Pascal）在《沉思錄》開頭對於「直覺」與「分析」的比較。克雷默顯然是直覺型，任何事情他都一目了然，往往甚於他所能言表。吉利亞特是分析型，一次只看一種現象，但對每種現象的生理前因後果都看得很深入。

克雷默的同情心或同理心非常了不起，他似乎能看透病人的心靈，直覺的洞悉他們所有的恐懼和希望。他觀察病人的動作和姿勢，彷彿戲劇導演在觀看他的演員。他有一篇論文是我最喜歡的一篇，名為〈坐、站立與步行〉，從論文中可以看出，他對病人的觀察與了解有多厲害：在進行神經學檢查之前，甚至在病人開口之前，他就已經能掌握病情了。

星期五下午的門診，克雷默要看三十位不同的病人，每一位都需要他熱切、全神貫注、富同情心的關懷。他的病人都非常喜歡他，所有的人都說他是仁醫，覺得有他在身邊就很「療癒」。

克雷默的實習醫師換了別的工作很久以後，他依然很關心他們，經常主動關切他們的生活。他建議我去美國深造，給了我一些介紹，二十五年後，他看了我的書《單腿站立》，曾寫過一封很有見地的信給我。☆

我和吉利亞特較少連絡，我想是因為我們都很害羞。但一九七三年《睡人》出版時，他曾寫信給我，邀請我去皇后廣場探望他。那時我發現他沒那麼可怕了，有一種我從來未曾察覺、充滿智慧與情感的溫暖。隔年他再次邀請我，去皇后廣場放映《睡人》書中那些病人的紀錄片。

當吉利亞特因癌症過世時（病發時他還相當年輕、且論文依然多產）、克雷默因中風而失語時（他這麼善於交際、這麼喜愛交談，而且「退休」很久以後還持續看病人），我都非常難過。兩人影響了我，以有益但非常不同的方式：克雷默讓我變得更能觀察入微、更直覺；吉利亞特讓我總是深入思考生理機制。五十多年過去了，回想起這兩位恩師，我總是深懷著感激與孺慕之情。

✫ 克雷默寫道：「有人要我去心臟病病房，看一位令人費解的病人。他患有心房震顫，已經去除令他左側肢體偏癱的大栓塞。要我去看他，是因為他晚上經常摔下床，心臟科醫師對此找不到原因。我問他晚上發生什麼事，他很坦白的說，當他夜裡醒來，總發現有一條冷冰冰、毛茸茸的死人腿在他床上，他無法理解也無法忍受，因此便用完好的手臂和腿把它推下床，自然而然，他身體的其他部分也跟著掉下去。他是偏癱肢體意識完全喪失的絕佳例子，但有趣的是，我沒辦法讓他告訴我，他左側的腿是否也在床上，因為那條討厭、陌生的腿讓他煩死了。」我在《錯把太太當帽子的人》書中的第四章〈被一條怪腿糾纏的男子〉，曾描寫類似的案例，並引述了克雷默信中的這段話。

我在牛津醫學預科，學到的解剖學與生理學，絲毫沒有為真正的醫術做好準備。看病人、傾聽病人、試圖進入（至少是想像）病人的經驗與困境、關心病人、為病人負責，這些對我來說都很陌生。病人是真實的，往往是真正具有某種難題、不知如何是好、情緒激動的人。這不僅是診斷與治療的問題而已；出現問題的，可能是更嚴肅的問題——攸關生活品質、生命在某些情況下值不值得活下去的問題。

我在中央密德薩斯醫院實習時，有件事對我打擊很大。年輕的約書亞（Joshua）是我的游泳同伴，他因為莫名其妙的腿部疼痛而入院。驗血後做出暫時性的診斷，有待進一步檢驗，於是獲准在家度週末。星期六晚上，他與一大群年輕人在舞會裡狂歡，包括一些醫學生，其中一名醫學生問約書亞為何入院。他說他也不知道，但醫院開了一些藥錠給他。他把瓶子拿給發問的醫學生看，醫學生看到標籤上的「6MP」（6—巰嘌呤），脫口而出：「天啊，你一定是得了急性白血病。」

約書亞度完週末回來，整個人處於絕望的狀態。他問診斷是否確定，有什麼可行的治療方法，以後會怎麼樣。他做了骨髓檢驗，證實了診斷，他被告知，雖然藥物可以給他多一點時間，但他會每況愈下，活不過一年，也許更短。

那天下午，我看見約書亞正在攀越陽臺欄杆（病房在二樓）。我衝到欄杆那裡，把他拉回來，盡可能說些「即使在這種情況下，生命還是值得活下去」之類的話。約書亞很不甘願，我好說歹說，終於把他勸回病房。

奇怪的疼痛迅速加劇，且開始影響他的手臂、軀幹、雙腿。看得出來，這些現象是由於感官神經的白血病浸潤已進入脊髓而引起的。雖然服用、注射更強的鴉片劑，最後還用了海洛因，但止痛藥毫無效果。他開始因疼痛而日夜哭喊，到了這個地步，唯一的辦法是給他氧化亞氮（笑氣）。從麻醉中一恢復知覺，他便又開始哭喊。

「你真不該把我拉回來，」他對我說：「但我猜你不得不這麼做。」受盡痛苦折磨的他，幾天後過世了。

一九五〇年代的倫敦，公開同性戀身分或從事同性戀行為很不容易，或者不安全；同性戀活動如果被發現，可能導致嚴厲的懲罰、監禁，或是如同圖靈（Alan Turing）的情況：強制服用雌激素而化學去勢。大體上，公眾跟法律同樣抱持譴責的態度。在那個年代，不太容易遇見同性戀者；雖有一些同性戀俱樂部、同性戀酒吧，但經常受到警察的監視與臨檢。到處都有臥底密探，尤其是在公園及公共廁所，訓練有素的引誘粗心大意或天真單純的同性戀者，讓他們自投羅網。

雖然我盡可能常去「開放」的城市，例如阿姆斯特丹，但我不敢在倫敦尋找性伴侶，更何況我住在家裡，父母盯得很緊。

但是一九五九年，我在中央密德薩斯醫院的內科與神經科實習時，只要往夏洛特街下坡走去，穿過牛津街，便是蘇活廣場。往弗里斯街下坡再走遠一點，便發覺自己身在舊康普頓街，那裡經營許多新奇的買賣。在「柯曼小館」可以買到我最喜歡的哈瓦那雪茄；一根玻利瓦「魚雷」可以抽一整晚，在特殊的節慶場合，我會款待自己抽一根。有家熟食店販賣甜美多汁的罌粟籽蛋糕，我從來沒嚐過；有家賣報紙及糖果糕點的小店，會在櫥窗裡張貼「性廣告」，廣告內容謹慎曖昧，不然會有觸法風險，但意思很清楚、不會弄錯。

其中一則廣告是個年輕人貼的，說他喜歡摩托車和摩托車裝備。他留下名字「巴德」及電話號碼。我不敢逗留，更不用說抄下他的廣告，但我那時候「過目不忘」，馬上記起來了。我這輩子從不曾回覆廣告，想都沒想過，但當時，經過將近一年的禁慾（自前一年的年底起，我就沒去過阿姆斯特丹），我決定打電話給神祕的「巴德」。

我們在電話中很謹慎小心的聊天，多半在說我們的摩托車。巴德有一輛BSA金星，五百西西單缸低手把，我有我的六百西西諾頓統治者。我們約好在一家摩托車咖啡店碰面，再從那裡出發去兜風。憑我們的摩托車和裝備（皮夾克、皮褲、皮靴、手套），就可以認出對方。

我們見面、握手、稱讚對方的摩托車，然後騎車在南倫敦附近兜風。我在西北倫敦土生土長，搞不清楚南倫敦的方向，所以由巴德帶路。我覺得他看起來很威風，像個全副黑色皮革、騎著電動駿馬的公路騎士。

我們回到他的公寓吃晚餐，位於帕特尼區的公寓相當簡陋，寥寥幾本書，但有很多摩托車雜誌和摩托車裝備。牆上全是摩托車和摩托車手的照片，還有一些美麗的水下照片，都是巴德拍的；除了摩托車，他的另一項嗜好是水肺潛水，這我倒沒料到。一九五六年我在紅海已經開始玩水肺潛水，所以這是我們的另一項共同嗜好。這種嗜好在一九五〇年代算是相當罕見。巴德也有很多潛水裝備，在濕式潛水衣及合成橡膠時代之前，潛水人都穿厚重橡膠製成的潛水衣。

我們喝了啤酒，然後，巴德突然說：「上床吧。」

我們不曾試圖多了解對方。我對巴德一無所知，他的工作，甚至他姓什麼；他對我也所知無幾。但我們知道（直覺，錯不了的），我們想要什麼，知道如何取悅自己和對方。

之後，我們有多高興能相遇，有多想再見面，自不待言。我正準備去伯明罕醫院外科實習六個月，不過這問題很容易解決。我可以星期六騎摩托車飆回倫敦，晚上在家陪父母，但我可以提早到達，下午先陪巴德，第二天早上還可以一起去兜風。我很喜歡兩個人在涼爽的星期天早上一起兜風，尤其是如果我把自己的摩托車停在一旁，坐在巴德車子後座，緊緊的靠在一起，有時會覺得我們彷彿是一隻「連體真皮動物」。

那陣子，我對自己的未來處於不確定狀態：一九六〇年六月，實習工作將要告一段落，到時候我就有入伍資格——由於學生與實習生身分，我的徵召令早已延期多年。

我反覆思考這件事，什麼也沒說，但六月時我寫信給巴德，說我在生日（七月九日）當天會離開英國，前往加拿大，可能不會回來了。我不認為這對他會有很大的影響；我們一直是騎摩托車與床笫間的好伙伴，但我以為，僅此而已。我們從未提過對彼此的感情。

不過，巴德回了一封熱情、痛苦的信給我，他說他覺得遭到遺棄，收到我的信時大哭了一場。

我收到他的信，頓時明白（太遲了）：他一定是愛上我了，而現在，我卻傷了他的心。

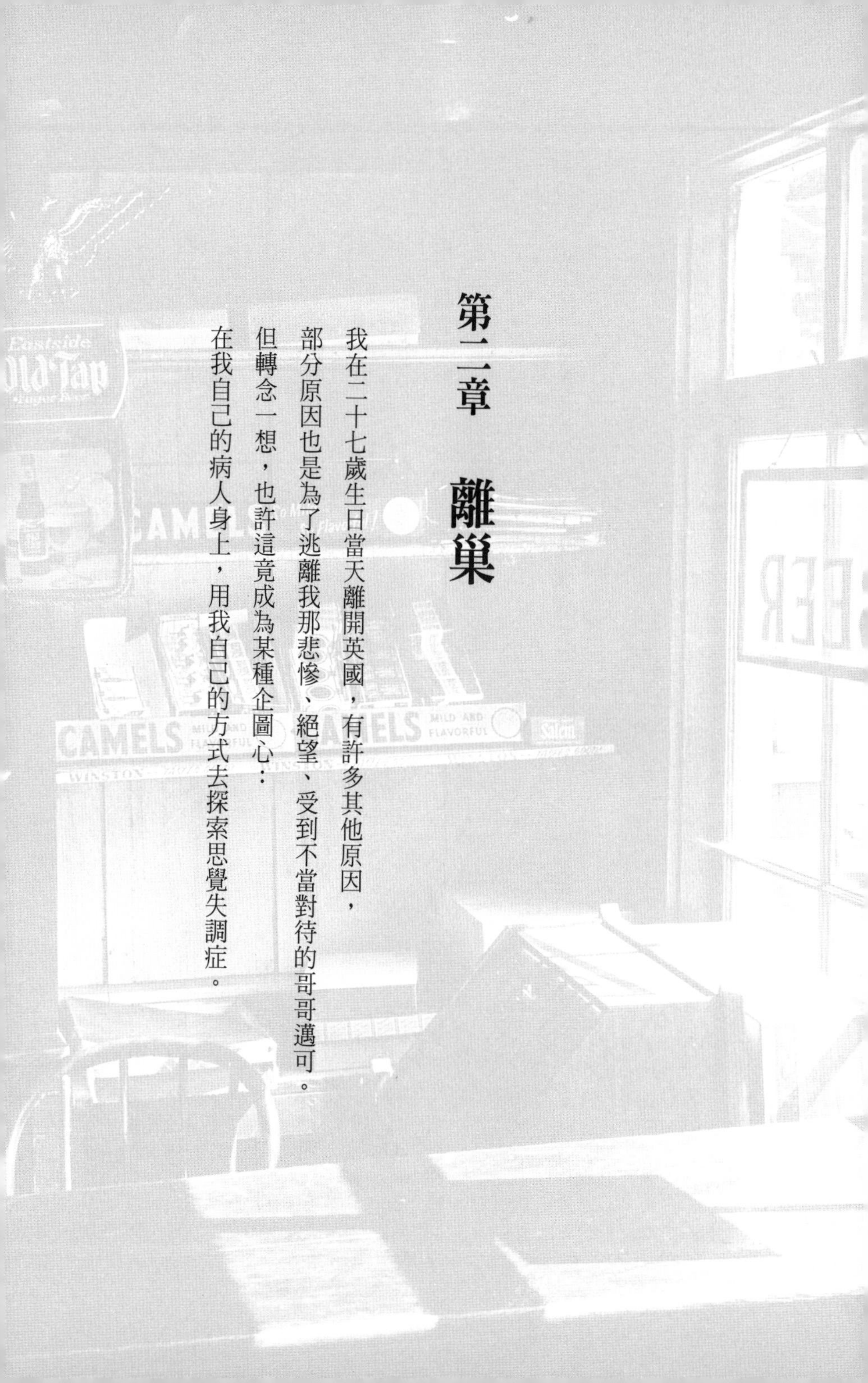

第二章　離巢

我在二十七歲生日當天離開英國，有許多其他原因，
部分原因也是為了逃離我那悲慘、絕望、受到不當對待的哥哥邁可。
但轉念一想，也許這竟成為某種企圖心：
在我自己的病人身上，用我自己的方式去探索思覺失調症。

小時候，讀了庫珀（Fenimore Cooper）的小說，看了西部牛仔電影，使我對美國及加拿大產生浪漫的想法。在繆爾（John Muir）的書、亞當斯（Ansel Adams）的攝影刻畫下，美國西部的起伏遼闊，似乎擔保著某種開放自由與悠閒，這些都是戰後仍在恢復中的英國所缺乏的。

由於在英國念醫學院，我的兵役因而延遲，但實習工作一結束，我就得去報到服役。我不太喜歡服兵役這檔子事（不過我哥哥馬可斯很喜歡，他的阿拉伯知識讓他被派駐突尼西亞、昔蘭尼加、北非等地）。我簽下頗吸引人的替代役合約，擔任為期三年的英國殖民地公務機構醫師，也已經選好這三年要去新幾內亞服役。不過殖民地公務機構本身不斷萎縮，我念完醫學院之前，所屬的醫療服務項目正好告一段落。而且在我八月入伍後沒幾個月，英國的徵兵制也將畫下句點。

令人嚮往、充滿異國情趣的殖民地公務機構派駐，再也不可能了，並且我將成為最後幾批義務役軍人之一，這種感覺與事實讓我很惱火，也是我離開英國的另一項因素。不過在某種意義上，我覺得我有服兵役的道義責任。當我來到加拿大，這些矛盾感促使我自願投效加拿大皇家空軍，再說，詩人奧登（Wystan Hugh Auden）描寫飛行員的詩句「身著皮衣的歡笑聲」，非常令人神往。加拿大屬於大英國協，在加拿大服兵役，公認等同於在英國服兵役，萬一將來我回到英國，可不必再接受徵召，這也是重要的考量因素。

逃離英國還有其他原因，和我哥哥馬可斯十年前去澳洲生活的原因一樣。一九五〇年代，發生所謂的「人才外流」潮，大批男女青年才俊離開英國。這是因為英國的職業及大學都得擠破頭，優秀、有才華的人可能被卡在次要角色多年，從無機會獨當一面，如同我在倫敦的神經科實習時所看到的。我心想，美國的醫療體系比英國的寬鬆許多，而且沒那麼死板，應該容得下我。同時我也跟馬可斯一樣，覺得倫敦的「薩克斯醫師」太多了：我母親、我父親、我哥哥大衛、一位叔叔、還有三位表親，全都在擁擠的倫敦醫學界角逐一席之地。

一九六〇年七月九日，我飛到蒙特婁，那天正好是我二十七歲生日。我在那裡待了幾天，住在親戚家，參觀蒙特婁神經科學研究所，並與加拿大空軍聯絡。我跟他們說我想成為飛行員，但經過一番測試與面談，他們說我有生理學背景，最好是擔任研究工作。一位很高階的長官泰勒博士，跟我面談很久，邀請我跟著他，花一個週末評估看看。週末結束後，看得出我猶豫不決，他說：「你顯然很有才華，我們很想聘用你，可是我不確定你加入的動機。這樣好了，你何不花三個月去旅行，好好想一想。如果到時候仍然想加入，再跟我聯繫。」

這讓我鬆了一口氣，頓時有一種自由自在、無憂無慮的感覺，決定充分利用這三個月的「休假」。

我開始在加拿大各地旅行，一如既往，旅行時我都會寫日記。當我在加拿大到處遊走時，寫給父母的信很簡短，等我到了溫哥華島，才有機會寫較完整的信。我在那裡寫了一封很長的信給他們，詳述我的旅行。

為了讓父母對卡加利（Calgary）及西部地區的蠻荒景象更有感覺，我盡情放縱自己的想像力；我很懷疑，真正的卡加利是否真如我所描述的那麼奇特：

卡加利一年一度的牛仔節剛結束，街上滿是閒逛的牛仔，身穿牛仔褲、鹿皮衣，帽子蓋住臉，在外頭混一整天。不過卡加利也有三十萬市民，這是一座新興城市。石油吸引探勘者、投資者、工程師大量湧入。「老西部」原本的生活因煉油廠、工廠、辦公大樓……而蕩然無存。這裡還有多得嚇人的鈾礦、金礦、銀礦、基本金屬礦場，你會看見小包砂金在酒館裡來回轉手，還有「純金打造的男人」隱身在黝黑的臉龐、髒兮兮的工作服底下。

然後我又回過頭來寫旅行的樂趣：

我搭乘加拿大太平洋鐵路火車去班芙（Banff），在火車上的觀景圓頂車廂，很興奮的走來走去。我們從遼闊平坦的大草原，穿過洛磯山脈覆滿雲杉的低矮山丘，一路上都在緩緩爬升。漸漸的，空氣變冷了，國土的規模比例變得更立體。小山丘變成丘陵，丘陵變成山脈，我們每前進一公里就變得更高、更崎嶇。火車在山谷底下噴出小團小團的煙，周圍群山白雪皚皚、高聳無比。天空如此清澈，百里外的山峰都看得見，身旁的高山似乎正聳立在我們的頭頂上。

我從班芙出發，深入加拿大洛磯山脈的中心地帶。我在這裡寫了特別詳細的日記，後來重新改寫成一篇短文，標題為〈加拿大：躊躇，一九六〇年〉

我可真「行」啊！不到兩星期，我已經旅行將近五千公里了。

現下有的是寂靜——如此寂靜，是我一生中前所未聞。不久我將再次啟行，也許永遠不會停下來。

我躺在高山草原上，海拔超過二千公尺。昨日，我與來自卡加利、通曉植物的三位女士在小屋附近閒逛，她們瘦削結實，宛如亞馬遜人，我從她們那裡學到許多花的名字。

草地上最多的是仙女木，正在結籽，樣子彷彿巨大的蒲公英頭，在朝陽下閃耀飄曳。火焰草俗稱印地安彩筆，從淡淡的奶油色到強烈的朱紅色都有。金盃草、金蓮花、纈草、虎耳草；曲狀馬先蒿、臭蓬草（是最可愛的其中兩種，甭管名字），北極樹莓、草莓，這可是難得一見的水果；長著三片葉子的草莓，果實中央夾捧著閃爍的露珠。心形的山金車、布袋蘭、委陵菜、耬斗菜。百合冰川及高山鍬形草。有些岩石上布滿鮮豔的地衣，遠看彷彿一大片寶石閃閃發光；其他岩石則是多肉景天草叢生，手指一壓便爆漿流汁。

我們遠在高大樹木區上方。此處有許多灌木（柳樹與杜松、越橘與水牛果），但林線之上，唯有落葉松那潔白的樹幹與絨毛般的葉子。

這裡有地鼠、松鼠、花栗鼠，岩石的影子裡偶爾會有土撥鼠。有喜鵲、鶯、鷦鷯、畫眉。熊很多，黑熊棕熊都有，灰熊倒是罕見。較低的草地上有加拿大馬鹿及駝鹿。我曾見龐大陰影飛越白日，隨即想到是洛磯山的老鷹。

再往更高、更高處——所有生物漸次消失，到處一片灰茫茫，直到苔蘚與地衣再度成為創世主。

昨日我與教授、他的家人及朋友在一起，老馬歇爾與教授稱兄道弟，他們看起來真像兄弟，卻只是朋友及同事。我和他們騎馬進入廣闊的山區高原，如此之高，竟可俯視四周的團團積雲。

「人從不曾改變什麼！」教授大聲喊道：「人不過是拓寬山羊的足跡罷了。」我無法以言語來形容這前所未有的感覺，要遠離全人類、隻身站在上千平方公里的曠野中，才能體會。我們默默騎馬，一切盡在不言中，彷彿置身於世界的頂端。之後我們下山，馬兒在矮樹叢間輕巧踏步，來到一連串名稱奇特的冰川湖泊：獅身人面湖、聖甲蟲湖、埃及湖。無視於他們的慎重警告，我脫去汗水濕透的衣服，潛入埃及湖的清澈湖水中，背仰漂浮著。法老王山聳立一側，古老山壁刻記著龐大象形文字；但其他山峰都沒有名字——維持如此甚好。

回程我們經過巨大的冰川盆地，滿是光滑的冰磧石。

「想想看！」教授大聲喊道：「這大得驚人的碗缽裝滿了冰，深達九十公尺。當我們和我們的孩子都死了，種籽將在淤泥中發芽，新生的森林將在這些岩石上方隨風搖曳。在你面前的，是地質這齣劇的其中一幕，過去和未來隱含於你所感知的當下，不超出一代人的生命範圍，不超出人的記憶範圍。」

我瞄了教授一眼，他站在那裡，二百公尺高的岩壁冰牆襯托出渺小的身影；垮垮的帽子和褲子滑稽可笑，卻充滿莊重與威嚴。如小蟲般卑微的人看到冰川與洪流的威力，但相對於小蟲鑽研它們、了解它們的威力而言，根本算不了什麼。

教授是很了不起的同伴。僅僅從實際層面來說：他教我辨識冰斗與不同種類的冰磧石；教我辨認駝鹿與熊的足跡、豪豬蹂躪後的殘局；教我仔細勘查地形、看出沼澤濕地或危險不牢靠的地表；教我在腦海裡牢記地標，讓我永遠不會迷失方向；教我留心險惡的透鏡狀雲，這種雲預示異常的風暴即將來臨。他幾乎無所不知，簡直是萬能。他還談到法律、社會學、經濟學，談到政治、商業、廣告，談到醫學、心理學、數學。

我從未見過有人如此深入接觸環境中的每個層面——自然、社會、人類；更透過洞悉自我心靈與動機而強化，相稱並反映出他個人、他所說的一切。

前一天晚上我才認識教授，便向他透露飛離家園的始末，以及繼續學醫的遲疑。

「我的職業早已選定！」我痛苦叫嚷道：「是別人為我選好的。現在我只想流浪、寫作。我想我該去當一年伐木工。」

「算了吧！」教授馬上說：「你在浪費你的時間。去美國看看醫學院、大學。美國才適合你。沒人會擺布你。如果你很厲害，你就會出人頭地。如果你是冒牌貨，他們很快就會明白。

「一定要去旅行——如果你有時間。但旅行要用正確的方式，用我的旅行方式。我總是在閱讀、思考某個地方的歷史和地理。我根據歷史和地理來看待這個地方的人，把他們放在時空的社會結構來看。拿北美大草原來說吧，遊覽這些地方是在浪費你的時間，除非你知道開墾者的家世背景、法律及宗教在不同時代的影響、經濟的問題、交通的艱難、接二連三發現礦產的效應。

「忘了伐木場吧，去加州！去看紅杉林，去看傳教區，去看優勝美地，去看帕洛瑪山，這對聰明人來說是絕佳的體驗。我曾和哈伯（Edwin Hubble）聊過，發現他非常懂法律。你知道嗎？他轉行研究恆星之前本來是律師。還有，去舊金山！那是世界上最有趣的十二座城市之一。加州有著巨大的對比——最極致的財富與最不堪的貧窮。不過，美的事物與樂趣無所不在。

「我已經美國走透透一百多次，我什麼都見過。如果你告訴我，你想要什麼，我就告訴你往哪裡去。好了，你有什麼話要說嗎？」

「我的錢已經花光了！」

「你需要多少，我都可以借你，什麼時候還我，隨你高興。」那時教授認識我才一個小時而已。

教授和老馬歇爾很喜歡洛磯山脈，每到夏天就會去那裡，二十年來始終如一。從埃及湖回來途中，他們帶我走離小徑、深入森林，直到我們來到一間低矮陰暗、半埋在地下的小屋。教授做了一番簡短的介紹：

「這是佩托（Bill Peyto）的小屋。除了我們之外，世界上只有三個人知道它在哪裡，官方記錄小屋早已遭大火燒毀。佩托是遺世獨立的遊牧者，是偉大的獵人兼野生動物觀察家，也是無數私生子的父親。有一座湖及一座山以他為名。一九二六年，他罹患某種慢性病，最後無法再獨自生活。他騎馬下山來到班芙，人人都知道這位瘋狂、傳奇的怪人，但沒人見過。不久之後他就死在那裡。」

我走向昏暗破爛的小屋。門是歪的，我認出門上褪色的凌亂字跡：「一小時後回來。」在屋裡，我看到他的炊具和醃製品、他的礦物標本（他挖了一處小滑石礦）、他的日記本碎片，以及一八九〇年到一九二六年的《倫敦新聞畫報》。此人當時生活的橫切面，被環境切割出鮮明的輪廓。我想起瑪麗·塞勒斯號（雙桅船，一般認為是鬼船的原型）。此刻已是黃昏，我花了一整天躺在這片廣闊的草原上，咀嚼著草葉，看著山脈和天空。我沉思反省，幾乎寫滿整本筆記。

夏日傍晚，在倫敦家裡，夕陽正照亮蜀葵，照亮插在後方草坪的板球柱門。今天是星期五，這意味著母親會點上安息日蠟燭，捧著燭火，默默唸著我從不曾聽懂的祈禱文。父親會戴上小圓帽，舉起酒杯，讚美上帝造物的多產豐饒。

一陣風陡然吹起，終究打斷了白天漫長的寂靜，花草顫動不止。該是時候起身行動，從此處出發，再次上路了。我是不是答應自己，不久我就會去加州了？

這趟旅行我搭過飛機和火車，所以決定搭便車來完成我的西部之行——幾乎是同時，我受徵召去救火。我寫信給父母：

你們可能已經聽說了，英屬哥倫比亞省（或稱卑詩省）三十幾天沒下雨，到處都有森林大火肆虐。在某項戒嚴令之下，森林委員會可以徵召他們覺得適合的任何人。我很慶幸有這樣的經驗，和其他傻乎乎的應召員在森林裡待一整天，來來回回拖著水管，試圖做點有用的事。不過，他們只要我去救一場火而已，最後，當我們在冒著煙、範圍不斷縮小的火場廢墟共飲啤酒時，我為征服大火的團隊精神感到真正的自豪。

每年這個時候，英屬哥倫比亞省彷彿著了魔似的。即使是中午，無數火災的濃煙使天空變得又低又紫，空氣中有一種令人呆滯的可怕高溫與沉寂。人們行動緩慢，有如慢動作電影般冗長，急迫感與時俱在。

所有的教堂都在祈雨，天知道還有什麼私底下的古怪儀式在祈求甘霖。每晚都有閃電打在某處，更多面積的值錢木材如火種般燃燒起來。有時候，遭天譴的某地區瞬間燃起無名火，彷彿多發性癌症般，一發不可收拾。

我不想再被徵召去救火。做一天很開心，但那樣就夠了。因此我搭上灰狗巴士前往溫哥華，完成剩下的九百多公里旅程。我從溫哥華搭船去溫哥華島，在奎里肯海灘的民宿安頓下來。我喜歡奎里肯（Qualicum）這個名字，因為它讓我想起十九世紀的生化學家薩里肯（Johann L. W. Thudichum），以及秋水仙（Colchicum）。旅途勞累，我讓自己在這裡休息幾天，寫了一封長達八千字的信給父母，準備以此時此地做為結尾：

太平洋海水很溫暖（大約攝氏二十四度），因冰川湖而冷卻下來。我今天跟一位眼科醫師在這裡釣魚，這位釣魚伴名叫諾斯，曾在瑪麗醫院與國立醫院工作，目前在維多利亞開業。他稱溫哥華島為「天堂的一小角、不知何故卻遭到遺棄」，我覺得某種程度上他是對的。這裡有森林、山脈、溪流、湖泊、海洋……順道一提，我釣到六條鮭魚，只要將釣魚線垂下，牠們就會一直咬、一直咬；真是甜美的銀色妙物，明天應該拿來當早餐。

「兩、三天後我會下行到加州，」我補充道：「可能搭灰狗巴士，因為據我所知，這裡的人對待搭便車的人特別嚴厲，有時一看到就會開槍射他們。」

我在星期六傍晚到達舊金山，那天晚上，以前在倫敦認識的朋友帶我去吃晚餐。隔天早上他們來接我，車子開在金門大橋上，爬上塔瑪佩斯山長滿松樹的側腹，來到如大教堂般靜肅的穆爾森林。在紅杉林底下，我讚嘆敬畏，無法言語。就在那一刻，我決定要留在舊金山，在這絕美的環境裡度過我的餘生。

有數不清的事情要做：我必須拿到綠卡；在拿到綠卡前的這幾個月，我必須找個地方工作，找一家願意聘請我的醫院，非正式而且沒有報酬；我所有的家當都要從英國運來，包括衣服、書籍、論文，以及最重要的、我忠實可靠的諾頓摩托車；我需要各種文件；還有，我需要錢。

我寫信給父母時，可以既詩情又詩意，但現在我必須既現實又務實。我在奎里肯海灘寫的那封長信，原本的結語是感謝父母的恩情：

如果我留在加拿大，我會有一份合理豐厚的薪水和休假。我應該可以存錢，甚至或多或少回報你們二十七年來為我撒下的大把金錢。至於你們給我的其他無形的、無法估算的東西，我只能過著幸福快樂有意義的生活、跟你們保持聯繫、有空回去看你們，以此來報答。

但現在，才過了一星期，一切都變了。我已經離開加拿大，不再考慮加拿大空軍，不再考慮回英國。我又一次寫信給父母，心情是膽怯、內疚的，但態度卻是很堅決：我告訴他們我的決定。我想像得到他們對這決定的憤怒與指責；難道我當初不是魯莽的、或蓄意欺騙的匆匆離去，避開他們、避開所有的朋友與家人、避開英國？

他們很豁達的回信給我，但也表達了骨肉分離的悲傷。這些字句在五十年後、當我重讀信件時仍撕扯著我。這些字句必然是出自母親揪心的離愁，因為她很少談到自己的感情。

（一九六〇年八月十三日）

親愛的奧立佛：

多謝你寄來的許多封信及卡片，我全看過了。我為你的文學造詣而自豪，為你正在享受假期而開心，但很大成分也為想起你長期不在身邊而悲傷難過。你出生的時候，人家恭喜我們，說他們覺得這家庭擁有四個兒子是多麼美好！現在你們都到哪裡去了？我感到孤單、無依無靠。幽靈占據了這房子。我一走進各個房間，失落感令我痛不欲生。

補上後記：

父親以不同的語氣寫道：「我們頗甘於住在馬普斯伯里路那棟空蕩蕩的房子。」但他又當我說我們頗甘於住在空蕩蕩的房子，這當然是半真半假。不用說，我們時時刻刻都很想念你。我們想念你的活蹦亂跳，你的餓極敗壞、進攻冰箱及儲物櫃，你的鋼琴演奏，你的赤條條在房間裡舉重自娛，還有，你的三更半夜騎著諾頓意外降臨。你那活潑個性帶來的這種種回憶，將永遠陪伴在我們身邊。當我們凝視著空蕩蕩的大房子，我們感到揪心之痛與濃濃的失落感。然而我們明白，你必須出人頭地，而你必然是下了最後的決心！

父親寫到「空蕩蕩的房子」，母親寫的則是「現在你們都到哪裡去了？……幽靈占據了這房子。」

不過，房子裡其實還有一個活生生的人：我哥哥邁可。就某些意義來說，邁可從小就是家裡「多出來」的兒子。他的一切似乎都跟別人不一樣：他很難與人交往，沒有朋友，簡直是活在自己的世界裡。

大哥馬可斯從小最喜歡的世界，就是語言世界，他十六歲就會說六種語言。二哥大衛最喜歡的是音樂世界，他本來可以成為專業的音樂家。我最喜歡的是科學世界。但邁可活在哪一種世界，我們沒人知道。他倒是非常聰明，他不停的閱讀，記憶力驚人，似乎都從書本而不是「現實」來認識世界。母親的大姊（安妮阿姨）在耶路撒冷的一所學校當了四十年校長，她認為邁可太特別了，所以把她全部的藏書都留給他，儘管她最後看到邁可是在一九三九年，當時他只有十一歲。

戰爭開始時，邁可和我一起撤離，在布萊菲爾德待了十八個月，那是位於英國中部的一所可怕的寄宿學校，主事的校長虐待成性，人生最大的樂趣就是痛打小男生的屁股，讓他們乖乖的受他控管。✫就是在那個時候，邁可把狄更斯的《尼古拉斯．尼克貝》和《塊肉餘生記》背得滾瓜爛熟，不過他從未明確的把我們學校比作杜德波伊斯學堂或「整小孩」學堂（《尼古拉斯．尼克貝》書中提到的寄宿學校），也沒有把我們校長比作狄更斯筆下可怕的克里克先生。

一九四一年，十三歲的邁可轉到另一所寄宿學校——克利夫頓學院繼續念書，在那裡遭到殘酷無情的霸凌。在《鎢絲舅舅》書中，我曾寫到邁可第一次精神失常是怎麼來的：

我阿姨倫妮和我們住一起，邁可洗完澡出來，身體半裸，她仔細查看他。「瞧他的背！」她跟父母說：「全是瘀傷和鞭痕！如果這種情況發生在他身上，」她繼續說：「那他的心理會怎麼樣？」父母似乎很驚訝，說他們沒注意到什麼不對勁，他們以為邁可很喜歡上學，沒什麼問題，而且很「健康」。

這事過後不久，十五歲的邁可變得精神失常。他感覺某個神祕而邪惡的世界正將他關閉起來。他逐漸相信，他是「鞭笞狂之神的寵兒」（他是這麼說的），「虐待成性的普羅維

✫ 我在《鎢絲舅舅》書中曾詳細敘述這所學校，以及它對我們的影響。

登斯」對他特別關注。同時，他還出現「以救世主自居」的幻想或妄想——如果他遭受折磨或笞責，那是因為他是（或可能是）救世主，是我們等待已久的那位救世主。邁可在極樂與極苦、幻想與現實之間撕裂拉扯，感覺快要瘋了（或已經瘋了），再也無法睡覺或休息，只能焦慮不安的在家裡來回踏步、跺腳、瞪眼、出現幻覺、大喊大叫。

我變得很怕他，也為他感到害怕，害怕他的夢魘即將成為現實。邁可會怎麼樣？類似的事情也會發生在我身上嗎？這段時間，我在家裡建立自己的實驗室，我關上門，關上我的耳朵，好對抗邁可的瘋狂。並非我對邁可漠不關心；我為他感到深切的同情，對他所經歷的事情一知半解，但我也不得不保持距離，不得不創造自己的科學世界，這樣我才不至於捲入他那個世界裡的混亂、瘋狂、誘惑。

這件事對我父母有毀滅性的影響：他們感到恐慌、憐惜、震驚，尤其更感到大惑不解。這種病有個名稱叫做「思覺失調症」（schizophrenia），但為何偏偏挑上邁可？他年紀還這麼小？是因為他在克利夫頓慘遭霸凌？是因為他的基因有什麼毛病？他似乎從來就不是正常的小孩；他很彆扭、焦慮，也許在他精神失常之前早就思覺失調。還是由於他們對待或錯待他的方式所造成？對於我父母來說，這層考量最讓他們痛心了。

無論是什麼原因（先天或後天、壞基因的化學作用或不適當的管教），藥物肯定對他有幫助。十六歲時，邁可住進精神病院，接受了十二次胰島素休克療法的治療，這包含降低他的血糖、低到失去知覺，再打葡萄糖點滴讓他恢復知覺。在一九四四年，這是思覺失調症的第一線治療方法，接下來，如果需要的話，還有電擊痙攣休克治療法或腦葉切除術。鎮靜劑療法的發現，還要再等上八年。

無論是胰島素休克療法的結果，或是自然轉變的作用，三個月後，邁可從醫院回來，不再精神失常，但已深受震撼，覺得自己永遠不可能過正常的生活。住院時，他已經讀過布洛伊勒（Eugen Bleuler）一九一一年的著作的《思覺失調症中的早發性失智型》。

馬可斯和大衛以前很喜歡一所日間學校，位於漢普斯特，從我們家走路過去只要幾分鐘，邁可很高興能在那裡繼續受教育。如果他因為精神失常而改變，並非馬上就看得出來；我父母寧願把它想成某種醫學上的問題，是那種可以完全康復的毛病。然而，邁可卻從不同的角度來看待自己的精神病，他覺得這讓他大開眼界，看清以前從來不曾想過的事情，尤其是全世界工人所受到的壓迫與剝削。他開始閱讀共產黨報紙《每日工人報》，去逛紅獅廣場的共產黨書店。他貪婪的閱讀馬克思、恩格斯的書，認為他們就算不是救世主，也堪稱新世界時代的先知。

邁可十七歲時，馬可斯和大衛已經念完醫學院。邁可不想當醫師，他已經受夠了學校。他想去「做工」——工人不就是社會的中堅份子嗎？父親有一位病人在倫敦做會計，生意做得很大，說他很樂意讓邁可去當會計學徒，或給他任何他想要的職位。邁可很清楚他想扮演的角色，他想當「信使」，去遞送那些太重要、太緊急、以致不能交給郵局的信或包裹。他在這方面絕對一絲不苟，他堅持把任何受委託的信息或包裹直接交到指定收件人的手上，絕不可交給別人。

邁可喜歡在倫敦到處走，如果天氣不錯，午餐時間便坐在公園的長椅上讀《每日工人報》。有一次他告訴我，他所遞送的信息看似平凡無奇，卻可能隱藏祕密含義，只有指定收件人才看得懂，這就是為什麼那些信息不能委託給其他人。雖然他可能「看似」遞送普通信息的普通信使，但邁可說絕非如此。他從未對別人說過這件事，他知道這聽起來就算不是瘋狂，也夠離奇的了；他早已開始覺得，我們的父母、哥哥、整個醫學界，都下定決心要貶低或「醫學化」他所想、所做的一切，尤其如果有神祕主義的蛛絲馬跡，他們就會認為這是精神病的徵兆。但我仍是他的小弟弟，才十二歲，還不是「醫學咖」，能夠感同身受、傾聽他所說的任何事情，即使我無法完全理解。

自從精神病初次發作，邁可便持續在看精神科醫師。他三不五時就會變得格外精神亢奮、妄想連連（四〇年代及五〇年代初發生過很多次，當時我還在學校）。某些時候有徵兆：他並不會說「我需要幫助」，而是以放肆的舉動來暗示，例如把墊子或菸灰缸扔在精神科診所的地板上。這意味著、也被理解成：「我快失控了，帶我去醫院。」

某些時候則沒有徵兆，但他會進入某種極度焦慮、狂喊、跺腳、出現幻覺的狀態；有一回，他把母親漂亮的骨董鐘摔在牆壁上。在這種時候，父母跟我都嚇壞了。邁可在樓上又咆哮又暴跳，我們飽受驚嚇且深覺難堪，怎麼可能邀請親朋好友、同事、或任何人來我們家？父母的診所都設在家裡，他們的病人會怎麼想？馬可斯和大衛也不願意邀請他們的朋友來「瘋人院」（有時彷彿是這樣）。一種見不得人、遮遮掩掩的羞恥感，進入了我們的生活，使邁可的病情雪上加霜。

當我週末或假日離開倫敦時，我發現這是極大的解脫——別的不說，這樣的假日是從邁可身邊放假、從他在場的「不時令人難受」放假。然而，邁可和善可親的天性、他的柔情、他的幽默感，某些時候又會出現。在這種時候，即使他正胡言亂語，你也會明白：真正的、清醒又溫和的邁可，正隱身於他的思覺失調症底下。

一九五一年，當母親得知我是同性戀時，曾說過「當初不該把你生下來」，她說這句話是出於責備，同時也出於極大的痛苦；不過我不確定當時我明白這一點。出於身為人母的痛苦，她覺得思覺失調症已經害她失去一個兒子，現在很擔心同性戀「症狀」又要害她失去另一個兒子，而當時這種「症狀」被視為無恥下流，極有可能留下汙點，一輩子就毀了。我是她最疼愛的兒子，小時候我是她的「寶貝大爺」、「小寵物羊」，而現在我卻是「那種人之一」，這殘酷的負荷加上邁可的思覺失調症，令她難以承受。

一九五三年前後，對於邁可及其他幾百萬名思覺失調症病人來說，情勢改變了（無論是好是壞），因為第一顆鎮靜劑「氯普麻」（chlorpromazine）問世，這種藥在英國稱為

Largactil，在美國稱為Thorazine（托拉靈）。鎮靜劑可以抑制或防止幻覺及妄想，亦即思覺失調症的「正向症狀」，但每個人可能得為此付出極大的代價。

一九五六年，我在以色列、荷蘭待了幾個月，等我回到倫敦，第一次看到這種現象時十分震驚——我看到邁可彎著腰、用拖著腳的步態在走路。

「他這是嚴重的巴金森氏症！」我對父母說。

「沒錯，」他們說：「但服用氯普麻讓他安靜多了。他的精神病已經一年沒有再犯。」然而，我不得不懷疑，邁可會有什麼感受。巴金森氏症狀令他十分痛苦（他以前原本健步如飛），但藥物造成的心理影響令他更加苦惱。

邁可有能力繼續他的工作，但他已經喪失「賦予送信深遠意義」的神祕感，他已經喪失以前用來感知世界的敏銳度與清晰度。現在，一切都似乎「隱隱約約」。邁可總結說：「這就像是遭到溫柔的殺害。」☆

當邁可的氯普麻劑量減少時，他的巴金森氏症狀會減退，更重要的是，他感到更有活力，而且他的神祕感應力也恢復了一些。只不過，幾個星期後又會突然發作，再度進入精神亢奮狀態。

到了一九五七年，身為醫學生的我對大腦與心智產生興趣，於是打電話給邁可的精神科醫師，問他是否可以跟我碰面。N醫師是個正派、敏感的人，將近十四年前、邁可初犯精神病時，N醫師就認識邁可了。他有很多病人服用氯普麻，也遇到與藥物相關的新問題，讓他很困擾。他正試圖滴定藥物，找出剛剛好、不會太多也不會太少的劑量。他承認，對此他並不是完全有把握。

我懷疑大腦裡的系統是否與意圖、意含、意向的感知（或投射）有關；而用來構成驚異感與神祕感的系統、用來欣賞藝術與科學之美的系統，是否在思覺失調下已經失去了平衡，造成過度激情與扭曲現實的精神世界？這些系統似乎已失去它們的中間地帶，以致任何想要抑制它們的嘗試，可能會讓人從病態高漲的狀態，傾斜倒向極為遲鈍的狀態，像是一種精神的死亡。

邁可的缺乏社交能力，以及缺乏日常生活能力（他連給自己泡杯茶都不太會），需要某種社交與「存在導向」的療法。鎮靜劑對於思覺失調症的「負向症狀」如退縮、情感冷漠等等，效果很小，或根本沒效，而這些症狀以隱性、慢性的方式削弱生命、暗中破壞生命，可能比任何正向症狀更嚴重。有待解決的問題，不僅在於藥物治療，而且在於「過有意義、快樂的生活」這整件事，亦即：擁有支持系統、社區歸屬感、自尊，並且受他人尊重。邁可的問題，並非純粹是醫學上的問題。

✡ 幾年後，當我在紐約布朗克斯州立醫院工作時，在幾百名思覺失調症病人身上，我看到嚴重的運動障礙，聽到病人抱怨類似的精神不適，他們一直都在服用劑量很重的藥物，例如托拉靈或當時還是新藥的丁醯苯類的氟派醇（haloperidol）。

當我回到倫敦念醫學院時，我原本應該更有愛心、更願意支持邁可；我原本可以跟邁可一起上餐館、看電影、去劇院、聽音樂會（他從不曾自己做過這些事情）；我原本可以跟他一起去海邊或郊外走走。但我沒有，我感到羞愧。我是個很爛的弟弟，在他如此需要幫助的時候，卻不見人影。六十年過去了，我依然為此羞愧不已。

如果我更有主動精神的話，我不知道邁可會有什麼樣的反應。他過著嚴格自我控管、自我限制的生活，而且不喜歡對這種生活有任何違背。

由於服用鎮靜劑，他的生活比較不混亂，但是在我看來，卻是愈來愈貧乏，愈來愈狹隘。他不再閱讀《每日工人報》，不再去逛紅獅廣場的書店。他曾有過某種「屬於集體」的感覺，曾與其他人共享馬克思主義的觀點，但現在，隨著狂熱冷卻，他覺得愈來愈孤單寂寞。父親希望我們的猶太教堂能為邁可提供精神上與牧師的支持，提供社區的歸屬感。青年時期的他一向相當虔誠，做完「成人禮」之後，他每天都佩帶流蘇、掛經文護符匣，有空就會去猶太教堂；但如今，他對宗教的狂熱也已經冷卻。倫敦的猶太人移民國外愈來愈多，或與一般人通婚、同化；邁可對猶太教堂不感興趣，猶太教堂也對他不感興趣了。

邁可對於一般的閱讀曾是那麼狂熱，無書不讀——安妮阿姨不是把她全部的藏書都留給他嗎？現在，邁可的閱讀量卻是顯著的減少，他幾乎完全不看書，報紙也只是隨便看一看。

我認為，儘管服用了鎮靜劑（也或許是因為服用了鎮靜劑），他早已陷入絕望與冷漠的狀態。一九六〇年，連恩（R. D. Laing）發表他的傑作《分裂的自我》，曾讓邁可短暫重新燃起希望。這位精神科醫師並不認為思覺失調是疾病，反而是一種完好的存在方式，甚至是一種恩典。雖然邁可自己有時也把我們這些「非思覺失調世界裡」的人稱為「爛正常人」（這句尖酸的話體現了強烈的憤怒），但他很快就厭倦他所謂的「連恩的浪漫主義」，而把自己當成有點危險的傻瓜。

我在二十七歲生日當天離開英國，有許多其他原因，部分原因也是為了逃離我那悲慘、絕望、受到不當對待的哥哥邁可。但轉念一想，也許這竟成為某種企圖心：在我自己的病人身上，用我自己的方式去探索思覺失調症，探索類似的「腦—心」精神疾病。

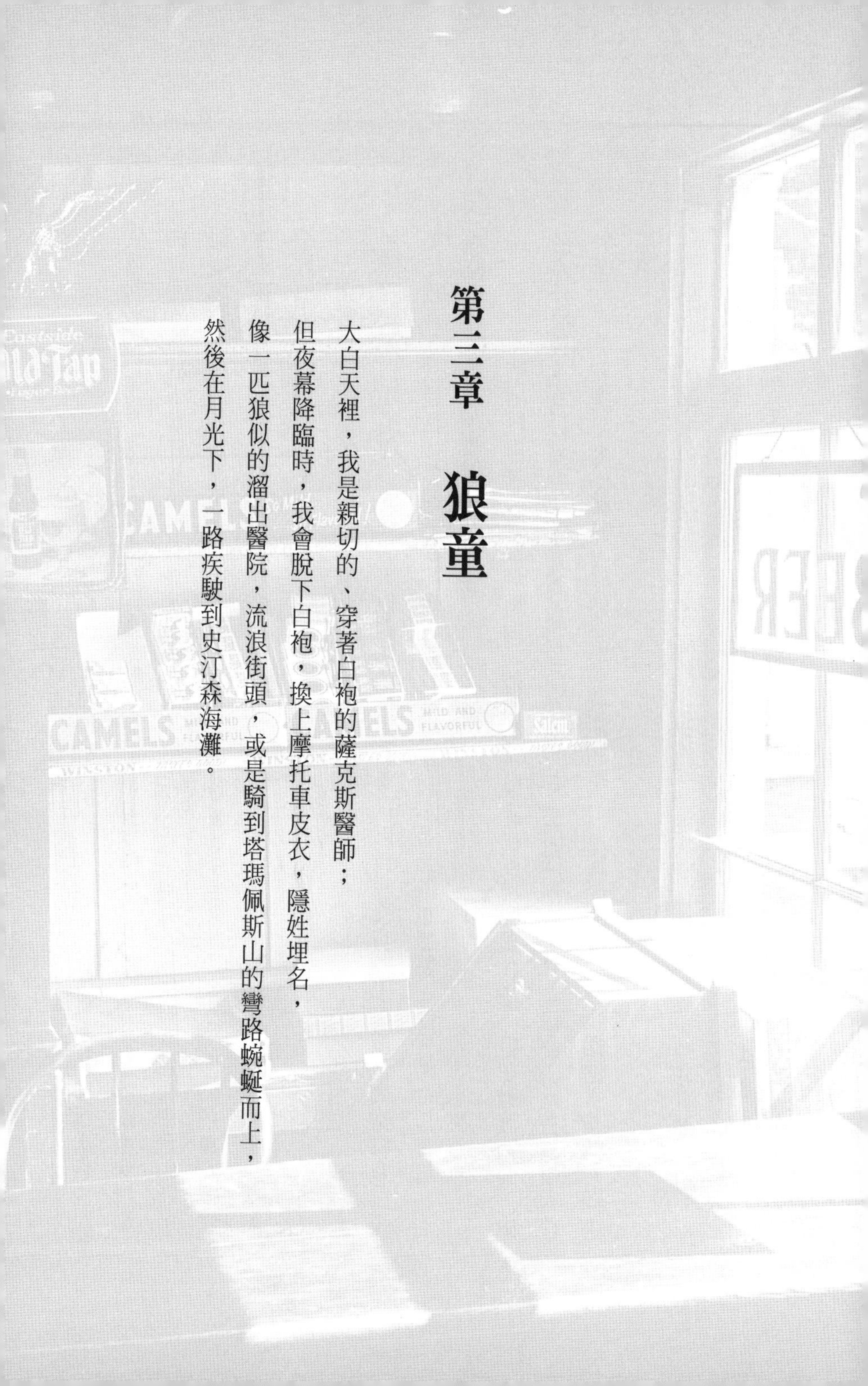

第三章　狼童

大白天裡，我是親切的、穿著白袍的薩克斯醫師；
但夜幕降臨時，我會脫下白袍，換上摩托車皮衣，隱姓埋名，
像一匹狼似的溜出醫院，流浪街頭，或是騎到塔瑪佩斯山的彎路蜿蜒而上，
然後在月光下，一路疾駛到史汀森海灘。

我來到舊金山——多年來夢寐以求的城市，但我沒有綠卡，所以無法合法工作或賺到任何錢。克雷默是我在中央密德薩斯醫院神經科實習時的總醫師，我一直都跟他保持聯絡，他本來就很贊成我跳過兵役，說那「完全是在浪費時間」。當我提到想去舊金山時，他建議我去拜訪他的同事萊文（Grant Levin）及范因斯坦（Bert Feinstein），他們是錫安山醫院的神經外科醫師。萊文和范因斯坦是「立體定位手術」領域的先驅，這種技術可直接將細針很安全的插入大腦。☆

克雷默幫我寫了推薦信，當我見到萊文及范因斯坦，他們同意非正式錄用我，要我幫他們的病人做手術前後的評估。他們無法付我薪水，因為我沒有綠卡，但他們常給我二十美元紙鈔讓我過活。當時的二十美元可是一大筆錢，普通汽車旅館一晚要價約三美元，有些停車計時器還在使用一分錢硬幣。

萊文和范因斯坦說，幾個星期內，他們會在醫院找個房間讓我住。但在過渡期間，由於沒什麼錢，我打算去住YMCA，聽說內河碼頭有一間很大的YMCA宿舍，就在渡輪大樓對面。YMCA看起來很破舊，好像快要倒塌似的，但還算舒適便利，我搬進六樓的一個小房間。

晚上十一點左右，有人輕輕敲我的門。我說：「進來吧，門沒鎖。」一個年輕人在門口探頭張望，一看到我便驚呼：「對不起，我走錯房間了。」

「不要太肯定，」我回答，簡直不敢相信自己說的話。「怎麼不進來？」他遲疑了一會兒，便走進來，鎖上門。我在YMCA的生活就此展開——不斷的開門、關門。據我觀察，我的某些鄰居可能一晚就有五位訪客。我感受到奇特、前所未有的自由：這裡不是倫敦，也不是歐洲，這裡是「新世界」，在一定的限度內，我可以想做什麼就做什麼。

幾天後，錫安山醫院說有個房間可讓我住，於是我搬進醫院。這相對於我在YMCA的放縱，倒不是件壞事。

接下來的八個月，我都在為萊文及范因斯坦效命，而我在錫安山醫院的正式實習工作，遲至隔年七月才開始。

萊文和范因斯坦很不一樣，你能想像有多不一樣就有多不一樣：萊文慢條斯理、范因斯坦熱情奔放，但他們彼此是很好的互補，如同我在倫敦的神經科總醫師克雷默和吉利亞特。

我從小就對這樣的伙伴關係，一直很感興趣。學化學那段日子，我讀到克希荷夫（Gustav Kirchhoff）和本生（Robert Bunsen）的伙伴關係，以及他們截然不同的頭腦對於光譜

✣ 當時已經發現，如果藉由注射酒精或冷凍，在大腦某些區域造成微小的傷口，非但不會傷害病人，反而可以截斷原本過度活躍的迴路（巴金森氏症的許多症狀都是因此而產生）。一九六七年，左旋多巴（L-dopa）問世之後，這種立體定位手術幾乎沒人做了，但隨著電極植入、腦部深層刺激術的應用，這種手術目前又有了新的生命。

學的探索多麼缺一不可。在牛津時，我讀到華森（James Watson）和克里克（Francis Crick）著名的DNA論文，得知這兩人的天差地遠，這也很吸引我。而當我在錫安山醫院平淡無奇的實習工作中埋頭苦幹，我又讀到另一對看似不協調、不可能合作的科學家伙伴休伯爾（David Hubel，一九八一年諾貝爾生理醫學獎得主）和威澤爾（Torsten Wiesel）的故事，他們以最瘋狂、最美麗的方式，開啟了視覺生理學的研究。

我們神經外科除了萊文、范因斯坦以及他們的助理和護理師，還雇用了一位工程師和一位物理學家，連我在內總共有十人，生理學家黎貝特（Benjamin Libet）也經常來訪。☆

有一位病人讓我印象特別深刻，我在一九六〇年十一月寫信給父母時提到他：

> 你們還記得毛姆（Somerset Maugham）所寫的小說，一個男人被遭到拋棄的小島姑娘施法、結果打嗝致死的故事嗎？我們有一位病人是咖啡大亨，患有腦炎後型巴金森氏症，在手術後打嗝不止長達六天，所有常用的方法和一些稀奇古怪的方法都解決不了。我擔心病人會像故事裡的人一樣，除非堵住他的膈神經或什麼的。我提議找個好的催眠師來。我不知這樣是否行得通？你們有沒有遇到這種大麻煩的經驗？

大家對我的提議抱持懷疑態度（我自己也不太確定），但萊文和范因斯坦竟同意找個催眠治療師來，反正別的方法都沒效，只好死馬當活馬醫。令我們驚訝的是，他竟然能夠讓病人「陷入催眠狀態」，接著下達催眠後的指令：「當我彈指啪的一響，你就會醒過來，而且不再打嗝。」

病人醒來，不打嗝了，而且再也沒復發。

雖然我在加拿大都會寫日記，但一來到舊金山就停了，直到再次上路才又開始寫。不過，我倒是持續寫長信給父母，一九六一年二月，我曾寫到在加州大學舊金山分校的會議上，看到我的兩位偶像——赫胥黎（Aldous Huxley，《美麗新世界》的作者）和柯斯勒（Arthur Koestler，《正午的黑暗》作者）：

晚餐後，赫胥黎發表關於教育的精采演說。我以前從來沒見過他，他的身高和蒼白憔悴讓我很驚訝。現在他幾乎全盲，不停的眨動他那圓石般的眼睛，而且不停的用拳頭揉眼睛（這讓我很困惑，但我現在想到，這是為了獲得一些針孔視力）。他的頭髮枯槁如屍似的在腦後飄浮著，暗褐色的臉皮非常鬆垮、非常不精確的覆蓋在瘦骨嶙峋的輪廓上。他那

✰ 黎貝特的驚人實驗，就是在錫安山醫院進行的。實驗顯示，如果要求受試者握拳、或做出其他自主動作，在「有意識的決定任何動作」之前將近半秒，他們的大腦就會顯示出這個「決定」。儘管受試者感覺他們是「有意識、出於本身自由意志」做出動作，但他們的大腦在「他們的」決定之前，似乎早已做出決定。

身體前傾、極為專注的樣子，有點像解剖學之父維薩留斯（Andreas Vesalius）的「冥想中的骨骸」。然而，他那非凡的頭腦還是一如往常，讓所有人不只一次為他的機智、熱情、記憶力、口才而折服……最後是柯斯勒演講「創作過程」，雖然是很棒的分析，但聲音小到幾乎聽不見，以致觀眾走掉一半。對了，柯斯勒看起來有點像凱瑟（我們的希伯來文老師，我很小的時候，他便一直是家裡熟悉的身影），有點像世界上所有的希伯來文老師，說起話來跟他們一模一樣。美國人不太長皺紋，柯斯勒的臉上卻滿是誇張的皺紋，這些由於極大的痛苦與智慧而形成的深深裂紋，長在那張柔和的臉上，簡直是太離譜了！

萊文是個親切大方的老闆，他曾幫神經外科所有的人買票，讓我們去參加「心智的控制」研討會，而且經常發門票給我們——音樂會、舞臺劇、其他舊金山的文化活動等等，這些豐富的饗宴讓我更喜歡這座城市。我寫信給父母，提到我去看蒙都（Pierre Monteux）及舊金山交響樂團的演出：

他的指揮（我怎麼覺得老是比樂團慢一拍），曲目包括白遼士的《幻想交響曲》（處決那段的情景，總讓我想起毛骨悚然的普朗克歌劇）、《狄爾的惡作劇》；德布西的《嬉戲》非常棒，很像是早期的史特拉汶斯基所寫的，以及凱魯畢尼的一些無聊的小調作品。蒙都現在差不多九十歲了，身形像顆梨子似的、上上下下來回晃動，蓄著憂鬱的法國八字鬍，有點像愛因斯坦的鬍子。觀眾為之瘋狂，我想部分是出於安慰（六十年前，他們對他可是噓聲連連），部分則是趕時髦、有點故作姿態的刻意渲染。說起來，光是這麼大的年紀便已值得一看。然而，數不清的排練、首演之夜、壓倒性的失敗、極樂天堂般的成功、九十年來在他那年老的腦袋裡翻來滾去的幾十億個音符，我承認，一想到這些就令人興奮不已。

在同一封信中，我提到南下蒙特瑞市去看「披頭藝術節」的一段奇特經歷：

招呼我的主人開場白很奇怪，他們說：「他在這裡，」然後就帶我進了浴室。我看到浴室裡有一個人，樣子有點像基督耶穌，鬍子因痛苦而豎起，夾緊屁股在沖熱水。毫無疑問，我這騎著摩托車初來乍到的陌生人、如幽靈般黑而發亮的身影，同樣令他大感震驚。他的肛門周圍有個膿腫，很痛，我拿火柴消毒過的粗大帆布針幫他刺穿膿腫。很多膿液噴湧而出，他大吼一聲便安靜下來，原來是昏了過去。甦醒之後，他覺得好多了，我嘗到前所未有的喜悅：我是個有用的人，是個技術高明的內外科醫師，我幫了受罪藝術家的大忙。當天稍晚有一場瘋狂的「披頭族」聚會，會中有幾位戴眼鏡的年輕女子，站起來朗誦有關她們身體的詩。

在英國，人只要一開口說話，就會被歸類（勞動階級、中產階級、上流階級等等），不同階級的人不能混在一起，就算混在一起也不自在。這種制度就算不明說，仍有如印度的種姓制度，僵化而不可逾越。在我的想像中，美國是個沒有階級的社會，這地方的每一個人，不分出生、膚色、宗教、教育、職業，都能將彼此當成同胞手足，這地方的教授可以跟卡車司機聊天，他們之間沒有階級之分。

一九五〇年代，我騎摩托車在英國四處闖蕩時，淺嘗過這種民主與平等的滋味。即使是在拘謹死板的英國，摩托車似乎可以超越隔閡，讓大家變得毫不拘束，顯露出善良的本性。「這摩托車很讚，」有人會這麼說，交談便就此展開。摩托車騎士是一群很友善的人，當我們在路上錯身而過，會互相揮手，如果在咖啡店遇到，也可以輕鬆的閒聊。某種程度上，我們形成了浪漫的無階級社會。

把摩托車從英國運來實在沒什麼道理，於是我決定買輛新摩托車——諾頓阿特拉斯，這種越野車可以騎下公路，在沙漠小路或山間小徑衝鋒馳騁。

我遇到一群摩托車同好，每個星期天早晨，我們會在市區集合，越過金門大橋，騎在窄窄的路上，聞著尤加利樹的味道，一路蜿蜒騎上塔瑪佩斯山，再沿著高高的山脊猛衝而下（左邊就是太平洋），騎到史汀森海灘一起吃早午餐，或偶爾騎到博德加灣，那地方不久之後便因希區考克的電影「鳥」而名噪一時。清晨騎摩托車令人感到活力十足，可以感覺到臉上的空氣、身上的風，這種感覺只有騎摩托車的人，才能體會。那些記憶中的早晨簡直甜蜜得受不了，我只要一聞到尤加利樹的味道，就會立刻想起那些令人懷念的情景。

平日裡，我常一個人騎車在舊金山到處逛。但有一回，我騎車趨近一群摩托車手，他們喧鬧不羈，完全有別於我們穩重體面的「史汀森海灘黨」。他們坐在摩托車上抽菸、喝罐裝啤酒。當我更靠近他們，我看見他們的夾克上有地獄天使的標誌，這時想調頭已經來不及了，所以乾脆把車停在他們旁邊，跟他們說「哈囉」。我的大膽和英國口音引起他們的好奇；還有，當他們知道我竟是醫師，更是好奇。我當場過關、受到認可，無需通過任何儀式。我很好相處、不主觀、又是醫師，因此若有車手受傷，他們偶爾會找我去出個主意。但我卻沒有參加過他們的騎乘或其他活動，等到一年後我離開舊金山，這段平淡的、意想不到的關係（對我來說意想不到，對他們也是）便悄悄結束。

從我離開英國、到我開始在錫安山醫院正式實習之間的這十二個月，如果說是充滿冒險、意外、興奮，相比之下，在那裡當實習醫師可說是既單調又枯燥，也很令人沮喪，因為所有的事情我在英國都做過了，不過就是每幾個星期在內科、外科、小兒科……等等輪來輪去。我看不出更多的實習工作有什麼用，根本是官僚、浪費時間，但所有的外籍醫科畢業生都必須實習兩年，不管以前受過什麼訓練。

不過也有好處：我可以在我心愛的舊金山再待一年，不用花錢，因為食宿都由醫院提供。我的實習醫師同事來自美國各地，這群人形形色色，通常都很有才華。錫安山醫院聲譽頗高，對於剛取得資格的醫師有很大的吸引力；每年申請來錫安山醫院實習的有好幾百人，醫院有的是本錢挑剔。

我跟柏奈特（Carol Burnett）特別要好，她是黑人，很有天分，是個精通多種語言的紐約客。有一回，我們兩個被選去「刷手」，協助複雜的腹部手術，我們要做的事情，只不過是握住牽開器、拿工具給外科醫師而已。沒人想要解釋或教我們任何東西，外科醫師除了偶爾對我們大呼小叫「產鉗，快點！」、「牽開器握緊！」，根本不太理我們。他們彼此之間很會聊天，有一回不知不覺說起猶太語，說「手術室有個黑人實習醫師」之類的一些不堪入耳的話。柏奈特豎起耳朵聽，用流利的猶太語回答他們。兩位外科醫師臉都紅了，手術突然停了下來。

「你們沒聽過schwartze（德文，原指黑色，為歧視黑人的猶太俚語）講猶太語嗎？」柏奈特又補了一句，有點刻意在挖苦。我以為外科醫師會扔下工具跑掉，結果他們很不好意思，趕緊向柏奈特道歉，而且，在我們一起輪調外科剩下的那段時間，他們煞費苦心對她特別好。我們倒是很想知道，這段插曲（以及他們了解、進而尊重柏奈特這個「人」）是否對他們造成持續的影響。

如果沒有值班，週末我多半會休假，騎著摩托車在北加州探險。加州早期的淘金史很吸引我，四十九號公路及幽靈小鎮卡佩波里斯，讓我特別有感覺，去主礦脈的路上會經過這些地方。

有時我會騎上海岸公路（一號公路），經過最北的紅杉林，來到尤里卡鎮，再繼續騎到奧勒岡州的火山湖。那時的我，覺得一口氣騎一千多公里根本不算什麼。同一年，我發現優勝美地與死亡谷的奇景、第一次去拉斯維加斯玩（否則這實習工作就太無聊了），在那無汙染的年代，遠在八十公里外就看得見拉斯維加斯，彷彿沙漠中閃閃發光的海市蜃樓。

我在舊金山一直在交新朋友、享受城市、週末到處旅行。我的神經學訓練眼看就要被我擱置了；若不是萊文和范因斯坦邀請我去參加研討會，而且讓我繼續看他們的病人，這事恐怕早就晾在一邊了。

我想是一九五八年吧，老友喬納森給了我一本剛出版的詩集：岡恩（Thom Gunn）的《律動感》，他說：「你一定要見見岡恩，他是你的同類。」我很貪婪的看完詩集，下定決心，如果有朝一日真的去加州，要做的第一件事就是去找岡恩。

我到了舊金山之後，隨即打聽岡恩的消息，卻聽說他在英國劍橋做短期研究。但幾個月後，他回來了，我在一次聚會上遇到他。我那時二十七，他三十左右，年紀相差不大，但我強烈感受到他的成熟與自信，他很清楚自己是誰，清楚自己有什麼才華，清楚自己在做什麼。他那時已經出版了兩本書，我卻什麼也沒發表過。我把岡恩視為良師益友——但不是偶像，因為我們的寫作風格極為不同。和他相比，我覺得自己像個未成形的胎兒。我緊張兮兮的跟他說，雖然我非常欣賞他的詩集，但詩集裡的〈虐打者〉這首詩一直讓我感到不安，因為題材與「施虐受虐狂」有關。他似乎很難為情，微微訓斥我：「千萬不要把詩和詩人混為一談。」☆

不知怎麼的（我現在不太能確切重現當時的情景），我們就變成好朋友了，幾個星期後，我開始去拜訪他。那一陣子，岡恩住在榛子街九七五號，那條街有個陡坡，以三十度傾斜角突然急遽下降，舊金山人都知道，但我還不知道。我騎著我的諾頓越野車，沿榛子街疾駛，結果騎太快，驚覺自己突然飛上了天，簡直像是在玩「跳臺滑雪」。幸好摩托車安然飛躍陡坡，我卻嚇得半死，因為下場說不定會很慘。當我按岡恩家的門鈴時，心臟還怦怦怦跳個不停。

他邀我進門，給我一杯啤酒，問我為何急著見他。我很坦率的說，他有很多首詩似乎都能喚起我內心深處的某樣東西。岡恩不置可否。哪些詩？為什麼？他問。我讀過的第一首他的詩是〈閒不住〉，我說，身為摩托車手，我立刻對這首詩產生共鳴——幾年前我讀到勞倫斯（T. E. Lawrence）的抒情短文〈路〉，也曾有同樣的共鳴。我也喜歡他的〈不安摩托車騎士之死亡幻影〉，因為我相信，我也會和勞倫斯一樣，死在自己的摩托車上。

我不太確定岡恩在我身上看到什麼，但我在他身上發現濃濃的人情味與親和力，夾雜激進知識份子的正直。儘管如此，岡恩精雕細琢、精闢尖銳，我則不著邊際、熱情洋溢。他不懂得拐彎抹角或欺騙，但我覺得，他的率直總也伴隨著某種心軟。

岡恩偶爾會拿新詩手稿給我看。我愛極了這些詩所蘊含的能量——在最嚴格控管的詩歌形式下，狂放不羈的能量與激情所受到的抑制與束縛。在他的新詩當中，我最喜歡的一首大概是〈狼童的寓言〉：

網球也好、茶也好
在柔軟的草坪上，他非我族類
卻拿可悲的表裡不一玩弄我們

這首詩呼應了我在自己身上察覺到的些許「表裡不一」，我覺得在某種程度上，「白天和晚上各有不同的我」是必要的。大白天裡，我是親切的、穿著白袍的薩克斯醫師；但夜幕降臨時，我會脫下白袍，換上摩托車皮衣，隱姓埋名，像一匹狼似的溜出醫院，流浪街頭，或是騎到塔瑪佩斯山的彎路蜿蜒而上，然後在月光下一路疾駛到史汀森海灘或博德加灣。我的中間名沃爾夫（Wolf，狼）也支持這種雙重性，對於岡恩和我的摩托車友來說，我的名字是沃爾夫；對於醫院裡的醫師同事來說，我的名字是奧立佛。一九六一年十月，岡

✣ 岡恩的《詩選集》於一九九四年出版時，我發現很有趣的一件事：重新編印的《律動感》詩集裡沒有〈虐打者〉這首詩。

恩送給我一本他的新書《我悲傷的船長》，題款為「致狼童，無須寓言！alles gute（德文：一切順利）！欣賞你的岡恩。」

一九六一年二月，我寫信給父母，說我已經拿到綠卡，現在是合法移民了，也已聲明我有意願成為美國公民，這樣並不會喪失英國國籍。☆

我也提到，不久我就會去考州委員會舉辦的考試，這是針對外籍醫科畢業生的綜合考試，看他們在基礎科學和醫學上是否真的達到標準。

一月時，我曾寫信給父母，說我正打算「在考完試、開始實習工作之前的這段過渡期，去美國各地壯遊一番，再經由加拿大回來，甚至繞到阿拉斯加，總共大約是一萬四千多公里。這應該是難得的機會，可以看看這個國家，順便參觀其他大學。」

而現在，考試通過了，而且有了更適合的摩托車——我用諾頓阿特拉斯折價，買了輛二手的BMW R69。我準備好要出發了。我的假期遭到刪減，因而無法將阿拉斯加納入我的「環美國之行」。我再次寫信給父母：

> 我早就在地圖上畫好一條長長的紅線：拉斯維加斯、死亡谷、大峽谷、阿布奎基、卡爾斯巴德洞窟國家公園、紐奧良、伯明罕、亞特蘭大、騎藍嶺公路往華盛頓、費城、紐約、波士頓。北上經由新英格蘭到蒙特婁、岔到魁北克。多倫多、尼加拉瀑布、水牛城、芝加哥、密爾瓦基。雙城、往上到冰川與沃特頓國家公園、往下到黃石公園、大熊湖、鹽

湖城。回到舊金山。共一萬三千公里，五十天，四百美元。如果我能避免中暑、凍傷、坐牢、地震、食物中毒、機械故障，嘿！這該會是我這輩子最美妙的時光！下封信路上見。

當我告訴岡恩我的旅行計畫時，他建議我寫日記——《與美國相遇之我見我聞》，然後寄給他。兩個月的旅途中，我寫滿了好幾本筆記簿，一本接一本寄給岡恩。他似乎很喜歡我對人物、景色的描述，以及概略式的介紹和場景，他認為我有觀察的天分，不過有時他會嫌我太「挖苦嘲弄、荒誕怪異」。

我寄給他的其中一篇日記是〈快樂行〉（一九六一）：

在紐奧良以北幾公里處，我的摩托車壞了。我把車子牽到路邊，找個沒人的避車角落，開始笨手笨腳的檢查引擎。當我躺在那裡，不知哪來的地震第六感，我感應到遠處起了震動，像是很遠的地震，如撥浪鼓般朝我撲來，接著隆隆作響，終於一聲巨吼，在煞車的尖銳聲、超級振奮的喇叭聲中達到高潮。我抬頭一看，嚇呆了，那是我有生以來見過最龐大的卡車，簡直像是聖經裡的力威亞探巨獸降臨。粗魯的「約拿」從車窗探頭出來，從

✡ 成為美國公民的意願是真的有，但五十幾年過去了，我仍然不是美國公民。這情形類似我在澳洲的哥哥馬可斯，他一九五〇年就去澳洲，但五十年後才拿到澳洲國籍。

他高得要命的駕駛座對我大喊。

「我能幫什麼忙嗎？」

「車子壞了！」我回答：「某根桿子什麼的斷了。」

「媽的！」他爽朗的說：「如果那東西鬆掉，搞不好會把你的腿削斷！回頭見。」

他曖昧的做了個鬼臉，熟練的開著他的超級大卡車再次上路。

我一直騎一直騎，不久便離開三角洲的沼澤窪地，很快就到了密西西比州。道路彎來彎去，變化無常又很悠閒，蜿蜒穿越濃密的森林、開放的牧場，穿越果園和草地，越過五、六條相交的河流，穿進又穿出農田、村莊，在晨光下一派靜謐、動也不動。

不過，騎到阿拉巴馬州之後，摩托車狀況愈來愈糟。我隨時留意車子的每個聲音變化，琢磨那些「不祥」且「不詳」的噪音。車子在迅速瓦解中，這絕對是肯定的，但無知又宿命的我卻感到無能為力，只能聽天由命。

離塔斯卡盧薩郡八公里外，引擎晃了幾下，熄火了。我抓緊離合器把手，但有一個汽缸已經在我的腳邊冒煙。我下了車，讓車子平躺在地上，然後朝路邊走去，左手拿著一條潔白手帕。

太陽正在落下，寒風吹起。路上車子愈來愈少。

我已經幾乎放棄希望，頗機械式的揮舞著手帕。突然間，難以置信的，我發現一輛卡車停了下來。看起來很面熟。我瞇起眼睛，拼出它的車牌號碼：26539，邁阿密，佛羅里達州。沒錯，就是它：今天早上曾為我停下來的超級大卡車。

等我跑上前，司機從他的駕駛座下來，朝摩托車點點頭，咧嘴笑道：

「這下可搞砸了吧？」

一名小伙子跟著他下車，我們一起查看壞掉的車子。

「有可能把車子拖到伯明罕嗎？」

「不行，法律規定說不行！」他抓抓下巴的鬍渣，又眨眨眼睛：「把摩托車抬到裡面去吧！」

我們使盡全力，氣喘吁吁的把沉重的摩托車抬進卡車的肚子裡。最後，把車子固定在一堆家具中間，用繩子拴住，還拿一大堆麻布袋遮住，好掩人耳目。

他爬回駕駛座，接著是那個小伙子，然後我自己，我們依序坐在寬敞的座位上。他微微一鞠躬，開始正式的介紹：

「這位是我的伙伴，霍華德。你叫什麼名字？」

「沃爾夫。」

「我可以叫你小沃嗎？」

「沒問題，隨便你愛叫什麼都行。你呢？」

「麥克。我們都稱呼陌生人為麥克，就像稱呼『老兄』一樣，你知道吧。不過我可是貨真價實的麥克！你看我手臂上寫的。」

有那麼幾分鐘，我們安靜的開車，偷偷打量彼此。麥克看來大約三十歲，但有可能多五歲或少五歲。他有張朝氣蓬勃、機靈、帥氣的臉，挺直的鼻樑，剛毅的嘴唇，修剪整齊的鬍子。他可以是英國騎兵軍官，他可以在螢幕或舞臺上扮演浪漫的小角色。這些是我的第一印象。

他頭戴尖頂的飾章帽（所有卡車司機都這麼戴），身穿印有公司名稱的襯衫：「一流卡車貨運公司」。手臂上的紅色臂章印著標語：「有禮、安全是我們的承諾」，他的名字半掩在捲起的袖子底下：MAC，纏繞著奮力掙扎的蟒蛇。

霍華德應該超過十六歲。他的嘴唇總是微微張開，露出不整齊但很有力的大黃牙，以及超大片的牙齦。他的藍眼睛淡到不行，像是什麼白化動物的眼睛。他還算健壯，但是不太懂禮貌。

過了一會兒，他轉過頭來，用他極淡的動物眼睛盯著我。一開始，他直直盯著我的眼睛、盯了一分鐘，接著目光擴大到涵蓋我整張臉、我身上看得見的部分、卡車駕駛座、窗外單調的移動路面。他的注意力範圍變廣，同時也逐漸消失，直到臉上再度恢復茫然的夢幻狀態。這樣的眼神一開始令人不安，接著又令人不解。

突然一陣驚恐與憐憫襲上身，我意識到，原來霍華德是弱智。

黑暗中，麥克笑了笑。「嗯，覺得我們是絕配嗎？」

「很快就知道了，」我回答：「你要帶我跑多遠？」

「天涯海角，紐約什麼的。星期二就到了，也許星期三。」

他又陷入沉默。

開了幾公里後，他突然問我：「有沒有聽過柏思麥煉鋼法？」

「有，」我說：「我們在學校的化學課有『做』過。」

「有沒有聽過『打鋼黑奴英雄』約翰・亨利（John Henry）？從前他就住在這裡。當時他們製造了一部機器，可以把鋼鎬鑽進河床，他們說人力永遠也比不上機器。黑奴打賭下注，把他們最強壯的人帶來，就是約翰・亨利。他們說，他的臂圍超過五十公分。他兩手各拿一把大頭槌，打進的鋼鎬比機器還快上一百根。然後他人一躺下就死了。是的長官！這裡是鋼鐵國家。」

放眼望去淨是廢料場、汽車拖吊車、鐵路岔道、冶煉廠之類的。空氣中迴盪著鋼鐵的鏗鏘聲，阿拉巴馬州的這座柏思麥市彷彿是龐大的鐵工廠或軍火庫。高大的煙囪冒出熊熊燃燒的火炬，咆哮著，從底下的熔爐竄上來。從前我只見過一次被火焰照亮的城市：一九四〇年空襲戰火下的倫敦，那時我才七歲。

我們順利通過柏思麥和伯明罕之後，麥克開始暢所欲言。

他卡車買了一年多，付了五百美元頭期款，還剩下兩萬美元餘款。他可以載貨高達十四噸，任何時候任何地點都能跑——加拿大、美國、墨西哥，只要有像樣的公路，只要有錢可賺，都能跑。他每天工作十小時，平均跑六百多公里，一口氣工作更長的時間是違法的，不過他習以為常。他斷斷續續開卡車到現在已經十二年，和霍華德一起「雙載」才六個月。他三十二歲，住在佛羅里達州，有老婆和兩個小孩，他說一年可賺三萬五千美元。

麥克十二歲輟學，因為看起來比較老成，所以找到一份旅行推銷員的工作。十七歲當警察，二十歲就成了厲害的槍械專家。同一年他捲入槍戰，差點遭人近距離開槍射中臉部，膽子給嚇沒了，改行開卡車。不過他仍是佛羅里達州警方的榮譽隊員，每年象徵性領一美元薪水。

我有沒有參加過槍戰？他問。沒有。那他呢？他已經不記得參加過多少次槍戰了，不管是當警察或是當卡車司機。如果我想看的話，可以在座位底下找到他的「卡車司機良伴」，他們上路都會帶槍。不過，肉搏戰的最佳武器是鋼琴弦。一旦你用鋼琴弦繞在對手的脖子上，對手便無計可施，只要輕輕一拉，頭就掉了。輕而易舉，就像切乳酪一樣！他聲音中的津津有味，你絕不會聽錯。

麥克載過的東西應有盡有，從炸藥到仙人掌果，但現在固定載運家具，任何存放在家裡的東西都算。他車上載了十七個家庭的東西，包括三百公斤重的舉重器（某肌肉男的財產，他要搬離佛羅里達州）、德國製的三角鋼琴（聽說是最好的）、十部電視機（昨晚在卡車休息站，他們搬了一部下來，插上電就能看），還有一張古董四柱臥床要載到費城。如果我願意，隨時都可以睡在那張床上。

那張四柱臥床令他憶起往日情懷，開始笑談他的風流韻史。他似乎隨時隨地都能擄獲女人芳心，不過，有四個女人在他的感情生活中地位較高：洛杉磯有一個女孩曾經「偷渡」坐上這輛卡車和他私奔，維吉尼亞州有兩個少女讓他享盡齊人之福，幾年來在他身上灑下不少衣服錢財，還有一個住在墨西哥城的花痴，一晚可以跟二十個男人在一起，而且還嫌不夠。

他說得起勁，最後一絲的客氣也不見了，儼然一副「性愛高手說書人」模樣。對於寂寞女人來說，他簡直是上帝的恩賜。

他的豐功偉業說到一半，本來躺在那裡睡死的霍華德豎起耳朵，第一次顯出些許活力。麥克看到他這副樣子，先是遷就他，後來開始使出戲謔的激將法：他說，他要找個女孩來駕駛座共度良宵，把霍華德鎖在拖車裡，不過呢，如果這小子夠機靈的話，哪天他可能會付錢找個真正的妓女給這小子。霍華德變得狂野起來，開始因興奮而喘息，最後惱羞成怒，撲向麥克。

他們在駕駛座半生氣、半開玩笑、扭打成一團，方向盤被撞得劇烈晃動，超級大卡車沿路蛇行擺尾，危險極了。

但嘲弄歸嘲弄，麥克也在教育霍華德，用非正式的方法：

「阿拉巴馬州的首府在哪裡，霍華德？」

「蒙哥馬利，你這骯髒下流的狗崽子！」

「對啦，沒錯。州的首府不一定是最大的城市。你看那邊，那些都是山核桃樹！」

「操你的，我才不在乎！」霍華德咕噥著，說歸說，仍伸長脖子去看。一個小時後，我們開進野外某處卡車休息站，麥克決定我們要留在這裡過夜，這地方叫「快樂行」（Happy Travel）。

我們走進去喝咖啡。麥克坐定，堅心決意要說些「好玩的事情」逗我開心，他知道的低級故事說也說不完，比他自己的第一手經驗還要下流得多。盡責的完成任務之後，他便混到點唱機周圍的人群裡去。

星期六晚間，卡車司機總會聚集在點唱機周圍，這天晚上，大家都拚了命的開到卡車休息站。「快樂行」的點唱機名聲特別響亮，因為它蒐集了超多卡車歌謠：粗鄙的、淫穢的、憂鬱的、惆悵的，但全都勁頭十足，節奏聽來格外興奮刺激。這些歌謠譜出幾許詩意：「運將之路無盡頭。」

卡車司機通常都是獨行俠。但他們偶爾會突然騷動（比如在熱鬧滾滾的卡車司機咖啡店，聽那些無比熟悉的唱片在點唱機上吵死人的鬼叫）、容光煥發起來，不用言語、不必行動，從死氣沉沉的一夥人，搖身一變成為自命不凡的一群人：每個人仍是隱姓埋名的過客，但明白自己的身分如同身邊這些人，如同所有比自己早來的人，如同所有出現在歌謠裡的人。

這晚，和其他所有人一樣，痴迷而自豪的麥克和霍華德，已在不知不覺間超凡入聖。他們陷入了永恆的遐想。

午夜前後，麥克突然一驚，拽著霍華德的衣領。「好了沒有，小朋友，」他說：「我們該找個地方睡覺了。睡覺前要不要唸一下卡車司機祈禱文？」

他從口袋拿出摺得皺皺的卡片，遞給我。我把卡片攤平，大聲唸出來：

哦上帝賜我力量好好跑一趟，
為了美金鈔票不是為了玩票。
我不要爆胎也不要引擎故障，
週日司機女司機都別來擋道。
睡在臭死人的駕駛座一醒來，
火腿荷包蛋在等我嘴巴張開。
咖啡要濃一點女人溫柔一點，
女侍俏麗可愛怪胎滾去旁邊。
公路平坦一點汽油便宜一點，
等我回來主啊給我一個好眠。
如果祢願意主啊我會很快樂，
永遠開著我那該死的老卡車。

麥克把毯子及枕頭拿上駕駛座，霍華德躡手躡腳爬進家具之間的凹角，摩托車旁邊的一堆麻布袋就是我的床；本來說好的四柱臥床放在最前面，我進不去。

我閉上眼睛，尖起耳朵。麥克和霍華德互相竊竊私語，利用駕駛座與貨廂之間的金屬隔板當作傳聲導體。我把耳朵靠在貨廂壁的格子框架上，這樣也聽得見其他的吵雜聲（笑鬧、喝酒、做愛的聲音）從周圍所有的卡車傳出來、連接到我的耳朵天線。

我在黑暗中躺著，心滿意足，感覺自己像是躺在充滿聲音的水族箱裡，很快的，我睡著了。

星期日是「快樂行」和全美國的休息日。我頭上有一片很亮的玻璃，我聞到稻草和麻布袋的味道，聞到我拿來當枕頭的皮夾克味道。我一下子昏頭了，以為自己身在某處的大穀倉裡，然後馬上就想起來了。

我聽見輕柔的流水聲，很快的開始、慢慢的結束，最後還戀戀不捨滴了兩滴。有人在卡車（我們的卡車）旁邊撒尿，大概是想來占地盤宣示主權。我從麻布袋底下翻身一躍，悄悄爬到貨廂門口。一條冒著熱氣的線索從車輪延伸到地面，罪證確鑿，但罪犯已不知去向。

早上七點鐘，我坐在車門外的踏板上，開始在日記本上胡亂塗鴉。一道陰影落在本子上，我抬頭一看，認出是某位卡車司機，前一天晚上在香菸瀰漫的咖啡店裡依稀見過。他叫約翰，是「五月花貨運公司」的金髮浪子，在我們車輪旁邊撒尿的說不定就是他。我們聊了一會兒，他說他前一天剛離開印第安納波利斯——我們下一個目的地，那裡下雪了。

幾分鐘後，另一位矮矮胖胖的卡車司機踉蹌走來，身穿「佛羅里達州純品康納柳橙果汁公司」花襯衫，半排鈕扣沒扣，露出毛茸茸、布丁似的大肥肚。

「老天，這裡可真冷，」他喃喃的說：「邁阿密昨天攝氏三十二度！」

其他人圍過來，聊著他們的路線和旅程：高山、海洋、平原，森林和沙漠，雪、冰雹、打雷、風暴，所有這些在短短一天之內都會遇到。一大堆奇特旅行經歷，這晚（應該說是每一晚）全聚集在「快樂行」。

我繞到卡車後面，從門縫看見霍華德睡在他的小角落。他嘴巴開開，眼睛也沒完全閉上。我有點擔心，有一會兒我還以為他夜裡死了，直到看見他在呼吸，而且扭動了一下。

一個小時後麥克醒了，披頭散髮、衣服凌亂，搖搖晃晃從駕駛座下來，他隨身帶著一大包旅行袋，消失在卡車休息站的「工棚」方向。幾分鐘後他回來，頭髮鬍子梳整得完美無瑕，在主日這天，穿得既整潔又帥氣。

我和他一同走向咖啡店。

「霍華德怎麼辦？」我問：「要我叫醒他嗎？」

「不用。那小子晚點才會醒。」

麥克顯然是想趁他不在旁邊，跟我單獨說話。

「他會睡一整天，如果我讓他睡的話，」吃早餐時他嘟囔著：「他是個好孩子，你知道的，但不太聰明。」

六個月前，他碰見二十三歲的流浪漢霍華德，心生憐憫。這孩子十年前就離家出走，他的父親是底特律有名的銀行家，也懶得找他。他一直在馬路上討生活、四處流浪，三不五時打點小零工，有時乞討、有時偷東西，想盡辦法不進教堂和監獄。他曾短暫當過兵，但很快就因弱智而遭到淘汰。

有一天，麥克把他「撿」來卡車上，「領養」了他，現在每趟行程都把他帶在身邊，讓他認識美國，教他言行舉止、教他打包裝箱，定期付他工資。當他們旅程結束回到佛羅里達州，霍華德便與麥克的妻子、家人待在一起，地位像是這個家的小弟弟。

我們喝到第二杯咖啡時，麥克的俊臉現出愁容：

「他不會跟我太久，我想。也許連我自己也開車開不了多久。」

他解釋說，幾個星期前發生離奇的「車禍」，當時他眼前一片黑，毫無預兆，結果卡車開到田裡去了。保險公司賠了錢，但堅持他必須做身體檢查，後來還反對他有卡車伙伴，無論檢查結果如何。

顯然麥克擔心他的「眼前一片黑」是由於癲癇，保險公司也一定這麼懷疑，等健康檢查結果一出來，他的駕駛生涯就完了。他有先見之明，已經在紐奧良找到一份不錯的保險工作。

此時霍華德走進來，麥克趕快轉移話題。

吃完早餐，麥克和霍華德坐在廢棄的輪胎上，朝著木樁扔石子。我們心不在焉隨便東聊西扯，好消磨卡車司機的週日慵懶時光。幾個小時後，他們覺得無聊，於是又爬回卡車上睡覺。

我從垃圾子車拿了些粗麻布，坐下來享受日光浴，周圍淨是些破瓶子、香腸皮、食物、啤酒罐、爛掉的避孕用品、一大堆撕碎及揉成團的紙垃圾。在一片髒亂之中，倒是見到這裡一梗野蔥、那裡一株紫苜蓿，從碎石堆裡鑽出來。

當我躺在那裡打瞌睡或寫東西時，思緒老繞著食物轉。背後一群乞丐似的雞，在塵土中亂扒，我不時凝視著牠們，因傷感而嘆氣，因為剛才麥克揮舞他的卡車司機良伴（看起來很高檔的自動步槍），開懷竊笑說：「今晚吃雞肉大餐！」

每隔一小時左右，我都會起身讓腿舒展一下，去咖啡店幹掉四杯咖啡和一客黑胡桃冰淇淋，目前總共幹掉二十八杯、七客。

我也跑了很多趟工棚洗手間，因為昨晚嚐了麥克的辣椒，一直狂拉肚子。

小房間裡有五部避孕用品販賣機，廣告壓力如何跟隨男人進入他最私密的活動領域，這是一個有趣的實例。這些精美的商品——「玻璃紙密封包裝，柔軟、敏感，透明」（廣告詞是這麼說的），要價「三個五角」，不過這句話已被粗俗的改唸成「三個一妞」。還有一部販賣機叫做「持久」，提供麻醉劑軟膏，號稱藥效「有助於防止過早的高潮」。但約翰（那個金髮浪子，原來他是不折不扣的性愛資訊寶典）說痔瘡藥膏更有效，因為「持久」藥效太強，你根本不知道自己到底「完事了」沒有。

下午三、四點鐘，麥克突然宣布我們要在「快樂行」多待一晚。他帶著一抹開心、故弄玄虛的微笑——毫無疑問，他晚上已經「掛號」，請蘇依或奈兒來駕駛座「出任務」。在這種密謀私通的氛圍下，霍華德一直表現得像隻激動的狗。儘管他顯得很英勇，但我懷疑（經麥克確認），他應該還沒有跟女孩子親熱過。事實上，麥克不時花錢幫他找女人，但霍華德想入非非時好大的口氣，面對現實卻變成粗笨的縮頭烏龜，事情總是在最後一刻「砸鍋」。

我回到我的寫作和我的咖啡，偶爾走到外面伸伸腿，好奇的窺探四周所有的卡車司機在自己的駕駛座上打鼾，比較他們的臉和他們的休息姿勢。

清晨四點二十分，東方出現朦朦朧朧的曙光。有一名卡車司機醒了，走向工棚去小解。他回到他的卡車，檢查他的貨，爬上駕駛座，關上門。轟隆隆啟動引擎，慢慢把車開走。其他卡車還在靜靜沉睡。

到了五點鐘，曙光胎死腹中，早已轉為一陣微微細雨。一隻髒兮兮的小公雞咕咕亂叫，草叢裡開始有了蟲鳴聲。

六點鐘，咖啡店裡充滿烤餅、奶油、培根、蛋的香味。晚班女服務生要休息了，她們祝我「環美國之行」一路好運。白天班員工成群走進來，笑咪咪的看我坐在昨天一整天占用的桌位。

現在我可以在咖啡店裡來去自如了。他們不再收取我任何服務費。過去三十個小時，我喝了七十幾杯咖啡，此等傲人成就，值得賞我一些小優惠。

八點鐘，麥克和霍華德已經匆匆忙忙趕去卡爾曼市，幫「五月花貨運」的人卸貨。步調突然變得不太一樣，他們今天什麼話也沒說，沒吃早餐，也沒梳洗。麥克的旅行袋已經放回去，下個星期才會再拿出來。

我爬上麥克剛剛空出來的駕駛座（還留著他睡覺的濕濡餘溫），拿他的破舊毯子蓋在身上，一下子就睡著了。十點鐘，屋頂上連珠炮似的大雨把我吵醒，但麥克和霍華德仍不見蹤影。

十二點半，他們終於出現，因為在暴雨中搬運重貨而渾身濕透、腳步拖泥帶水。「天哪！」麥克說：「我不行了。吃東西吧，我們一小時後上路。」

三小時前他就這麼說，而我們依然動也沒動！他們一直在抽菸、瞎混、調情，彷彿有一千年的悠閒時光擺在他們眼前。我不耐煩到快抓狂了，帶著我的筆記本躲進駕駛座。

浪子約翰試圖安撫我：「別緊張，老兄！如果麥克說他星期三會開到紐約，他就開得到，即使他在『快樂行』待到星期二晚上。」

四十小時過去了，這處卡車休息站已變得無比熟悉。我認識了一堆人，知道他們的好惡、笑話、癖好，他們也知道我的（或自以為知道），隨意管我叫「醫師」或「教授」。

我知道所有卡車的噸位、載什麼貨、性能、怪毛病，還有標誌。

我認得所有的女服務生——我站在蘇依和奈兒中間，女老闆卡蘿用拍立得相機幫我們拍了張快照。我滿臉鬍渣，在閃光燈下閃閃發光。卡蘿把照片釘起來，和其他照片排在一起，所以我在她那上千兄弟的大家庭中，也占有了一席之地，這些人都是她的「男友」，在穿越全美國的漫長貨運路線上來來去去。

「對啊！」將來她會對那些仔細瞅著照片、一臉茫然的客人說：「那是『醫師』。很棒的傢伙，也許有點怪怪的。他和麥克、霍華德一起開車，就是那邊那兩個人啦。我常常在想，不知道他後來怎麼樣了。」

第四章　青春

這次的展示是我的開場白，像在說：「我來了，大家看看我的能耐。」
我藉此把自己介紹給美國的神經學社群，
正如四年前我創下加州蹲舉紀錄，
算是我在肌肉海灘舉重圈的自我介紹。

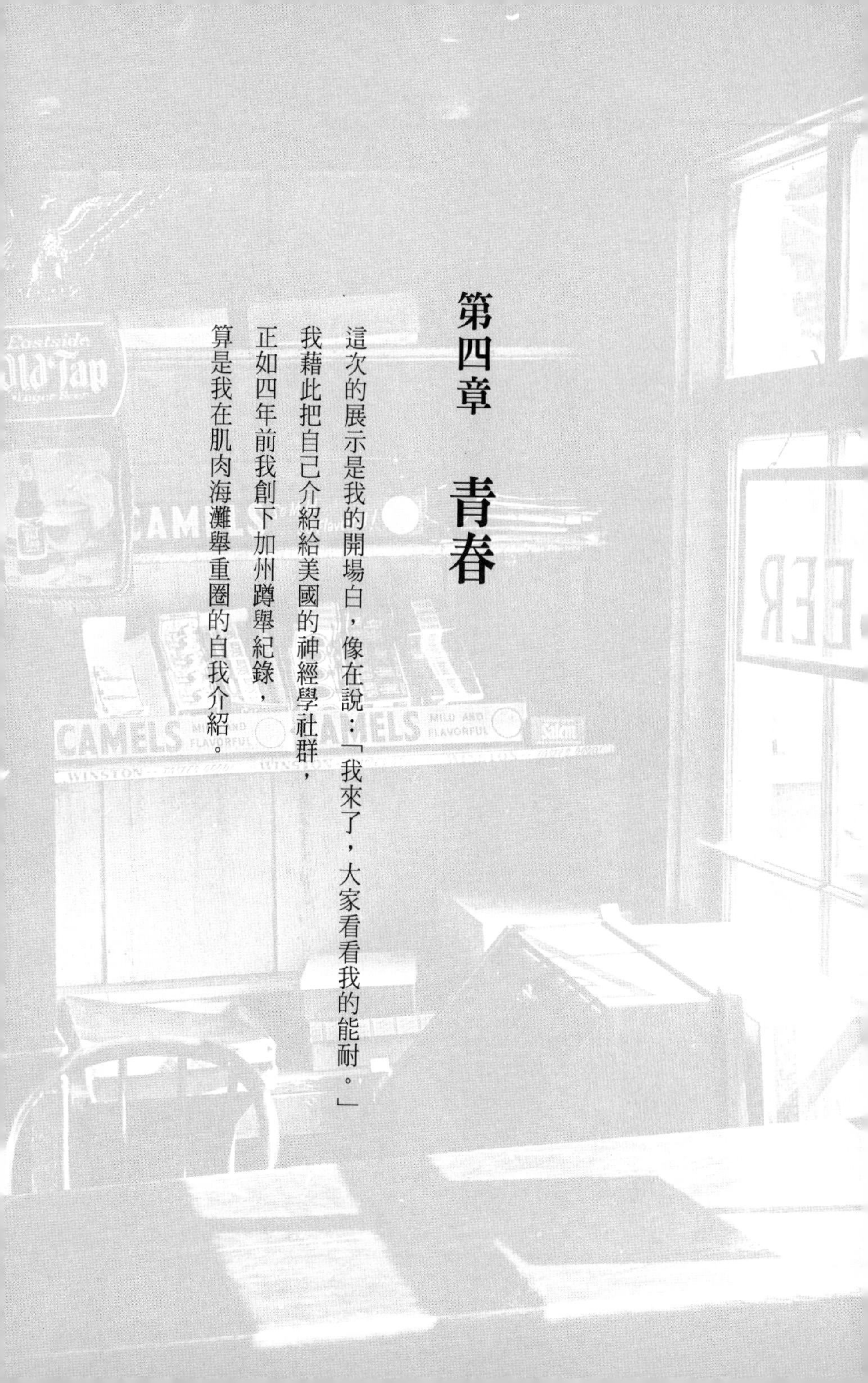

一九六一年六月，好不容易來到紐約，我跟表親借錢買了一輛全新的摩托車BMW R60，這是所有BMW車款中最禁得起考驗的。我再也不想騎二手摩托車了，比如那輛R69，不知道哪個白痴還是笨賊裝錯活塞——在阿拉巴馬州失靈的那個活塞。

我在紐約待沒幾天，康莊大道便招手呼喚我。幾千公里的漂泊，我一路緩緩騎回加州。空曠的公路美妙無比，騎車穿越南達科塔州和懷俄明州時，幾小時也見不著半個人影。新摩托車很安靜，騎來毫不費力，為我的行動增添夢幻般的神奇色彩。

摩托車和人有一種直接的結合，因為它與人的本體、動作、姿勢如此契合，它的回應幾乎像是人體的一部分。摩托車與騎士合而為一，成為不可分割的實體，這和騎馬非常類似。汽車便無法以同樣的方式成為人的一部分。

六月底回到舊金山，我剛好來得及把摩托車皮衣脫下，換上錫安山醫院的實習醫師白袍。

長途公路旅行期間，常常有一餐沒一餐，我的體重減輕了，但一有機會我就去體育館運動健身，所以六月我在紐約炫耀我的新摩托車和新體格時，身材苗條結實，體重頂多九十公斤。不過，等我回到舊金山，我決定讓自己「增重」（bulk up，舉重的人都這麼說），然後嘗試某個舉重紀錄——我認為自己能力所及的紀錄。

增重這件事，在錫安山醫院特別容易辦到，因為醫院的咖啡店供應雙層乳酪漢堡和超大杯奶昔，而且全部免費供應給住院醫師和實習醫師。我給自己規定的份量是每晚五個雙層乳酪漢堡和六杯奶昔，加上辛苦的鍛鍊，我迅速增重，從中重量級（最重九十公斤）變成重量級（最重一〇九公斤），再變成超重量級（無上限）。我告訴父母這件事（我幾乎每件事都告訴他們），他們有點不放心，這讓我很意外，因為我父親噸位也不小，體重約一百一十四公斤左右。✫

一九五〇年代，我在倫敦念醫學院時，曾經玩過舉重。我參加猶太人運動俱樂部「馬加比」（Maccabi），和別的運動俱樂部比賽健力舉重，比賽項目分為三種：硬舉（或提舉）、臥舉、蹲舉。這三種健力舉重項目，完全不同於奧運舉重的三種項目：推舉、抓舉、挺舉。我們的健身房「麻雀雖小」，卻擁有世界級的舉重選手。其中一位是赫夫考（Ben Helfgott），他曾率領英國舉重隊參加一九五六年奧運會。後來我們變成很好的朋友。即使如今高齡八十幾歲，他依然強壯靈活得不得了。✻

我試過練習奧運舉重，但我太笨手笨腳，尤其是抓舉，對旁邊的人非常危險，人家斬釘截鐵叫我滾下奧運舉重臺，乖乖回去練健力舉重。

✫ 我父親只要有食物就會吃個不停，但如果找不到食物就整天沒吃東西，我也半斤八兩。既然缺乏內在控制，我必須要有外在控制。我有固定的飲食習慣，不喜歡有所違背。

✻ 赫夫考經歷過布痕瓦爾德（Buchenwald）集中營與特萊西恩施塔（Theresienstadt）集中營，倖免於難，他的成就因而更加非比尋常。

除了馬加比俱樂部，我在倫敦時，偶爾也會去YMCA鍛鍊，那裡的舉重館由麥克唐納（Ken McDonald）負責管理，他曾代表澳洲參加奧運舉重比賽。麥克唐納可以舉起很重的重量，他的大腿非常粗壯，是世界級的蹲舉選手。我很佩服他的蹲舉能力，也想效法他鍛鍊出這樣的大腿，鍛鍊出背力（對下蹲和上舉至關重要）。麥克唐納獨鍾「直腿硬舉」，這種舉重的設計，根本是用來讓背部受傷的，因為重量整個集中在腰椎，而不是腿（應該由腿來承擔重量才對）。

我在麥克唐納的指導下進步神速，於是他邀請我一道參加舉重表演賽，由我們兩人輪流做硬舉。麥克唐納的硬舉可以舉起三百二十公斤，我只能舉起二百四十公斤，卻也獲得些許掌聲。身為新手的我，竟然能陪同麥克唐納打破他的硬舉紀錄，令人感到一時的喜悅與驕傲。

我的喜悅十分短暫，因為幾天之後，我的下背部劇痛，痛到幾乎無法動彈或呼吸，我懷疑會不會是脊椎骨折。X光片看不出有何不對勁，幾天後，疼痛和痙攣倒是解決了，但接下來的四十年裡，我都得忍受背痛發作的折磨。（不知何故，到了六十五歲，背痛竟然不再發作，說不定是被後來的「坐骨神經痛」取而代之。）

我很佩服麥克唐納的訓練計畫，也很佩服他的特殊飲食——主要是流質，設計用來增重。他來健身房鍛鍊時，會帶著兩公升的瓶子，裡頭裝滿糖蜜、牛奶混合的黏稠糖漿，還添加各種維生素及酵母。我決定有樣學樣，但我忽略了一件事：只要時間充足，酵母會使糖發酵。當我從健身袋拿出瓶子，瓶子鼓鼓的，看起來不太妙。顯然酵母已使混合物發酵，因為我幾小時前就放了酵母，而麥克唐納（他後來才告訴我）是在來健身房之前才把酵母灑進瓶子裡。瓶子裡的東西膨脹了，充滿壓力，我覺得有點害怕，這就像是突然發現自己擁有一顆炸彈。我以為只要非常緩慢的擰開瓶蓋，應該會有逐漸減壓的效果，但我才鬆開一點點瓶蓋，它就炸飛了，全部兩公升的黑色黏稠「堆肥」（而且現在略含酒精），如間歇泉般噴得老高，把健身房濺得到處都是。一開始惹來哄堂大笑，後來則是怨聲四起，我遭到嚴正警告，除了水，以後不准再帶任何東西來健身房。

舊金山的YMCA擁有絕佳的舉重設施。我第一次去那裡，一副裝了一百八十公斤重量的臥舉棒便吸引了我的目光。馬加比俱樂部沒有人可以臥舉這麼重的重量，我環顧四周，看不出YMCA誰有這等功力。沒有人，直到一個矮矮的、但身材超級寬闊、胸部超級厚實的人（簡直像是白毛大猩猩），左搖右晃走進健身房（他有點弓形腿），躺在舉重椅上，拿起臥舉棒輕輕鬆鬆舉了十幾下當熱身。接下來幾組動作，他又陸續加上更多重量，一直加到將近二百三十公斤。我隨身帶著拍立得相機，趁他休息時拍了一張照片。我後來跟他聊天，他很隨和。他告訴我，他名叫諾伯格（Karl Norberg），是瑞典人，做了一輩子碼頭工人，現年七十歲。他的神力渾然天成，唯一的運動是在碼頭搬箱子和桶子，往往一肩各扛一箱或一桶，而那種箱子或桶子，沒有一個「正常人」有辦法從地上舉起來。

諾伯格令我深受啟發，我下定決心要舉起更多重量，針對我已經相當不錯的蹲舉痛下功夫。我在聖拉菲爾市的一間小健身房密集訓練，簡直是走火入魔；直到我可以每五天做五組動作、每組做五下，重量則是二百五十二公斤（五百五十五磅）。這樣的對稱性讓我很滿意，但健身房的人都消遣我：「薩克斯和他的五五五。」我不知道這有多厲害，直到另一位舉重好手鼓勵我挑戰加州蹲舉紀錄。我怯生生的照辦，令我喜出望外的是，我竟然「一舉」創下新紀錄：蹲舉二百七十二公斤（六百磅）。這算是我正式踏入健力舉重世界，在這個圈子裡，舉重紀錄等同於發表科學論文或出版學術專書。

到了一九六二年春天，錫安山醫院的實習工作即將告一段落，而我在加州大學洛杉磯分校（UCLA）醫學中心的住院醫師工作，要到七月一日才開始。不過，在住院醫師工作開始之前，我需要回倫敦一趟。我已經兩年沒見過父母親，而且我母親才剛髖關節骨折，所以我很高興可以在她手術後不久回去看她。我母親捱過創傷、手術，以極大的毅力撐過隨後幾星期的疼痛及復健，而且決定，等到不用拿枴杖，便盡快回去為她的病人看病。

家裡的旋梯地毯破舊，樓梯的地毯壓條偶爾會鬆掉，對於拿枴杖的人很不安全，因此必要時，我會背她上下樓梯。她一向反對我練舉重，現在卻很高興我變得孔武有力。

我多待了一陣子，直到她能自己上下樓梯，才回美國。☆

在UCLA醫學中心，我們住院醫師有個「期刊俱樂部」，每週閱讀並討論最新的神經學論文。有時候大家會覺得我很煩（我是這麼想），因為我說，我們也應該討論十九世紀前輩的著作，把我們在病人身上看到的現象，跟「他們的」的觀察與思考做比對。別人把這種想法視為「擬古風」，認為做什麼事都比考慮這些「過時」的東西好，哪來那麼多閒工夫。這種態度隱約反映在我們讀到的許多期刊論文上，這些論文很少提及五年前的東西，彷彿神經學「沒有」歷史。

這頗令人沮喪，因為我是個「以敘事及歷史角度來思考」的人。從小身為化學迷，任何書只要有關化學史、化學觀念演變、我最喜歡的化學家生平，我都會一睹為快。對我來說，化學也有歷史與人性的一面。

當我的興趣從化學轉移到生物學，情形也是一樣。當然啦，此時我最熱中的是達爾文的著作，我不僅拜讀過《物種原始論》、《人類系譜》、《小獵犬號之旅》，還有他全部的植物書籍，連珊瑚礁和蚯蚓的書也不放過。我最喜歡的是他的自傳。

好友艾瑞克也有同樣的熱愛，後來竟放棄動物學的學術生涯，成為精通達爾文主義與

✰ 不幸的是，母親的髖關節骨折位置不佳，影響到股骨頂端的血液供應，導致所謂的股骨頭缺血性壞死，最後萎縮，劇痛不止。雖然母親強忍痛楚繼續看診，生活過得充實，但病痛催人老，一九六五年我又回到倫敦時，她看上去比三年前老了十歲。

十九世紀科學的古董書商。由於艾瑞克對達爾文及那個年代的知識舉世無雙，全世界的書商和學者都會來向他請教，他也是著名的美國古生物學家古爾德（Stephen Jay Gould）的好朋友。艾瑞克甚至受邀在達爾文故居「唐恩小築」重建達爾文本人的圖書館。（此等大事捨他其誰？）

我本身並不是藏書家，買書或買文章是拿來閱讀，不是拿來展示，所以艾瑞克把破損、不全的書都留給我，有些書可能少了封面或扉頁。沒有收藏家會想要這些書，但這樣我才買得起。隨著我的興趣轉移到神經學，多虧艾瑞克幫我找到英國神經學家高爾斯（William Gowers）一八八八年的手冊、法國神經學家夏古（Jean-Martin Charcot）的講稿，以及許多較不為人知的十九世紀文本。對我來說，這些作品既出色又具有啟發性，其中很多對於後來我所寫的書非常重要。

我在UCLA醫學中心的第一位病人，讓我大感興趣。人在入睡時，突然一陣肌痙攣並不少見，但這名年輕女子的肌陣攣（myoclonus）極為嚴重，而且某些頻率的閃光會讓她身體突然抽搐，偶爾還會癲癇發作。這些問題已經在她們家族傳了五代。我和同事赫爾曼（Chris Herrmann）、阿吉拉爾（Jane Aguilar）合寫了和她有關的第一篇論文，發表於《神經學期刊》，由於我對肌陣攣、以及可能發生肌陣攣的眾多條件和狀況深深著迷，還寫了一本小書談及這些研究，書名就叫《肌陣攣》。

神經學家盧特瑞（Charles Luttrell）以肌陣攣的傑出研究著稱，一九六三年他來UCLA醫學中心訪問，我向他提到，我對這個課題很有興趣，請他對我的小書不吝指正，我將不勝感激。他欣然同意，我便把手稿給他，自己沒留複本。過了一星期，又一星期，再一星期，過了六星期我再也按捺不住，於是寫信給盧特瑞博士，才知道他已經過世。我非常震驚，寫了慰問信給盧特瑞夫人，信中提到，我對她丈夫的研究非常景仰，但我覺得，在這個節骨眼向她要回手稿頗不合時宜。我從來沒問，手稿便從未歸還。我不知道手稿是否還存在，可能給扔掉了，但說不定還默默躺在某個遺人遺忘的抽屜裡。

一九六四年，我在UCLA醫學中心神經內科門診，看到一名令人費解的年輕人，名叫法蘭克。他的頭和四肢不斷抽搐，十九歲就開始了，而且情況一年比一年差，最近這陣子，由於全身大量抽搐，他的睡眠一直受到干擾。他試過鎮靜劑，但任何鎮靜劑都沒辦法讓他不抽搐，抑鬱的法蘭克早已開始酗酒。他說，他父親二十來歲時，也像這樣抽搐個不停，後來抑鬱加上酗酒，最終在三十七歲時自殺身亡。法蘭克現年正好三十七歲，他說他完全可以想像他父親的感覺，他怕自己也會踏上同樣的絕路。

半年前他曾來醫院看病，那時各種診斷都考慮過：亨丁頓氏舞蹈症、腦炎後型巴金森氏症、威爾森氏症等等，但這些都無法證實。法蘭克和他的怪病成了不解之謎。有那麼一刻，我盯著他的頭，心想：「這裡面是怎麼回事？真希望我能看到你的大腦。」

法蘭克離開門診才半小時，護理師衝進來說：「薩克斯醫師，你的病人剛剛被卡車撞到，當場死亡。」屍體解剖隨即進行，兩小時後，法蘭克的大腦已經拿在我手上。我覺得很難受，而且很內疚。他的死亡車禍，難道和我希望能看到他的大腦有關？我也不得不懷疑，他是不是早已決定做個了結，於是故意迎向卡車？

他的大腦大小正常，看不出什麼嚴重的異狀。但是幾天後，我拿一些玻片到顯微鏡下檢查，卻大吃一驚，我看到嚴重腫脹及神經軸突扭曲、灰白的球狀物質，還有鐵沉澱於黑質（substantia nigra）、蒼白球（pallidum）、下視丘核（subthalamic nucleus）所形成的銹褐色的色斑。黑質、蒼白球、下視丘核都是大腦用來調節動作的部位，別的部位都沒有這些色斑。

這麼大的腫脹，局限在神經軸突或某些分離的軸突上，我以前從來沒看過，我遇過的亨丁頓氏舞蹈症或其他疾病都不曾發生這種現象。但我見過類似這樣軸突腫脹的照片：一九二二年，兩位德國病理學家哈勒沃登（Julius Hallervorden）和施帕茨（Hugo Spatz），曾以照片來說明一種非常罕見的疾病，這種疾病從年幼時期開始出現異常動作，進而演變成廣泛的神經症狀、失智，乃至死亡。哈勒沃登和施帕茨在五姊妹身上觀察到這種致命的疾病。屍體解剖時，她們的大腦含有軸突腫脹、分離軸突腫塊，蒼白球及黑質上也有褐色的色斑。如此看來，法蘭克可能患有「哈—施二氏症」，他的不幸身亡，讓我們得以了解這種疾病在非常早期階段的神經基礎。

如果我是對的，這個病例可以例證（優於先前的任何描述）哈—施二氏症初期的主要變化，不會受到「後、末期病例中看到的所有次要病徵」的誤導。如此怪異的病變讓我很好奇，它似乎只針對神經元（神經細胞）的軸突而已，神經元的細胞本體和軸突髓鞘則完全不受影響。

就在這一年之前，我看過哥倫比亞大學神經病理學家柯文（David Cowen）與歐姆斯特德（Edwin Olmstead）合寫的一篇論文，描述嬰兒的某種原發性軸突疾病：這種病最早可能兩歲就出現症狀，通常在七歲前就會致死。在哈—施二氏症的病例中，軸突異常局限於小而至關重要的區域，相較之下，在柯文與歐姆斯特德所稱的嬰兒神經軸突退化（infantile neuroaxonal dystrophy）病例中，軸突腫脹及斷片則是廣泛分布。

我很想知道是否有「軸突退化」的動物模型，此時碰巧發現，我們醫學中心的神經病理科有兩位研究人員正好在做這方面的研究。✡一位是卡本特（Stirling Carpenter），他正在研究飲食中持續缺乏維生素E的大鼠，這些可憐的大鼠無法控制後肢和尾巴，因為這些身體部位的感覺能力遭到阻斷，原因則來自脊椎的感覺徑（sensory tract）與大腦中的神經核有軸突損傷（神經核是由形態和功能相似的神經元，所聚集成的神經元簇，具有清楚的邊界）。

✡這當然不只是碰巧。一九六三年有一篇論文，曾描述大鼠身上的軸突變化與缺乏維生素E的關連，一九六四年的另一篇論文，則描述給予IDPN（見次頁）的大鼠身上類似的軸突變化。其他實驗室必然會驗證這兩項實驗的再現性，而這正是醫學中心同事當時正在做的事情。

軸突損傷的分布情形跟哈－施二氏症病例中所看到的完全不同，但對於相關的發病機制也許值得參考。

另一位醫學中心同事維里第（Anthony Verity）正在研究一種急性神經症候群，將有毒的氮化合物「亞胺二丙腈」（IDPN）給予實驗動物，牠們就會產生這種症候群。給予IDPN的小鼠變得異常興奮，*不停的轉圈圈或向後跑，且伴隨不自主的抽搐動作、眼睛凸出、陰莖異常勃起。牠們也有顯著的軸突變化，不過這些變化發生在大腦的警醒系統。有人以「華爾滋小鼠」來稱呼這種被迫動個不停的小鼠，但這名稱如此高雅，令人想像不出這種症候群的嚴重性有多可怕。一向安靜的神經病理科，不時傳來興奮過度的小鼠那尖銳刺耳的吱吱慘叫。雖然受IDPN毒害的小鼠和缺乏維生素E的大鼠（身後拖著「大字形」的兩條後腿）大不相同，也和哈－施二氏症、嬰兒神經軸突退化的人類症狀大不相同，但所有的這些案例，似乎具有共同的病理：局限於神經元軸突的嚴重損傷。

人類和動物的症狀差異這麼大，卻似乎都是由同類型的軸突退化所造成的（儘管是在神經系統的不同區域）——事實擺在眼前，能否有所參透？

搬到洛杉磯之後，星期天早晨再也不能和摩托車同好騎車到史汀森海灘，我又恢復成為孤獨騎士。到了週末，我會單騎走天涯。星期五的工作一脫身，我便跨上我的馬鞍（有時我把摩托車想像成馬），往八百公里外的大峽谷出發，雖說路途遙遠，但六十六號公路很直很好騎。我徹夜疾駛，平伏在油箱上，摩托車只有三十匹馬力，但如果身體平伏，就能達到時速一百六十公里出頭。像這樣平伏著，我可以長時間保持摩托車全速飛馳。銀色公路在車頭大燈（或滿月，如果有的話）照耀下，被前輪吸捲而入，偶爾會讓我產生奇特的知覺逆轉與錯覺。有時覺得，我正在地表上畫一條線，有時覺得，我正在地面上保持平衡、一動也不動，是整個地球在我底下悄悄旋轉。我唯一的休息，是去加油站加滿油箱、舒展雙腿、跟加油站的人講講話。如果我讓摩托車保持全速而行，便可及時趕到大峽谷看日出。

有時我會把車停在離大峽谷有段距離的小旅館，在那裡小睡一下，但通常我都睡在野外，睡睡袋。這就有點冒險了，不只是可能遭遇熊或狼或昆蟲的侵擾而已。有一晚，我沿著三十三號沙漠公路，從洛杉磯騎往舊金山，我停下車，把睡袋攤開打地鋪。黑暗中，那似乎是美麗的天然軟苔床。我呼吸著乾淨的沙漠空氣，睡得很好，但一早起來，才知道我睡在大量的真菌孢子上，這一整晚肯定吸進了不少。這種球孢子菌惡名昭彰，是一種原產於中央谷地的真菌，輕則引起輕微呼吸道疾病或所謂的山谷熱，重則引起致命的肺炎或腦膜炎。我對這種真菌的皮膚測試呈陽性反應，但幸好沒有出現任何症狀。

我會去大峽谷消磨週末時光，或偶爾去橡樹溪峽谷爬山，去看那些奇妙非凡的紅、紫

✤ IDPN與相關化合物，不僅造成哺乳動物的過度興奮與過動，魚、蝗蟲、原生動物也是一樣。

岩壁。有時我會去鬼城杰羅姆鎮，後來不過幾年光景，鬼城便打扮得花枝招展吸引遊客。有一回，我還去參觀厄普（Wyatt Earp）的墳墓，他是老西部重要的浪漫人物之一。

星期天晚上，我飛車奔回洛杉磯，仗著青春無敵的體力，星期一早上八點鐘便光光鮮鮮，出現在神經內科值班，根本看不出來，我在週末竟然騎了一千六百公里。

某些人（在美國可能比在歐洲多）對於摩托車和摩托車騎士有排斥感——恐懼感或非理性的憎恨感，且可能會刺激他們付諸行動。

一九六三年，我第一次經歷這種事情，當時我正沿著日落大道、優哉游哉騎車兜風享受美好的春天，想著自己的事。我從後視鏡看到後面有一輛汽車，便招手示意駕駛超車。他加速往前開，但是當他開到和我並行時，卻突然轉個方向衝著我來，害我急轉彎，避免撞上汽車。我沒想到他是故意的，還以為駕駛可能喝醉了，或是開車技術太爛。超越我之後，那輛車慢了下來。我也放慢車速，直到他示意我超車。就在我超車的時候，他竟然疾駛到馬路中間，我急忙閃開，差那麼一丁點就擦撞到。這一次，他的意圖太明顯了。

我從來沒有先動手過。我從來沒有攻擊過任何人，除非我先遭到攻擊。但此時此刻，他的潛在謀殺攻擊把我惹惱了，我決定報復。我跟在那輛車後面，保持一百公尺左右的距離，正好在他的視線以外，等他遇到紅燈不得不停下來，我就準備衝上前去。到了西木大道，機會來了。我一聲不響（我的摩托車幾乎安靜無聲），偷偷騎到駕駛側，打算把他的車窗敲破或車漆刮花，這樣才算扯平。但駕駛側的車窗開著，我一看，便把拳頭從打開的車窗伸進去，抓住他的鼻子，用盡我所有的力氣擰扭它，只聽得一聲慘叫，我放開手，他頓時血流滿面。驚嚇過度的他不知所措，我一溜煙騎走了。比起他企圖要我的命，我覺得自己絕對有理由這麼做。

第二次類似事件發生當時，我正沿著人煙稀少的三十三號沙漠公路騎往舊金山，我很喜歡這條公路的空曠、人車罕見。當一輛汽車出現在我的後視鏡時，我正以一百一十公里的時速行駛，而據我判斷，那輛車的時速將近一百五十公里。駕駛明明有一整條公路可以超車，可是他卻想把我逼下公路，如同洛杉磯那位仁兄。他得逞了，我被逼到地面很鬆軟的路肩。簡直是奇蹟出現，我竟然穩穩把持住摩托車，沒摔倒。只見一大團塵土飛揚，我又騎回公路上。攻擊我的人現在超前了幾百公尺。我的反應主要是憤怒多過害怕，於是從行李架掏出單腳架（我那時很熱中風景攝影，旅行時總是隨身攜帶相機、三腳架、單腳架等等，綁在摩托車上）。我拿單腳架在頭上繞圈圈揮舞著，像是電影「奇愛博士」最後一幕：瘋狂上校跨騎在炸彈上。我看起來肯定是氣瘋了（而且危險），因為汽車加速揚長而去。我也不甘示弱，引擎「催到爆」，開始超越那輛車。駕駛想要擺脫我，車子在空曠的路上蛇行，忽快忽慢、忽左忽右，當他發現這樣行不通，突然方向一轉，開進通往小鎮科靈加的叉路——這下可好了，因為他開進迷宮似的小路，我尾隨他，終於把他堵在死胡同。近一百二十公斤重的我跳下摩托車，揮舞著單腳架，衝向受困的汽車。只見車內兩對十來歲的小情侶，四個人全嚇傻了，我一看他們那麼年輕、無助、恐懼，我鬆開拳頭，手上的單腳架掉了下來。

我聳聳肩，撿起單腳架，走回摩托車，示意他們趕快滾。我想，我們那時候應該都很怕，萬一衝動打起來可能有人會沒命，應該都感覺得到，死亡離我們有多近吧！

我騎著摩托車在加州四處漂泊，總是隨身攜帶我的尼康F相機和一系列鏡頭。我特別喜歡微距鏡頭，因為可以拍攝花和樹皮、地衣和苔蘚的特寫。我還有一部4×5林好夫戶外大型照相機，附有堅固的三腳架。這些都裝在我的睡袋裡好好保護著，免得受到顛簸、震動。我從小就見識過沖洗照片的神奇，家裡那間小小化學實驗室一拉上遮光簾，便可充當暗房。後來我在UCLA醫學中心又見識了一次，神經病理科有一間設備精良的暗房，我很喜歡看大照片在顯影盤中搖著晃著，圖像就會一點一滴出現。風景攝影是我的最愛，我的「週末摩托車之旅」不時受到《亞利桑納公路》雜誌的啟發，雜誌裡頭有亞當斯、波特（Eliot Porter）和其他人的絕美照片，這些照片成了我心目中的完美標準。

我在威尼斯肌肉海灘（Muscle Beach）附近找到一間公寓，就在聖莫尼卡市南邊。肌肉海灘有很多大人物，包括阿什曼（Dave Ashman）與謝潑德（Dave Sheppard），兩人都是奧運舉重選手。阿什曼是警察，生性謙虛、節制，在這群健身狂、服用類固醇、酒鬼、吹牛大王的舉重世界裡，他絕對是異類。（雖然那陣子我也大量服用其他藥物，但我從不曾服用類固醇。）聽說他的前蹲舉找不到對手，這種舉重方式比背蹲舉更費力、技巧更難，因為舉重棒是握持在胸前，而不是跨在肩膀上，必須保持完美的平衡與挺直。某個星期天下午，我去肌肉海灘練舉重，阿什曼看我是個新來的小伙子，找我單挑前蹲舉。

我不能拒絕挑戰，這會讓我背上懦夫之名。我說：「好啊！」本該是自信洪亮的聲音，結果發出的聲音卻既微弱又沙啞。我和他拚了，他舉幾公斤我就舉幾公斤，一直加到二百三十公斤，當他從二百三十公斤加到二百五十公斤時，我心想這下完了，因為之前我幾乎沒練過前蹲舉。萬萬沒想到，我們竟然不分上下。阿什曼說，那是他的極限了，但我一時虛榮心作祟，要求舉二百六十公斤。我成功了，只不過，我感覺眼珠子快要凸出來，而且很怕頭部血壓太高。從此之後，我在肌肉海灘受到認可，還被封為「蹲舉醫師」。

肌肉海灘多的是壯漢。巴徹勒（Mac Batchelor）開了一間酒吧，我們常聚集在那裡，他的手臂之粗大、之強壯，前所未見，他是全世界公認的「壓手霸」（比腕力）冠軍，聽說可以徒手折彎銀幣，但我無福親眼目睹。

阿倫斯（Chuck Ahrens）和梅加尼恩（Steve Merjanian）是兩位巨無霸，擁有的地位簡直是「半神半人」，但他們跟肌肉海灘這群人有點疏遠。阿倫斯可以拿一百七十公斤重的啞鈴做「腰側屈單臂推舉」，梅加尼恩則發明了一種新的舉重：「斜式臥舉」。兩人體重各將近一百四十公斤，鍛鍊出超級結實的手臂和胸膛，他們形影不離，共乘一輛福斯金龜車，兩人一坐上去，車子就塞爆了。

雖然塊頭這麼大，但阿倫斯還想變得「無敵大」。有一天，我在UCLA醫學中心神經病理科工作時，他突然出現，把整個門口塞得滿滿的。他說，他一直很想知道有關人類生長激素的問題，問我能不能告訴他腦垂腺位在哪裡？四周全是泡在罐子裡的大腦標本，於是我從罐子裡拿出一顆大腦，把位於大腦底部、豆子般大的腦垂腺指給阿倫斯看。阿倫斯說：「哦，原來是在這裡，」便很滿意的離去。但我感到不安：他究竟在想什麼？我指給他看腦垂腺是對的嗎？我不禁幻想：他侵入神經病理科實驗室，直搗大腦（那一點點福馬林阻止不了他）、摘取腦垂腺，宛如摘黑莓一般。我還有更恐怖的幻想：他啟動一連串的離奇謀殺案，把受害人的頭部敲破、大腦扯爛，一口吞掉腦垂腺。

還有奧運鏈球選手康諾利（Hal Connolly），我常在肌肉海灘健身房看到他。康諾利有一條手臂幾乎癱瘓，從肩膀軟趴趴的垂下來，呈現「服務生要小費的手勢」。我「神經科醫師上身」，立刻認出這是歐勃氏麻痺（臂神經叢麻痺），這種麻痺是由於出生過程中、臂神經叢受到拉扯所致——如果嬰兒呈現肩難產，必須拉著嬰兒的手臂才能將嬰兒拉出產道時，偶爾會造成這種情形。雖說康諾利一條手臂廢了，另一條手臂卻是天下無敵。他的運動能力，乃是「意志力結合補償作用」活生生的一課，這讓我想起我在UCLA醫學中心看到的情景：有些腦癱病人的手臂功能不全，於是學會「以腳代手」來寫字或下棋。

我在肌肉海灘拍照，想要捕捉那裡的特色與韻味，同時我還計畫搭配一本關於肌肉海灘的書——描寫六〇年代初的肌肉海灘，描寫那個奇特世界裡的人物、地方、景色、故事。我能不能寫出這樣一本書（蒙太奇式的敘事手法、夾雜照片的文字描述），我也不知道。離開UCLA醫學中心時，我收拾了所有的照片（一九六二年至一九六五年間拍攝的所有照片），連同草稿和筆記，統統裝在一個大行李箱裡，寄去紐約。然而行李箱從未寄達紐約，沒有人知道行李箱在UCLA醫學中心發生了什麼事，洛杉磯郵局和紐約郵局也都問不出答案。所以，我在海灘附近那三年拍攝的所有照片，幾乎都不見了，倖存的只有十幾張而已。我喜歡想像行李箱還存在，也許哪天就會出現吧。

漢米爾頓（Jim Hamilton）是肌肉海灘練舉重那群人的其中一員，但他和別人很不一樣。他的頭很大，捲捲的頭髮、捲捲的大鬍子，幾乎看不到他的臉，除了鼻尖和深深凹陷的笑眼。他身材很「寬」，水桶狀的胸、莎士比亞筆下人物「福斯泰夫」式的大肚子，是肌肉海灘最厲害的臥舉好手。他走路一瘸一拐——因為長短腿，較短的腿上有一道長長的手術疤痕。他告訴我，他騎摩托車出過車禍，受到多處複雜性骨折，在醫院躺了一年多。當時他十八歲，才剛高中畢業。那段日子非常難熬，既孤獨又痛苦，若非他發現自己優異的數學天賦（他自己很意外，所有人都很意外），根本撐不下去。他的數學天賦在學校並沒有表現出來，本來很討厭數學，但此時他唯一的要求，就是有關數學及對局論的書。被迫無法動彈的這十八個月，他歷經十幾次重建他碎裂腿部的手術，卻是美妙而令人振奮的心智活動時間，因為他有了更厲害的能力，可以在數學天地裡來去自如。

漢米爾頓原本不知道高中畢業後要做什麼，但是當他出院，他的數學能力讓他在蘭德公司（Rand Corporation，美國的智庫機構）找到工作，擔任電腦程式設計師。肌肉海灘的那些酒肉朋友中，很少有人知道漢米爾頓數學家的一面。

漢米爾頓居無定所，翻翻一九六〇年代以來的信件，我發現他的明信片來自全美各地的汽車旅館：聖莫尼卡、凡奈斯、威尼斯、布倫特伍德、西木區、好萊塢，還有許多其他地方。我不知道他駕照上用的是哪個住址，我懷疑，他可能一直都用鹽湖城的兒時地址。他來自顯赫的摩門教家族，是楊百翰（Brigham Young）的後裔。

漢米爾頓在旅館之間搬來搬去很容易，睡在車上也不難，因為他那一點點家當主要是衣服和書，都放在蘭德公司，有時乾脆在公司過夜。他為公司的超級電腦設計多種弈棋程式，再跟電腦下棋來測試這些程式，順便測試自己。他特別喜歡邊嗑藥（LSD）邊下棋，他覺得這樣會讓棋局更加變幻莫測、更有靈感。

若說漢米爾頓有個「肌肉海灘朋友圈」，另一個則是「數學家同好圈」，他和著名的匈牙利數學家艾狄胥（Paul Erdös）一樣，可能會三更半夜臨時跑去同好家裡，腦力激盪幾個小時，然後睡在人家的沙發上過夜。

我遇見漢米爾頓之前，他週末偶爾會去拉斯維加斯觀察「二十一點」牌桌，他發明一套策略，可以讓玩家慢慢的、穩穩的贏錢。有一次蘭德公司准他休假三個月，他老兄躲在拉斯維加斯一家飯店的房間裡，清醒的時候就賭二十一點。漸漸的、穩穩的，他贏來的錢竟累積超過十萬美元，這在五〇年代末是非常可觀的一筆數目，但此時兩名彪形大漢登門造訪。他們說，他這樣穩穩的贏錢早已被盯上──肯定有什麼「撇步」，但現在該是他離開賭城的時候了。漢米爾頓乖乖聽話，當天就匆匆忙忙逃離賭城。

那時候，漢米爾頓有一輛又大又髒、曾經是白色的敞篷車，車上全是空牛奶盒和其他垃圾，他每天都邊開車、邊喝三公升以上的牛奶，喝完就把空盒往後一丟。我們在肌肉海灘朋友圈對彼此產生好感。我喜歡聽漢米爾頓講他的特殊愛好──數理邏輯、對局論、電腦遊戲；他也把我的興趣及愛好都挖了出來。我在托潘加峽谷租了一棟小房子，他和女友凱希，經常來訪。

身為神經科醫師，專業上，我對所有類型的大腦狀態、心智狀態都很感興趣，尤其是那些由藥物引起或改造過的。精神藥物、以及這些藥物對於大腦神經傳遞物質的影響，這些方面的新知識在一九六〇年代初迅速累積，我很渴望能親身體驗。我認為，這樣的體驗或許有助於了解某些病人的心路歷程。

有些肌肉海灘的朋友曾慫恿我嗑阿丹錠（Artane，又名安坦），我只知道那是一種抗巴金森氏症的藥物。「吞個二十片就夠了，」他們說：「這樣你還不會太失控。你會發現那是很不一樣的體驗。」於是某個星期天早晨，如我在《幻覺》書中的描述（譯注：以下引用「天下文化」中文版的文字）：

我數了二十片阿丹錠，用水吞下肚，然後就坐在那裡等待藥效發作……我只覺得口乾舌燥，瞳孔放大，而且發現閱讀變得困難，但就只有這樣。最令人失望的是，我完全沒有出現任何精神方面的效應。我不曉得自己到底期待出現什麼狀況，但總該出現些什麼吧。

我在廚房裡，準備燒開水泡茶，這時忽然聽到有人敲門。原來是住在附近的朋友漢米爾頓和凱希，他倆經常在星期天早晨來看我。「請進，門沒關，」我大叫。等他們進了客廳坐好之後，我問：「你們想吃怎樣的雞蛋？」漢米爾頓說，他希望只煎單面，凱希則喜歡煎嫩一點。於是我一邊料理他們的火腿蛋早餐，一邊和他們閒聊。廚房與客廳之間有兩扇矮矮的推門，所以我們能夠輕鬆聽到對方說的話。五分鐘之後，我一邊大聲宣布：「準備上菜了，」一邊把他們的火腿蛋放進一只大托盤裡，然後走進客廳——這才發現客廳空空如也。沒有漢米爾頓，沒有凱希，而且一點都沒有他倆來過的跡象。我實在太驚訝了，差點失手摔破托盤。

我完全沒有想到，漢米爾頓和凱希的聲音、他倆的「在場」，竟然不是真的，是幻覺。我們剛才閒話家常，就像平常一樣。他們的聲音也像平常一樣，完全沒有任何暗示，直到我推開門，發現客廳空無一人，而且整場談話，至少就他們的部分，完全都是我腦袋捏造出來的。

我不只是震驚，而且很害怕。在服用LSD或其他藥物時，我至少還知道發生了什麼事。因為世界看起來太不相同，感覺也太不相同，有太多徵兆顯示，那是特殊的、極端的經驗。但是，我和漢米爾頓與凱希的「談話」卻毫無特殊之處，全是平常的事，不具任何幻覺的特徵。我想到思覺失調病人會與他們幻聽到的「人聲」交談，但是病人所聽到的聲音，多半是嘲諷或指控，而不是討論如何煎火腿蛋，以及天氣如何。

我對自己說：「小心哦，奧立佛，管好你自己。不要讓這種事再度發生。」陷入沉思的我，慢慢吃著我的火腿蛋（外加漢米爾頓和凱希的），然後決定要去海灘上逛逛，在那裡有可能碰見真正的漢米爾頓與凱希，以及其他朋友，還可以游個泳，度過悠閒的下午。

在我的南加州生活階段，漢米爾頓是非常重要的一部分，我們每星期都會碰面兩、三次，我搬到紐約以後極為惦念他。一九七〇年之後，他對於電腦遊戲（包括戰爭遊戲）的興趣，延伸到了利用電腦動畫來製作科幻電影和動畫片，因此他一直住在洛杉磯。

一九七二年，漢米爾頓來紐約找我，當時他看起來很健康、很快樂，他憧憬未來，卻不清楚他的未來到底是在加州還是南美洲——他在巴拉圭待過幾年，非常享受那裡的生活，還買了一座農場。他說他已經兩年沒喝酒了，這讓我特別開心，因為他向來有個危險的壞習慣：他會突然酗酒狂歡。我所知道的最後一次，曾害他得了胰臟炎。

他這趟行程是要回鹽湖城陪伴家人，途中順便來看我。三天後，我接到凱希的電話，她告訴我漢米爾頓死了——他又飲酒狂歡，又得了胰臟炎，但這次卻導致胰臟壞死及泛腹

膜炎。他才只有三十五歲。☆

一九六三年某天，我去威尼斯海灘玩人體衝浪——不用衝浪板。那天的浪相當大，沒有其他人下水，但我正值體力鼎盛（「自大」也很鼎盛），自認應付得來。我被海浪拋來拋去，這很好玩，但後來一道超級高的巨浪朝我頭上劈來。我試圖潛入海浪底下，卻被甩個四腳朝天，在水裡上下翻滾，毫無招架之力。我不知道海浪把我衝得多遠，直到我發現自己快要撞上岸邊（在太平洋沿岸，這樣的撞擊是脖子扭斷最常見的原因），才及時伸出右臂。這重重一撞，把我的手臂往後撞得肩膀脫臼，但幸好保住了脖子。一條手臂不管用，眼看下一波巨浪緊接著又要掃過來，我根本來不及爬上岸。千鈞一髮之際，不知哪來的強壯手臂一把抓住我，把我拉到安全地帶。

原來，我的救命恩人是約頓（Chet Yorton），他是一位強壯無比的年輕健美先生。我在沙灘上安全無虞，但肱骨頭錯位突出，讓我痛得受不了，於是約頓和幾個舉重哥兒們抓住我，兩個抱腰、兩個用力拉手臂，直到我的肩膀嘎吱一聲歸回原位。約頓後來贏得「宇宙先生」比賽，年屆七十高齡依然渾身肌肉，一九六三年要不是他把我從海裡拉上來，我就不會在這裡寫書了。☆骨頭關節歸位那一剎那，肩膀疼痛消失，我才感覺到手臂及胸部的其他疼痛。我騎上摩托車，騎到UCLA醫學中心的急診室，他們發現我手臂骨折，肋骨也斷了好幾根。

週末我有時在UCLA醫學中心值班，有時在比佛利山莊的達可托斯醫院（Doctors Hospital）兼差，好貼補我那微薄的收入。有一回兼差時，我碰見著名的女演員、性感偶像梅・蕙絲，她來醫院做個小手術。我不認得她的臉，因為我有臉盲，但我認得她的聲音。我們聊了很久。我向她道別時，她邀請我去她位於馬里布市的豪宅找她，她喜歡年輕肌肉男在她身邊打轉。我很遺憾從未接受她的邀請。

我的孔武有力，在神經科病房一度派上用場。那時我們正為一位倒楣的病人做視野測試，他得了球孢子菌腦膜炎，還有一點腦水腫。測試做到一半，他的眼球突然捲入頭部，整個人開始虛脫。這種情況稱為腦疝（cerebral hernia）：由於頭顱裡的壓力過大，使小腦扁

✣ 在漢米爾頓死後，我曾希望為他發表他的數學研究成果，好比英國數理邏輯學家拉姆齊（F. P. Ramsey，死時才二十六歲）的遺作《數學原理》。但漢米爾頓基本上是「當場解題」高手：他會把方程式、公式、邏輯圖潦潦草草寫在信封背面，然後就揉成一團或亂丟。

✳ 我早該知道遠海不適合我，早該知道瘋狗浪的極度危險，這種巨浪有可能憑空出現，即使是看似平靜的海洋。後來我又出過兩次類似的意外。一次是在長島的西漢普敦海灘，此次意外造成我左側腿筋肌肉撕裂一大半，而且也是朋友——我的老朋友華瑟曼（Bob Wasserman），把我拉到安全的地方。另一次我僥倖大難不死，事發當時，我正傻呼呼的在哥斯達黎加太平洋沿岸的遠海仰泳。如今我對衝浪心存畏懼，我喜歡的游泳地點，早已轉變為湖泊及緩緩的河流，不過我還是很喜歡浮潛和水肺潛水，那是我一九五六年在風平浪靜的紅海水域學會的。

桃體及腦幹被壓進頭骨底部的枕骨大孔，可能幾秒鐘就會致命。（對於這麼恐怖的事情來說，腦疝是相當溫和的說法。）我一把抱起病人，讓他倒栽蔥，有如反射動作之迅速，趕緊讓他的小腦扁桃體及腦幹掉回頭顱裡，感覺自己簡直是把病人從鬼門關給搶了回來。

病房還有另一位眼盲且癱瘓的病人，得了罕見的視神經脊髓炎（或稱為德維克氏症，Devic's disease），性命垂危。她聽說我有一輛摩托車，而且住在托潘加峽谷，於是表明她的特殊遺願：她希望我用摩托車載她一起去兜風，在托潘加峽谷路上上下下兜幾圈。某個星期天，我和三位舉重哥兒們一起去醫院，想辦法把這位病人架出醫院，讓她坐在摩托車後座，和我牢牢的綁在一起。我緩緩騎車出發，載她去托潘加峽谷兜風，讓她一償心願。回到醫院時，有人大發雷霆，我本以為會被當場開除。但我同事和那位病人都幫我說好話，結果只遭到嚴重警告，沒有解雇。

總的來說，我算是神經科的尷尬人物，但也為神經科增添光彩，因為我是唯一發表過論文的住院醫師。我想，有好幾次可能都是因為這樣，才保住了飯碗。

有時我納悶，為什麼我會練舉重練到如此堅持不懈、無怨無悔。我想，我並沒有什麼不尋常的動機，我雖不是健美廣告上那種輕飄飄、弱不禁風的人，但我很靦腆、缺乏自信、缺乏安全感、逆來順受。練舉重讓我變強壯，非常強壯，不過，我發現這對我的性格起不了作用，我還是原來的我。而且，如同許多過度的運動，舉重是要付出代價的。我練蹲舉，練到股四頭肌（大腿肌）早已遠遠超出天生的極限，所以很容易受傷。一九七四年我的股四頭肌肌腱斷了一條，一九八四年又斷了另一條，這絕對和我瘋狂練蹲舉有關係。一九八四年我入院治療，腿上裹著石膏，正在自悲自憐時，以前肌肉海灘的「神人」謝潑德來看我。他一跛一跛走進房間，緩慢且痛苦萬分，他的兩邊髖骨得了嚴重的關節炎，正準備做全髖關節置換手術。我們看著彼此，看著我們讓舉重給毀了一大半的身體。

「我們真是蠢斃了，」謝潑德說。我點點頭，深表贊同。

我在舊金山YMCA看到正在健身的他，一眼就喜歡上他了，那是一九六一年初。我喜歡他的名字：梅爾（Mel），希臘文的「蜜」或「甜」。當他告訴我他的名字，一串字眼立刻閃過我的腦海：mellify（蜜燻）、melliferous（產蜜的）、mellifluous（甜美的），mellivorous（吃蜜的）……

「梅爾——好名字，」我說：「我的名字是奧立佛。」

他有一副魁梧的運動員體格、壯碩的肩膀及大腿、光滑無瑕的白皙肌膚。他告訴我，他滿十九歲，在海軍服役，他們的軍艦諾頓灣號駐守在舊金山，他一有機會就去YMCA鍛鍊。我那時也在努力鍛鍊，希望我的蹲舉能打破紀錄，我們去健身房時偶爾會遇到。

健身後、沖完澡，我會騎摩托車載梅爾回他的軍艦。他有一件柔軟的棕色鹿皮衣，他說，那取自他在家鄉明尼蘇達州射到的鹿。我把隨時放在摩托車上的備用頭盔給他。我覺得我們很登對，當他坐上我背後的車座、緊緊環抱我的腰時，我有一種心癢癢的感覺，他說那是他第一次坐摩托車。

我們互相作伴的那一年很開心（我在錫安山醫院實習的那一年）。週末我們會一起騎摩托車兜風、露營、在湖裡游泳，有時還會一起玩摔角。此時的我隱隱起了慾念，或許梅爾也一樣。這種慾念因激烈的身體對抗而起，並沒有明確的性成分，旁觀者也只會覺得：我們是一對年輕男子，一起玩摔角而已。我們都為自己平坦結實、有如洗衣板的腹部感到驕傲，仰臥起坐隨便一做就是一百多下。梅爾會跨坐在我身上，我每做一下仰臥起坐，他就調皮的捶我一下肚子，他做仰臥起坐的時候我也會這樣。我發現這會讓我有性快感，我覺得他也會，梅爾總是說「我們來摔角吧」、「我們來做仰臥起坐吧」，並沒有性行為的意圖。我們可以一面鍛練腹部或摔角，一面從中獲得樂趣。只要沒有進一步的舉動就好。

我感覺得到梅爾的脆弱，感覺到他還沒完全想通，感覺到他對「與另一個男人發生性關係」的潛在恐懼。不過，我也感覺到他對我的特殊感情，我不敢奢望這份感情能超越那些恐懼。我很清楚，我一定得慢慢來。

我們「田園式」的清純蜜月期持續了一年，有著當下的喜悅，以及對未來的一點點憧憬。但隨著一九六二年夏天的逼近，我們不得不有所計劃。

梅爾的海軍服務即將告一段落（他高中一畢業便投效海軍），他現在想要上大學。我已經答應去UCLA醫學中心擔任住院醫師，一定得搬到洛杉磯，所以我們在加州的威尼斯合租一間公寓，靠近威尼斯海灘及肌肉海灘健身房，我們可以在那裡健身。我幫梅爾填寫聖莫尼卡學院的申請表，還買了一輛二手的ＢＭＷ給他，和我自己的摩托車一模一樣。他不喜歡接受我的禮物或金錢，自己在一家地毯工廠找到工作，離我們住的公寓走幾步路就到了。公寓很小，是間附有小廚房的工作室。梅爾和我一人睡一張床，公寓的其他空間塞滿書籍，還有我不斷累積的期刊、以及寫了多年的論文手稿，梅爾自己的家當非常少。

早晨很開心：我們一起享用咖啡和早餐，之後各奔東西去上班——梅爾去地毯工廠，我去ＵＣＬＡ醫學中心。下班後，我們會去肌肉海灘健身房，再去沙灘上的希德咖啡店，肌肉圈的人都在那裡閒晃。我們每星期看一次電影，梅爾每星期都會自己一個人騎摩托車兜風好幾次。

晚上卻很焦慮：我發現自己很難專心，梅爾的存在讓我非常有感覺，簡直是超級有感覺，我尤其喜歡他身上散發的陽剛味。梅爾喜歡我幫他按摩，他會全身赤裸趴在他的床上，叫我按摩他的背。我穿著健身小短褲跨坐在他身上，往他背上倒油（牛蹄油，用來保養摩托車皮衣、使皮衣柔軟），緩緩按摩他勻稱有力的背肌。他很喜歡這樣，整個人放鬆、任憑我的雙手擺布。我也很享受，說真的，這會讓我瀕臨性高潮。只是「瀕臨」倒還好，可以假裝什麼事也沒有。但是有一次，我克制不了自己，竟然射精了，精液噴得他整個背部都是。事情一發生，我感覺他忽然僵住，但他一句話也沒說，起身去淋浴。

接下來整個晚上，他都不跟我說話。很明顯，我太過分了。我突然想起我母親說過的話，還有，母親名字的首字母正是ＭＥＬ（Muriel Elsie Landau）。隔天早上，梅爾只簡短的說：「我得搬出去，自己找個地方住。」我說不出話，眼淚幾乎奪眶而出。他告訴我，幾個星期前，晚上騎摩托車出去的時候，他遇見一位年輕女子（其實不太年輕，她有兩個十幾歲的孩子），她曾邀他去她家住。為了我們的友誼著想，他遲遲沒有接受，但現在，他覺得，他不得不離開我。然而，他希望我們還是「好朋友」。

我沒見過她，但我覺得她把梅爾從我身邊搶走。回想起十年前的塞利格，我懷疑，我是不是命中注定要愛上「正常」的男人。

梅爾搬走時，我感到孤單至極、感到被拋棄，正是在這個節骨眼，我開始嗑藥，算是一種補償吧。我在托潘加峽谷租了棟小房子，那裡相當偏僻，在一條沒鋪柏油的小路上方，我下定決心，再也不跟任何人住在一起了。☆

事實上，在接下來的十五年裡，梅爾和我一直保持聯絡，不過私底下總潛藏著紛亂複雜的情緒暗潮。或許，梅爾更是飽受折磨，因為他對自己的性事還無法完全釋懷，卻又渴望能和我有身體上的接觸。然而就性事而言，我早已放棄對他的遐想與期盼了。

我們最後一次見面依然曖昧不減。一九七八年我去舊金山，梅爾特地從奧勒岡州南下。奇怪的是，他一反常態，非常焦慮不安，堅持找我一起去澡堂。我從來沒有去過澡堂，舊金山的同性戀澡堂不合我的口味。脫了衣服，我看見梅爾從前有如牛奶般白皙無瑕的肌膚，現在卻長滿咖啡牛奶似的棕色斑點。「沒錯，這是神經纖維瘤病，」他說：「我哥哥也有這種病。我覺得你應該看一看，」他又加了一句。我抱著梅爾痛哭。我想起當年塞利格讓我看他的淋巴肉瘤。我深愛的男人，是不是注定都要遭受重病之苦？離開澡堂時，我們很正式的握手道別。我們再也沒見過面、或寫信給對方。

在我們那段「蜜月期」，我曾夢想我們會一起生活，甚至一直幸福到老，那時我滿二十八歲。現在我八十歲了，想要重回當年、寫回憶錄。我發覺自己想起梅爾，想起我們共同度過的那段純真、如詩如歌的青春歲月，我很想知道他後來怎麼樣了，很想知道他是否還活著——神經纖維瘤病又稱馮雷克林豪森氏病（von Recklinghausen's disease），是一種難以捉摸的怪病。我很想知道，他會不會讀到我寫的這些話？會不會更寬容的看待我們熱情、年輕、十分迷惘的自己？

當年塞利格以很微妙的方式離我而去——「我不是那樣的人，但我珍惜你的愛，也很愛你，用我自己的方式。」我並不覺得遭到拒絕、或傷心欲絕，但梅爾那幾乎是厭惡的斷然拒絕，卻深深影響了我，剝奪了我對真正愛情生活的所有期盼（我真的這麼覺得），讓我變得內縮、沉淪，以致尋求嗑藥帶來的幻想與快感，無所不用其極。

待在舊金山那兩年，週末的我算是無傷大雅的「表裡不一」，只不過是把實習醫師的

✡ 幾年後，托潘加峽谷變成音樂家、藝術家及各類嬉皮的聖地，但一九六〇年代初我住在那裡時，人煙稀少，非常安靜。我住的房子位於未鋪設柏油的小路上，附近沒有鄰居，而且我比須用卡車載水（每趟五點七公噸）上來，儲存在蓄水箱裡備用。

白袍換成獸皮、騎摩托車出去玩而已。但現在的我，被迫成為更陰鬱、更危險的「表裡不一」。星期一到星期五，我把自己奉獻給UCLA醫學中心的病人，但到了週末，我沒有騎摩托車出去旅行，而是投入虛擬的旅行——大麻、牽牛花籽、LSD的嗑藥之旅。這些是祕密，不曾與任何人分享，不曾對任何人提及。

有一天，朋友給我一種特別的大麻菸，他沒說是怎麼個特別法。我緊張兮兮的抽了一口，接著又一口，然後無比貪婪的抽完剩下的大麻菸，貪婪是因為，它產生的藥效是單純的大麻菸所沒有的——飄飄欲仙、幾乎達到高潮的極度快感。當我問他，這大麻菸裡頭有什麼東西，才知道原來摻了安非他命。

我不知道成癮的傾向有多大成分是與生俱來，有多大成分取決於環境或心智狀態。我只知道，那天晚上之後，我迷上了浸泡過安非他命的大麻菸，而且接下來的四年，再也離不開了。在安非他命的控制下，覺也不用睡，食物也不用吃，一切都臣服於大腦「快樂中樞」的刺激。

正當我和「安非他命成癮」角力時（我很快就不抽摻雜安非他命的大麻菸，轉而口服或靜脈注射甲基安非他命），我讀到奧爾茲（James Olds）利用大鼠所做的相關實驗。這些大鼠大腦的「報償中樞」（指依核及其他皮質下深層組織）被植入電極，牠們懂得利用按控制桿來刺激這些中樞。大鼠會不眠不休的按控制桿，直到筋疲力竭而死。我只要一沾上安非他命，便覺得自己彷彿是無可奈何的「奧爾茲大鼠」。我的毒品使用劑量愈來愈重，心跳速率及血壓爆增到致命程度。在這種狀態下，人貪得無厭，再多毒品也不夠。安非他命帶來的狂喜是無意識的，是充分的，實質上是全然的快感，我已不需要其他東西或任何人來滿足我的快感。可這又全然是一場空，所有的動機、目標、興趣、慾望，全都消失於狂喜的虛無中。

這對我的身體、或可能對大腦有什麼影響，我沒想太多。我知道肌肉海灘和威尼斯海灘有不少人因重劑量的安非他命而死。我很幸運，沒有心臟病發作或中風。我或多或少明白，自己是在玩命。

星期一早上我會回去工作，但是整天都在顫抖且幾乎嗜睡。我想，沒人知道我整個週末都在星際空間雲遊，或變成通了電的大鼠。人家問我週末做了些什麼事，我都說我「出去了」。他們可能猜不出來這是什麼意思，猜不出來到底有多「出去」。

那時候，我已經在神經學期刊發表過幾篇論文，但我有更大的自我期許：在即將到來的美國神經學研究學會（AAN）年度會議上展示研究成果。

好友杜蘭（Tom Dolan）是我們神經科一位優秀的攝影師，和我一樣，他對海洋生物學及無脊椎動物也很有興趣。在他的協助下，我的拍攝對象從西部的自然風景，變成神經病理學的內在風景。我們努力工作，盡可能取得最佳畫面，來呈現哈—施二氏症、缺乏維生素E的大鼠、受IDPN毒害的小鼠身上所見「極度腫脹的軸突」的微觀樣貌。我們把這些畫面做成放大的彩色幻燈片，製作特殊燈箱，用燈箱內部的燈光來照亮幻燈片，還附上字幕。我們花了幾個月時間把這些東西兜好、整理打包，在克里夫蘭一九六五年春季舉行的AAN會議上架設起來。果真如我所願，我們的展示一炮而紅，而向來害羞、沉默寡言的我，竟發現自己在吸引人家來看展示，向人家闡述那三種軸突退化的特別美妙及有趣之處——這些案例在臨床上、形態上如此相異，在個別軸突與細胞的層次上卻又如此相似。

這次展示是我的開場白，像是在說：「我來了，大家看看我的能耐。」我藉此把自己介紹給美國的神經學社群，正如四年前我創下加州蹲舉紀錄，算是我在肌肉海灘舉重圈的自我介紹。

一九六五年六月，我的住院醫師合約即將到期，我本來很擔心自己會失業。但「軸突退化展示」讓我有了來自美國各地的許多工作邀約，包括紐約兩個格外珍貴的工作機會：一個由哥倫比亞大學的柯文（見第121頁）與歐姆斯特德提供，一個由愛因斯坦醫學院傑出的神經病理學家泰瑞（Robert Terry）提供。泰瑞於一九六四年曾訪問UCLA醫學中心，介紹他利用最新的電子顯微鏡研究阿茲海默氏症的成果，當時我早就對泰瑞的開創性研究傾心不已，那時候，我對神經系統的退化性疾病特別感興趣，無論這些病是發生在年幼者身上（例如哈—施二氏症），或發生在老年人身上（例如阿茲海默氏症）。

我或許可以繼續留在UCLA醫學中心、住在托潘加峽谷的小房子裡，但我覺得我需要向前邁進，特別是向紐約邁進。我覺得我在加州太舒服了，愈來愈耽溺於簡單、平庸的生活，更不用說毒癮也愈來愈加重。我覺得我有必要搬去一個刻苦、實在的地方，能讓我全心全意投入工作的地方，也許能讓我找到或建立自己真正的身分和發言權的地方。儘管我對軸突退化（柯文及歐姆斯特德的專精領域）很感興趣，但我想做些別的事情，想以某種深入的方式，來結合神經病理學與神經化學。愛因斯坦醫學院是一所相當新的醫學院，提供特殊研究經費給「神經病理學與神經化學」跨領域研究——把這兩個學門結合起來，乃是寇瑞（Saul Korey）的天才想法。✫於是，我接受了愛因斯坦醫學院的聘任。

在UCLA醫學中心那三年，我努力工作，努力玩樂，沒放過假。每隔一段時間，我會去找我那位令人敬畏、但和藹可親的總醫師羅思（Augustus Rose），跟他說我想放幾天假，但他總是回答：「薩克斯，你每天都在放假。」我就不敢再提這件事。

但我的「週末摩托車之旅」幾乎不間斷，我經常騎車去死亡谷，偶爾去安沙波列哥沙漠州立公園，我很喜歡沙漠。三不五時，我騎車南下墨西哥的下加利福尼亞州，去感受完全不同的文化；不過恩森納達（下加利福尼亞州的第三大城）以外的道路非常崎嶇不平。

✫ 寇瑞極有遠見，竟然想像得到「神經科學」這個整合領域的興起，而且是在這個名詞發明之前好幾年。我從來沒見過他，因為一九六三年他不幸英年早逝，但他留下的遺產，便是愛因斯坦醫學院所有「神經XX」實驗室（以及臨床神經學系）之間的緊密互動，這樣的互動一直延續到今天。

我要離開UCLA醫學中心、搬到紐約的時候，摩托車里程數已超過十六萬公里。到了一九六五年，公路開始變得擁擠，特別是在東部地區，我再也享受不到騎摩托車的樂趣、公路生活的樂趣，如同我在加州曾經擁有的那種自由與快樂。

我常納悶，為什麼我在紐約一待就是五十幾年，讓我沉醉不已的明明是西部，尤其是西南部。如今我在紐約有了許多剪不斷的牽連——我的病人、我的學生、我的朋友、我的精神分析師；但我從來不覺得紐約像加州那樣讓我感動。

我懷疑，我的鄉愁可能不僅僅是因為地方本身，而是因為青春，因為一段很特別的歲月，因為戀愛，因為我有資格大聲說：「未來就在我眼前。」

第五章　洗禮

沒人否認我的才華，但也沒人可以否認我的缺點。

老闆用一種溫和卻堅定的方式對我說：「你在實驗室只會給大家添亂。為什麼不去看診就好了？這樣你比較不會闖禍。」

於是我的臨床生涯，就這麼「不光彩」的展開了。

一九六五年九月，我搬到紐約，擔任愛因斯坦醫學院研究員，從事神經化學與神經病理學的研究。我對成為真正的科學家（實驗室科學家）還是有所期盼，儘管從前我在牛津的研究一敗塗地，實在不應該重蹈覆轍。但我不服輸，憑著一股傻勁，我覺得應該再給自己一次機會。

熱情激昂的泰瑞在ＵＣＬＡ醫學中心的精采演講（利用電子顯微鏡研究阿茲海默氏症）曾令我深深著迷。當我抵達紐約時，泰瑞正好輪休年假，在他休假期間，神經病理學系由赫佐格（Ivan Herzog）負責管理，他是匈牙利流亡人士，性情溫和、脾氣很好，對我這種飄忽不定的怪咖研究員極為寬容、有耐心。

到了一九六六年，我服用的安非他命劑量非常重，我變得——精神失常？躁狂？不拘謹？很強？我實在不知道該用什麼詞來形容，但我的嗅覺因而變得出奇敏銳，平常普普通通的想像力和記憶力也大為增強。

我們每逢星期二都會進行教學測驗，赫佐格要求我們辨認罕見神經病理症狀的顯微照片。我通常表現很糟，但某個星期二，赫佐格給我們看一些照片，說：「這是極為罕見的症狀，我不指望你們認得出來。」

我大喊：「小神經膠質細胞瘤（microglioma）！」每個人都看著我，愣住了。通常我是不吭聲的。

「是的，」我繼續說：「全世界文獻只描述過六個病例。」我一一詳述這些病例。赫佐格盯著我，眼睛睜得好大。

「你怎麼知道的？」他問。

「哦，只是不經意讀到的啦，」我回答，但我也同樣震驚。我不知道我怎麼會（或到底什麼時候）如此迅速且不知不覺的吸收了這方面的知識。這完全是安非他命的神奇增強作用。

擔任住院醫師那時候，我對罕見的脂質沉積病（往往是家族遺傳）特別感興趣。這種病具有「脂肪異常積累在腦細胞」的現象。有人發現，這些脂質同樣也會積累在腸道壁的神經元，這讓我很興奮。如此一來，人們甚至在任何症狀出現之前，藉由組織切片，便可能診斷出這種疾病——不是大腦切片，而是直腸切片，手術創傷小得多。

我在《英國外科期刊》看過這種手術的原始報告。只要能找到單單一個脂質腫脹的神經元，便可做出診斷。我想知道其他疾病，譬如阿茲海默氏症，會不會導致腸道神經元的變化，能不能藉此及早診斷出來。於是我發展出一種「清理」直腸壁的技術，使直腸壁幾乎變透明，再用亞甲藍將神經元染色，這樣就可以在低倍顯微鏡的視野範圍內看到幾十個神經元，增加發現任何異狀的可能性。看著玻片，我說服自己和老闆赫佐格，認為我們可以看出直腸神經元的變化——神經纖維纏結、路易氏體（Lewy body）等疑似阿茲海默氏症與巴金森氏症的特徵。我對我們的研究發現非常看重，認為這必將成為一項突破，成為寶貴的診斷技術。一九六七年，我們提出論文摘要，希望能在美國神經學研究學會即將舉行的會議中報告。

不幸的是，研究這時候出了問題。除了已有的少數直腸切片之外，還需要更多更多的材料，但我們無法取得這些材料。

我們的研究無法繼續進行，赫佐格和我琢磨著：我們該撤回原先的摘要嗎？到最後，我們沒有撤回，想說反正別人也會審視相關的問題，未來自有定論。結果，原本期望能讓我一舉成為神經病理學家的「重大發現」，到頭來只是一場空。

我在格林威治村租了一間公寓，除非積雪很深，不然我都會騎摩托車去布朗克斯區工作。我沒有掛包，但摩托車後方有個堅固的行李架，我需要的東西都用強力鬆緊帶牢牢綁在上面。

我的神經化學研究項目是取出髓鞘——包裹在較大神經纖維周圍的脂肪物質，可使神經纖維在傳遞神經衝動時更加迅速。當時有很多懸而未決的問題，例如：無脊椎動物的髓鞘（如果可以取出）和脊椎動物的髓鞘，在結構上或成分上是否不一樣？我選擇蚯蚓來當我的實驗動物，我一直很喜歡蚯蚓，牠們的神經纖維具有巨大的髓鞘，傳遞訊息迅速，因此牠們在受到威脅時會有猛然捲曲的大動作。（正是由於這個原因，十年前我才會選擇利用蚯蚓來研究TOCP的「脫髓鞘作用」。）

在醫學院的花園裡，我致力於名副其實的「蚯蚓大屠殺」：為了取出夠分量的髓鞘樣本，需要成千上萬的蚯蚓，我覺得自己彷彿居禮夫人在處理她好幾噸的瀝青鈾礦，以便獲得十分之一公克的純鐳。我變成解剖高手，俐落的一刀，便將蚯蚓的神經索和神經節解剖出來，再把這些東西碾碎，製成富含髓鞘的「濃湯」，準備進行分餾及離心處理。

我在實驗筆記本上仔細做紀錄，有時還會把厚厚的綠色筆記本帶回家，晚上認真思索。此舉卻種下了禍根：有一天早上我睡過頭，趕著去上班，摩托車行李架上的鬆緊帶沒固定好，寶貴的筆記本從鬆開的繩索脫落飛出，裡頭有九個月來的詳細實驗數據，當時我正騎在布朗克斯快速道路上。我趕緊把摩托車停在路邊，卻眼睜睜看著筆記本慘遭路上轟隆隆的來往車輛一頁一頁肢解。有兩、三回，我試圖衝到路中央把筆記本搶救回來，但這簡直是瘋了，因為往來的車輛實在太快、太密集。我只能無奈的看著筆記本四分五裂。

等我到了實驗室，我安慰自己說：至少髓鞘本身還在，我還可以拿來分析、在電子顯微鏡下觀察，重新建立某些喪失的數據。接下來的幾個星期，我努力做出一些還不錯的東西，也開始感覺有點樂觀，儘管還是有些小災小難，例如：在神經病理學實驗室裡，我不小心把無可取代的玻片，讓顯微鏡的油浸物鏡給擰破了好幾片。

更糟糕的是（從我老闆的角度來看），我的漢堡麵包屑不僅掉在我的座位上，還掉在某一部離心機裡，那是我用來提取純髓鞘樣本的儀器。

無可挽回的最後一擊，終於把我打敗：我連髓鞘也弄丟了。髓鞘莫名其妙不見了（也許我不小心把它掃進垃圾桶），花了十個月才提取出來的這一丁點樣本，真的救不回來了。

老闆召開會議：沒人否認我的才華，但也沒人可以否認我的缺點。老闆用一種溫和卻堅定的方式對我說：「薩克斯，你在實驗室只會給大家添亂。為什麼不去看診就好了？這樣你比較不會闖禍。」於是我的臨床生涯，就這麼「不光彩」的展開了。✧

「天使塵」，多麼甜美誘人的名字！這根本是騙人的，因為它的藥效一點也不甜美。一九六〇年代的我，是個輕率魯莽的毒品癮君子，幾乎什麼毒品都想試試看，一位朋友知道我那永不滿足、危險的好奇心，邀請我去東村某閣樓參加天使塵派對。

我有點遲到。派對已經開始了，一打開門，眼前景象如此超現實、如此瘋狂，相較之下，瘋帽匠（《愛麗絲漫遊奇境》故事中的角色）的茶會簡直是既神智清楚又中規中矩。東村的閣樓裡頭差不多有十來人，個個滿臉通紅，有人眼睛還帶血絲，有人站都站不穩。一名男子發出淒厲的叫聲，在家具上跳來跳去，他可能幻想自己是黑猩猩。另一名男子正在「照料」他的鄰居，幫鄰居挑揀手臂上的假想昆蟲。有人剛剛在地板上拉屎，現下正在玩那堆屎，用食指在屎堆裡排圖案。其中兩名賓客一動也不動，神經兮兮的，有人不停的做鬼臉、喋喋不休語無倫次，聽起來像是思覺失調症的「語詞沙拉」。我打電話給急難救助部門，所有參加派對的人都被送去醫院，其中有些人必須住院兩星期。我非常慶幸自己遲到，沒有沾上任何天使塵。

後來，我在布朗克斯州立醫院擔任神經專科醫師，看過某些人因為天使塵（PCP）而陷入類似思覺失調症的狀態，有時持續數月之久。有些病人癲癇發作，而且我發現，其中很多人服用PCP過後多達一年，腦電波圖還是高度異常。我有一名病人在服用PCP時殺死女友，不過他對自己的行為毫無記憶。幾年後，我在《錯把太太當帽子的人》書中曾描述這樁非常複雜、悲慘的事件，以及同樣複雜、悲慘的後遺症。

一九五〇年代，PCP最初是拿來當麻醉劑用的，但到了一九六五年就不再使用於醫療，因為它的副作用太可怕了。大多數的迷幻藥主要是作用於血清素（大腦的許多神經傳遞物質之一），但PCP跟氯胺酮（ketamine，俗稱K他命）一樣，會損害傳遞物質「麩醯胺」（glutamine），比其他迷幻藥還要危險得多、藥效持久得多。已知PCP會導致大鼠大腦

✫ 或許，我從未真正預期在學術研究上會有所成就。一九六〇年，我在UCLA醫學中心正納悶要不要研究生理學，當時給父母的信上寫道：「我大概太情緒化、太懶散、太笨拙，甚至太不誠實了，根本不是當科學家的那塊料。我真正喜歡的事情就是聊天……閱讀和寫作。」然後我引述剛收到的喬納森來信，他寫到他自己、艾瑞克和我：「跟威爾斯（Herbert George Wells，英國著名科幻小說家）一樣，我對科學研究的前景很著迷，對科學研究的現實面卻很麻痺。我們這些人唯一能靈活或優雅運用的，就是概念與文字。我們對科學的熱愛，根本就是字面上的東西。」

的結構性病變及化學變化。☆

對我來說，一九六五年夏天這段時間特別難捱、特別危險，因為在UCLA醫學中心的工作結束後、愛因斯坦醫學院的工作開始前，我有整整三個月時間無所事事。

我賣掉心愛的BMW R60，去歐洲待了幾個星期，在慕尼黑的BMW工廠買了一輛新的、較不起眼的R50。我先去慕尼黑附近的小村莊貢岑豪森，看看幾位祖先的墳墓，他們有些是猶太教士，把自己取名為貢岑豪森。

然後又去阿姆斯特丹，那是長期以來我最喜歡的歐洲城市，十年前，我曾在那裡接受「性的洗禮」，正式踏入同志生活。之前去那裡曾認識一些人，而這次，在某個宴會上，我認識了年輕的德國戲劇導演，名叫卡爾（Karl）。他穿著優雅、口齒伶俐，說起德國劇作家布萊希特（Bertolt Brecht）頭頭是道，曾執導多部他的戲劇。我覺得卡爾很有魅力、很有教養，但不覺得他在性方面特別吸引我，回到倫敦之後並沒有想過他。因此，幾個星期後收到他寄來的明信片時，我嚇了一跳，他說想在巴黎和我碰面。我母親看到明信片，問是誰寄來的，有點疑神疑鬼，我說：「一個老朋友。」對話就此打住。

卡爾的邀約引起我的好奇心，所以我騎著新摩托車，走陸路又搭渡輪去巴黎。卡爾找了一家舒適的旅館，房裡有張寬敞的雙人床。在巴黎的那個長週末，我們不是觀光就是做愛。我偷偷帶了一些安非他命，上床前吞個二十片左右。我慾火焚身，做愛時激情無比，但吃藥之前並沒有那樣的感覺。卡爾被我的激情和慾求不滿嚇到，問我到底怎麼回事。我說是安非他命，給他看了瓶子。出於好奇，他吃了一片，很喜歡它的藥效，再吃一片，又一片，又一片，很快的，他也像我一樣，被這玩意兒弄得神魂顛倒，興奮得彷彿是用了伍迪．艾倫電影中的「高潮器」。不知道過了幾個小時，我們才筋疲力盡的分開，稍微休息一下，又開始瘋狂做愛。

由於這種環境，再加上安非他命，我們狂野放縱有如兩隻發情的動物，也許並不全然是意外。但我沒想到的是，這次體驗竟然會讓我們愛上對方。

等我十月回到紐約，我寫了火辣辣的情書給卡爾，也收到同樣熾熱的回信。我們把彼此想得很完美，以為我們會長長久久過著充滿愛情、創意的生活——卡爾實現他成為藝術家的心願，我則成為科學家。

但是，後來感覺開始淡了。我們自問：在安非他命強大的催情作用推升之下，我們共同享有的那些體驗是真的嗎？我們是真心的嗎？我發覺，這個問題讓我特別羞愧。難道如此崇高的狂熱戀情，竟淪為純粹生理上的需求？

✫ 有人可能會以為，天使塵的「消遣用途」應該持續不了多久、不會超過一九六幾年。但是從找到的美國緝毒局最新數據來看，我發現近至二〇一〇年，竟然有高達五萬多的年輕人及高中生，因為吸食ＰＣＰ而必須送急診室。

十一月，我們在懷疑與肯定之間游移不定，在兩個極端之間來回擺盪。到了十二月，我們不再相愛，也不想再繼續通信了，但並不後悔或否認曾經籠罩我們的奇妙狂熱。在寫給他的最後一封信中，我寫道：「我擁有熾熱的喜悅，既強烈又荒唐，這些回憶……完全消失了。」

三年後，我收到卡爾的來信，他告訴我要來紐約住。我很好奇想見見他，想跟他重逢，那時我已經戒掉毒品了。

他在河邊附近的克里斯多福街，租了一間小公寓，我一進門，發現空氣很難聞、濃煙瀰漫。原本那麼優雅的卡爾，鬍子沒刮，蓬頭垢面邋邋遢遢。地上放了個髒兮兮的床墊，上方架子裡有個藥錠盒。我沒看到任何書，沒看到過去的他曾是書迷與導演的任何一點痕跡。他似乎對任何知識或文化都不感興趣。他成了毒販，除了毒品、除了LSD如何拯救世界之外，他什麼話題都不想說。他的眼神看起來很迷濛，很像走火入魔。我發覺這一切令人既困惑又震驚。我短短三年前才認識的那個優秀、有才華、有教養的男人，到底怎麼了？

我有一種恐懼感，也有幾分內疚感。讓卡爾開始嗑藥的人，不就是我嗎？曾經這麼高尚的人給毀了，在某種程度上，我是不是該負起責任？我再也沒見過卡爾。一九八〇年代我聽說他得了愛滋病，回到德國不久就死了。

柏奈特是我在錫安山醫院時的好朋友，我還在UCLA醫學中心當住院醫師時，她已經回到紐約當小兒科住院醫師。等我搬到紐約，我們又恢復了友誼。星期天早上，我們經常去巴尼格林格拉斯餐廳（人稱「鱘魚王」）吃燻魚早午餐。柏奈特從小在上西城長大，從小就常去巴尼格林格拉斯餐廳，在這家星期天早上充滿猶太語閒聊的店鋪兼餐廳裡，她聽著聽著便學會了一口流利、道地的猶太語。

一九六五年十一月，我每天都服用高劑量的安非他命，無法入睡，所以每晚又服用高劑量的水合氯醛，當安眠藥。有一天，坐在咖啡店裡，我開始體驗到最瘋狂的幻覺，這幻覺來得非常突然，如我在《幻覺》書中的描述（譯注：以下引用「天下文化」中文版的文字）：

在我攪拌咖啡時，突然發現咖啡變成綠色，接著又變成紫色。我抬起頭，嚇了一跳，我看見一個在櫃臺結帳的顧客，竟然頂著長鼻目動物的腦袋，有如一隻象海豹。我慌了，趕緊丟了張五元鈔票在桌上，跑回對街去搭巴士。但是巴士上所有乘客似乎都長著一顆光滑潔白的腦袋，就像一顆顆大雞蛋，上面嵌著閃閃發光的大眼睛，宛如昆蟲的多面複眼。他們的眼睛好像能突然彈出，更增添了恐怖和詭異的感覺。我知道自己是在幻覺中，或是正在經歷某種怪異的感知障礙，我沒有辦法阻止腦裡的狀況，但至少得控制外表，在面對身邊的昆蟲眼乘客時，不要驚慌或尖叫、或是肌肉僵直症發作。

等我下了公車，周圍的建築物都在搖來晃去，從一邊飄向另一邊，彷彿旗幟在狂風中飄搖。我打電話給柏奈特。

她一接起電話，我說：「柏奈特，我想跟妳說再見。我瘋了、精神失常、神智不清了。今天上午開始的，而且一直在惡化。」

柏奈特說：「奧立佛！你剛才吃了什麼東西？」

「沒什麼啊，」我回答：「就是因為這樣我才害怕。」柏奈特想了一會兒，又問：「你剛才停吃了什麼東西？」

「對了！就是它！」我說：「我一直在服用大量的水合氯醛，昨晚正好沒貨了。」

「奧立佛，你這個大笨蛋！老是這麼過分，」柏奈特說：「你得了震顫性譫妄。」

一波波幻覺和妄想不停的威脅我、想要吞噬我。此時柏奈特在我身邊照料我、成為我的支柱，陪我撐過四天來的精神錯亂。在這既混亂又支離破碎的世界裡，她是唯一的穩定點。

三年後，我第二度緊急打電話給她，因為某天晚上我開始感覺有點頭暈眼花，而且沒來由的感到莫名興奮。我睡不著，眼睜睜看著我的皮膚一小片一小片變了顏色，而驚恐萬分。當時我的房東是一位勇敢、可愛的老太太瑪麗，她與硬皮病奮戰多年，這是一種非常罕見的疾病，皮膚會逐漸變硬、萎縮，導致四肢畸形，有時不得不截肢。瑪麗老太太得這種病已經五十幾年了，她自豪的告訴我，她是醫學界已知存活期最長的病例。

那天半夜裡，我的部分皮膚似乎產生了變化，變得像是硬蠟似的，當時我忽然有一種錐心的頓悟：我也得了硬皮病，而且是猛爆性硬皮病。我從未真正聽說過這樣的事情，硬皮病通常是最慢性的頑疾。但凡事總有個首開先例，我覺得我即將震驚醫學界，成為全世界首例急性硬皮病的病人。

我打電話給柏奈特，她趕來看我，手上提著黑色包包。她看了我一眼，瞧到我渾身上下起水泡，就說：「奧立佛，你這個白痴，你長水痘了啦。」

「你最近是不是檢查過得了帶狀皰疹的人？」她繼續說。是的，我告訴她。十四天前我在貝斯亞伯拉罕醫院檢查過一位得了帶狀皰疹的老先生。「經一事長一智，」柏奈特說：「現在你懂了吧，教科書上說，帶狀皰疹和水痘是同一種病毒引起的。」

聰明機智、寬宏大量的柏奈特，不斷與自身所患的幼年型糖尿病奮戰，與醫師這一行對婦女、黑人的偏見奮戰，後來晉升為西奈山醫院院長，多年來以她的才能及重要地位，確保女性醫師及有色人種醫師受到尊重及公平對待。她從不曾忘記錫安山醫院那段「外科醫師小插曲」（見第90頁）。

當我展開紐約生活之後，毒品劑量竟增加了，部分是因為與卡爾的戀情走調而受到刺激，部分是由於工作上諸事不順，並且意識到，自己當初實在不應該選擇做研究。一九六五年十二月，我開始打電話請病假，每次都好幾天沒去上班。我經常服用安非他命，很少吃東西，體重大大減輕──三個月內差不多掉了三十六公斤，鏡子裡那張憔悴的臉，簡直是慘不忍睹。

除夕夜，在安非他命帶來的狂喜中，我突然有了片刻的神智清醒，我對自己說：「奧立佛，要是不找人幫忙，你就別想看到下一個除夕了。一定得有人來管管你才行。」我覺得，在自己的毒癮及自我毀滅的背後，必然有非常深層的心理問題，除非解決這些問題，否則我還是會繼續吸毒，早晚給自己惹出大麻煩。

一年多前，當我還在洛杉磯，家人的一位朋友玻納德（Augusta Bonnard）本身是心理醫師，她曾建議我去看某某人。我不情不願的去看了她推薦的心理醫師：「鳥」醫師（Dr. Seymour Bird）。當他問道：「嗯，什麼風把你給吹來了，薩克斯醫師？」我氣呼呼的說：「去問玻納德醫師吧！是她叫我來的。」

我不僅從頭到尾抗拒，而且大部分時間都因吸毒而飄飄然。人吃了安非他命可能變得能言善道，事情似乎以神奇的速度飛快進行，卻一下子統統隨風遠去，什麼痕跡也沒留下。

一九六六年初，事情完全改觀，當時我在紐約自己找了精神分析師，因為我知道再不求助就沒救了。起初我對申戈爾德醫師（Dr. Shengold）有點懷疑，因為他那麼年輕。我心想，這個人比我大不了幾歲，在他身上到底可以找到什麼樣的生活經驗？什麼樣的知識？什麼樣的治療能力？我很快就明白，這個人的才幹與品格非同小可，這個人可以突破我的防線、不受我的油嘴滑舌左右，這個人認為，我可以承受密集深入的分析並從中獲益，可以承受涉及「移情」的強烈而曖昧的情感。

不過申戈爾德從一開始就強調，我必須戒掉毒品才有效果。他說，吸毒會讓我「超出分析的範圍，以致遙不可及」，他無法繼續幫我看病，除非我戒毒。「鳥」醫師可能也這麼認為，但他從未真正說出來，而申戈爾德醫師卻是我見他一次就強調一次。我想到「遙不可及」就很害怕，更害怕會失去申戈爾德。由於一下子戒不掉安非他命，我還是不時會「半精神錯亂」。想起我那位思覺失調的哥哥邁可，我問申戈爾德，我是不是也得了思覺失調症？

「不是，」他回答。

「那，我只是神經質？」我問。

「不是，」他回答。

我不了了之，我們不了了之，過去的四十九年來，這問題早已不了了之。

一九六六年是嚴峻的一年，因為我為了戒毒而痛苦掙扎，也因為我的研究工作一無是處。而且我愈來愈意識到：我的研究永遠不會有任何出路，我根本不是當科學家的料。

我覺得，我會繼續拿毒品來滿足自己，除非我能找到滿足自己的工作，而且最好是具有創造性的工作。找到有意義的工作對我來說至關重要，而對我來說，有意義的工作就是看診——去醫院或診所看病人。

一九六六年十月，臨床工作才開始沒多久，我便感覺好多了。我發現我的病人很有意思，而且我很在意他們。我開始體會到自己的臨床與治療能力，最重要的是，體會到自主意識與責任感，那是我當住院醫師還在受訓時所沒有的。我對毒品的依賴減少了，並且更能樂於接受申戈爾德醫師的協助。

一九六七年二月，我又有了一次因毒品而興奮或狂躁的經驗——很荒謬，而且不同於以往的快感，這次經驗讓我突發奇想，讓我知道我應該做什麼、可以做什麼：寫一本有價值的書，有關偏頭痛，寫完之後也許再寫別的書。這不是模模糊糊的潛在感覺，而是未來在神經學工作及寫作上，非常清晰而明確的願景。這樣的靈感在我神志恍惚時找上我，然後就不走了。

我再也不曾服用安非他命，儘管有時會極度渴望。（癮君子或酗酒者的大腦已經終生改變，「回歸」的可能性及誘惑永遠不會消失。）這個轉機讓我脫胎換骨。說真的，我覺得這救了我的命好多次。一九六六年那時候，我那些朋友從不認為我能活到三十五歲，連我自己也不認為。但是有了申戈爾德醫師的協助、有了好朋友，有了臨床工作及寫作的成就感，以及最重要的，有了「好運」，出乎眾人意料之外，我竟然活到八十幾歲。

我依然每星期看申戈爾德醫師兩次，將近五十年來一直都是如此。我們以禮相待——他始終是「申戈爾德醫師」，我始終是「薩克斯醫師」。正因為以禮相待，我們在溝通上才能這麼自在。我和自己的病人相處時，也有同樣的感覺。他們可以暢談天南地北，我可以隨便問東問西，這在一般社交上是不允許的。最重要的是，申戈爾德醫師教會我如何關注、傾聽「意識或言談的弦外之音」。

一九六六年九月，我暫停實驗室的工作，開始在布朗克斯區的一間頭痛診所幫真正的病人看病，這對我來說是極大的解脫。本以為我是主治頭痛，頂多加點別的問題，但我很快就發現，情況可能複雜得多，至少在所謂的「典型偏頭痛」病人身上，頭痛不僅令他們飽受煎熬，而且引起極為廣泛的症狀——簡直可寫成一部神經學百科全書。

當中很多病人告訴我，他們曾經看過內科或婦科或眼科或某某科醫師，卻不曾從他們那裡獲得應有的重視。這讓我有感而發：美國醫學界的專科醫師愈來愈多，這中間卻似乎出了什麼問題。家庭醫師愈來愈少，而他們是金字塔的基礎。我父親和兩個哥哥都是全科醫師，我發覺自己不像是專治偏頭痛的超專科醫師，而像是這些病人一開始該去看的全科醫師。我覺得詢問他們生活上的方方面面，是我的事情、我的責任。

我看過一名每逢星期天就「頭痛噁心想吐」的年輕人。他描述頭痛之前會看到閃爍的鋸齒狀線條，所以這很容易診斷出是典型偏頭痛。我告訴他，這種情況有藥可醫，只要他一開始看到鋸齒狀線條，趕快把麥角胺（ergotamine）錠含在舌頭底下，這樣偏頭痛應該就不會發作。一星期後他打電話給我，激動得不得了。藥錠真的有效，他果然不頭痛了。他說：「願上帝保佑你，醫師！」我心想：「天哪，這藥也太厲害了吧？」

到了下個週末，我沒聽說他的消息，很好奇他的進展如何，於是打電話給他。他語氣相當平淡，告訴我藥錠再度發揮功效，但奇怪的是，他接著卻抱怨連連，說他很無聊。過去十五年來，每逢星期天伺候偏頭痛早已是慣例，他的家人這天會來探望他，他是大家的焦點人物；而現在，這一切都沒了。

又過了一星期，我接到他姊姊打來的緊急電話，說他哮喘發作很嚴重，正在施以氧氣及腎上腺素治療。她的語氣暗示，這或許是我的錯，怪我無端惹來一場風波。當天稍晚，我打電話問候病人，他告訴我，他小時候曾經哮喘發作，但後來被偏頭痛「取而代之」。我只顧處理他目前的症狀，竟漏掉這部分的重要病史。

「我們可以開治療哮喘的藥給你，」我建議。

「不要，」他回答：「我想要別的……你覺得我星期天有必要生病嗎？」他的話讓我大吃一驚，但我說：「我們討論一下吧。」

於是我們花了兩個月時間探討他「星期天有必要生病」的想當然耳。隨著我們的「探討」，偏頭痛愈來愈少打擾他，最後差不多消失了。對我來說，這個例子說明：有時不自覺的動機可能與生理習性產生關連，也說明：不能將疾病或疾病的治療從「某人的整體生活模式、背景、經濟情況」片面擷取出來。

頭痛診所的另一名病人是個年輕的數學家，他也有星期天偏頭痛的毛病。星期三他開始緊張煩躁，星期四變得更嚴重，星期五無法正常工作，星期六倍感煎熬，到了星期天便產生可怕的偏頭痛。但是之後，偏頭痛一到下午便消失了。隨著偏頭痛消失，有時病人會突然冒汗或排出一些淺色的尿液，這有點像是某種宣洩作用，既是生理層面，也是情緒層面。病人的偏頭痛與神經緊張一掃而空，頓覺神清氣爽、如獲新生，既冷靜又創意十足。星期天晚上及星期一、二，他做出來的數學研究極具獨創性，然後，他又會開始煩躁起來。

當我開藥給這位病人，治療他的偏頭痛，竟然改變了他的數學研究能力，因為藥物打亂了這種奇特的週循環——先是疾病與痛苦，接下來卻是健康無比、創意十足。

沒有兩位偏頭痛病人是相同的，所有的偏頭痛病人都是獨一無二的。和他們一起面對疾病，才是我真正的學醫生涯。

偏頭痛診所的負責人是鼎鼎大名的弗里德曼（Arnold P. Friedman），他寫過很多偏頭痛的文章，經營這間首創先例的診所已經二十多年。我覺得弗里德曼對我很有好感。他認為我很聰明，我感覺他想要收我為徒。他對我很親切，安排給我的門診病人比別人多，而且付給我的薪水也稍微多一些。他把我介紹給他女兒，我甚至懷疑，他會不會是想把我和他女兒送作堆。

後來發生一段奇怪的插曲。星期六早上我都會和他碰面，告訴他這星期看了哪些有意思的病人。一九六七年初的某個星期六，我告訴他，有一位病人在看到閃爍的鋸齒狀曲線

（許多偏頭痛都有這樣的先兆）之後，並沒有演變成頭痛，反而出現嚴重的腹痛、嘔吐。我說我曾見過其他好幾位病人也像這樣，他們顯然是從頭痛轉變為腹痛，我不知道是否該挖出維多利亞時代的古老名詞：腹型偏頭痛。（這就是為什麼後來在我寫的書《偏頭痛》上，開宗明義第一句話便強調：頭痛絕對不是偏頭痛的唯一症狀，這也是為什麼《偏頭痛》整個第二章專門在講各式各樣不頭痛的偏頭痛。）

說著說著，弗里德曼突然變了個人。他滿臉通紅大喊：「你什麼意思，說什麼腹型偏頭痛？這裡是頭痛診所！偏頭痛migraine的原意就是半個頭骨！它指的就是頭痛！我不許你說什麼不頭痛的偏頭痛！」

我嚇得閉嘴，簡直難以置信。這還算是小衝突而已，更火爆的場面發生在一九六七年夏天。

我在《幻覺》書中曾描述，一九六七年二月，在安非他命誘發的頓悟之下，我把李文（Edward Liveing）一八七三年出版的《論偏頭痛》從頭到尾拜讀完，下定決心自己也要寫一本《偏頭痛》來相媲美：一本屬於一九六〇年代、結合我自己眾多病人實例的《偏頭痛》。

一九六七年夏天，在偏頭痛診所工作一年之後，我回英國度假。令我自己大感驚訝的是，我竟然在幾星期之內寫出一本關於偏頭痛的書。我並沒有刻意計劃，突然就這麼洋洋灑灑寫出一本書來。

我從倫敦發電報給弗里德曼，說我莫名其妙文思泉湧、冒出一本書，已經拿去給費伯

（Faber & Faber）出版社，✩這家英國出版社曾出版我母親寫的書，他們有興趣幫我出版。我希望弗里德曼會喜歡這本書，並且請他幫我寫序。他發回來的電報說：「住手！什麼事也別做。」

等我回到紐約，弗里德曼看起來一點也不親切了，反而看起來很精神失常。他差點把我手上的書稿搶去撕掉。他質問我：「你以為你是誰？竟敢寫什麼偏頭痛的書？簡直是膽大妄為！」我說：「很抱歉，事情就這麼發生了。」他說他要請德高望重的偏頭痛界權威人士來審查書稿。

此等反應令我大吃一驚。幾天後，我看見弗里德曼的助手在抄寫我的書稿。我並不太理會這件事，但我注意到了。大約過了三星期，弗里德曼給我一封審閱者寄來的信，寄信人的識別特徵都已經拿掉。這封信缺乏任何真正具有建設性的批評內容，反而充滿對於書的風格及作者的人身惡意攻擊。當我向弗里德曼提到這點，他回答說：「恰恰相反，他說的完全正確。你的著作本來就廢話連篇，基本上全是垃圾。」他又接著說，我看過的那些病例（我自己寫的筆記）會統統鎖起來，以後我碰也別想碰。他警告我千萬別想再寫什麼書，如果硬要寫，他不僅會炒我魷魚，而且以後我在美國絕對找不到另一份神經學的相關

✩ 不過，費伯出版社裡有人看完後，給了很特別的評語。他說：「這本書讀起來太容易了，這樣會讓人對內容起疑心。麻煩寫得更專業一點。」

工作。當時他是美國神經學學會（ANA）頭痛領域的主席，若沒有他的推薦，我真的很有可能再也找不到工作。

我把弗里德曼的威脅跟父母說，希望能得到他們的支持，但我父親卻說（以我來看實在太窩囊了）：「你最好不要激怒這個人，他會毀掉你的一生。」所以，我壓抑自己的感受，過了好幾個月。這幾個月算是我這輩子最慘的其中幾個月。我在偏頭痛診所繼續看診，最後，到了一九六八年六月，我決定再也不忍氣吞聲了。我拜託診所工友幫忙，讓我晚上進入診所。在午夜與凌晨三點之間，我抽出自己的筆記，辛辛苦苦拚命用手抄寫。後來我告訴弗里德曼，我想休長假回倫敦，他立刻問道：「你還想回去寫你那本書嗎？」

我說：「我非寫不可。」

「等你寫完，你也完了，」他說。

我憂心忡忡回到英國，真的是氣到全身顫抖。一星期後，我接到他的電報，我被解雇了。這讓我顫抖得更厲害，但我頓時有了全然不同的感受。我心想：「這隻潑猴再也不能在我肩上撒野。我可以任意做自己想做的事，誰也管不著。」

現在我可以愛寫什麼就寫什麼，但同時我也給自己下了極為嚴苛、幾近瘋狂、迫在眉睫的最後通牒。我對一九六七年的手稿不太滿意，決定整本重寫。九月一日那天，我對自己說：「九月十日之前，如果你還沒有把完成的書稿交到費伯出版社，你就死定了。」在這樣的自我威脅下，我開始奮筆疾書。不到一、兩天，威脅感不翼而飛，寫作的樂趣隨之而來。我不再嗑藥，但這段日子卻精力充沛、興奮得不得了。對我來說，這本書簡直就像是「自己在寫自己」，一字一句自動自發迅速各就各位。每天晚上我只睡幾個小時。九月九日那天，比預定的期限還提早一天，我把完成的書稿拿去費伯出版社。他們的辦公室位於大羅素街，離大英博物館很近，我交完書稿便走去博物館。看著那裡的手工藝品——陶器、雕塑、工具，特別是書籍和手稿，這些東西都活得比它們的創作者還久。我有感而發：我竟然也做出了一點東西。這東西也許不太重要，但它本身是真實的，是存在的，在我離開人世之後，這東西還會繼續活下去。

如此強烈的感受前所未有，這種感受是：創造出真實且具有某種價值的東西，正如我寫作的第一本書——面臨弗里德曼那樣的威脅、面臨自我威脅而寫出來的書。回到紐約，我有一種喜樂感，簡直是幸福滿溢。我好想大喊「哈利路亞！」但是我太害羞了，喊不出來。於是我每晚都去聽音樂會，聽莫札特歌劇、聽德國聲樂家費雪迪斯考演唱舒伯特的作品，感覺生氣蓬勃、活力充沛。

在一九六八年秋季那段既興奮又激動的日子裡（六個星期左右），我還不停的寫，希望為那本偏頭痛的書增添更詳細的描述，例如先兆期可能會看到的幾何圖案，以及大腦可能發生什麼情況的一些推論。我把這些拉拉雜雜的附錄，寄給英國神經學家古蒂（William Gooddy），他已經為我那本書寫好精采的序文。古蒂說：「不——算了啦，原來的書稿已經夠好了。這些想法，你未來幾年還會一次又一次回過頭來檢視。」☆我很慶幸，他讓書逃過了我的蠻橫及滔滔不絕，那時的我簡直是興奮過度，變得有點狂躁。

我和我的編輯辛辛苦苦整理插圖及參考文獻，到了一九六九年春天，一切準備就緒。但是一九六九年過了，接著一九七〇年也過了，書卻遲遲沒有出版，我愈來愈感到沮喪及憤怒。到最後，我找來一位著作經紀人，名叫羅斯（Innes Rose），他對出版社施加了一點壓力，出版社終於在一九七一年一月推出那本書（不過書名頁上卻印成一九七〇年）。

為了書的出版，我專程去了趟倫敦。一如既往，我待在我們馬普斯伯里路的老家。出版那天，我父親走進我的臥室，臉色蒼白且抖個不停，手裡拿著《泰晤士報》。他一副很恐懼的樣子，說：「你上報了。」報紙上有一篇很不錯的書評，說《偏頭痛》是「不偏不倚、權威可信、才華洋溢」之類的。但就我父親而言，這沒什麼差別，我已經犯下滔天大罪（雖然不是什麼違法的蠢事），只因為我上了報。

在那個年代，只要犯了四大罪狀的任何一項：酗酒、成癮、通姦、廣告，就會被英國「執業醫師登記名冊」除名。我父親認為，《偏頭痛》的書評出現在一般媒體，可能會被看成是廣告。我竟然讓自己曝了光！他本人向來（或自認為）很低調。他廣受病人、家人及朋友的愛戴，但出了這個小圈子，外界對他並不熟悉。我已經逾越分際、違反規範，他很替我擔心。這正好跟我既有的感覺一致，在那個年代，我常常把「發表」（publish）錯看成「懲罰」（punish）。我覺得如果發表任何東西就會受到懲罰，但我卻不得不發表——這樣的矛盾幾乎快把我撕成兩半。

對我父親來說，「擁有好名聲、受別人尊重」是非常重要的，比任何世俗的具體成就或權力還要重要。他很謙虛，簡直到了自我貶抑的地步。別的不說，他輕忽了一件事：他其實是很了不起的診斷醫師，專科醫師常常把搞不定的病例送來給他，因為大家都知道他具有不可思議的能力，可以做出令人意想不到的診斷。✻但他很安於他的本分、安於他在社會上的地位、他所擁有的好口碑，默默自得其樂。他希望他所有的兒子不管做什麼事，也

✣ 事實上，在一九九二年，我真的為《偏頭痛》這本書添加了附錄，部分是由於看了偏頭痛藝術展而受到鼓舞，部分則是由於跟好友西格爾（Ralph Siegel）討論，他是很棒的數學家兼神經科學家。二十年後，也就是二〇一二年，我在寫《幻覺》的時候，又以另一種觀點重新審視「偏頭痛先兆」這個題材。

✻ 一九七二年，我表親阿爾．卡普（Al Capp，美國著名漫畫家）來諮詢我爸，他的一系列離奇症狀，把他自己的醫師給考倒了。我爸在兩人握手時看了他一眼，說道：「你是不是在服用阿普利素寧（Apresoline）？」這是當時用來控制高血壓的一種藥。

「是啊，」阿爾說，十分驚訝。

「你得了全身性紅斑狼瘡，是阿普利素寧引起的，」我爸解釋：「幸運的是，這種由藥物引起的症狀完全是可逆的，但假如你不把阿普利素寧停掉，很可能會沒命。」

阿爾覺得，我爸憑著「閃電般的直覺」，救了他一命。

都能為自己贏得好名聲，不致使「薩克斯」這姓氏蒙羞。

漸漸的，看過《泰晤士報》書評後一直擔心受怕的父親，在看到醫療媒體也多有好評時，總算可以安心了，畢竟《英國醫學期刊》和《刺絡針》（*Lancet*）期刊本來就是十九世紀的醫師為了醫師而創立的。我想此時此刻，他應該開始感覺到，我寫的書肯定還不錯，當初堅持寫那本書是對的，即使那本書害我賠上我的工作。（而且，假如弗里德曼的權勢真的像他恐嚇的那樣，說不定還賠上我在美國的任何神經學相關工作。）

我母親從一開始就很喜歡那本書，這麼多年來，我第一次感覺到父母和我站在同一陣線，承認他們那瘋狂、叛逆的兒子，終究還是有那麼一點好處——這幾年來不曉得幹了多少行為不檢的蠢事，如今總算踏上臨床工作的正途。

我父親曾以開玩笑、自嘲的口吻說自己是「傑出婦科醫師艾西．蘭道（Elsie Landau）的丈夫」或「當時以色列外交部長阿巴．埃班（Aubrey Eban）的舅舅」，如今則開始自稱是「奧立佛．薩克斯的父親」。☆

我想我可能低估了我父親，正如他也低估了自己。父親去世若干年後，英國猶太教會的首席拉比喬納森．薩克斯（和我們家沒有親戚關係）曾寫信給我，我十分驚訝且深受感動：

我認識你已故的父親。在猶太教聚會時，我們曾多次坐在一起。他是一位真正的聖徒。在我的心目中，他是以善良美德支撐起全世界的三十六位「隱居聖徒」其中一位。

即使現在，父親去世這麼多年了，人家還是會跑來跟我說、或寫信告訴我，我父親是個大好人，說他們（或他們的父母或祖父母）是父親行醫七十年以來曾經看過的病人。其他不熟的人問我是不是山米．薩克斯（Sammy Sacks，白教堂區一帶的人都這麼稱呼他）的親戚。我很高興而且很自豪，因為我能大聲說「是！」

《偏頭痛》出版當時，我收到幾封頗令人不解的信——同事寫信來問我：先前發表書中某些章節的較早版本時，為什麼要以「弗里德曼」為筆名？我回信說，我從來沒做過這種事，這個問題，他們應該去問紐約的弗里德曼醫師。弗里德曼賭我不會出版那本書，實在是愚蠢之舉。等到書真的出版，他肯定清楚這下麻煩大了。我再也沒跟他說過半句話，再也沒見過他。

✰ 反過來也是一樣，正如阿巴．埃班在《猶太紀事報》為我父親寫的訃文中提到：我記得一九六七年的「六日戰爭」（即第三次中東戰爭）結束後，當我從聯合國回來、途中路過倫敦時，我搭的計程車在等紅燈，和另一輛計程車並排在一起。我的司機向他同事大喊：「你知道我車上載的是誰嗎？我載的是薩克斯醫師的外甥！」我欣然接受此稱號，絲毫不覺得丟臉，理所當然為山姆舅舅感到自豪。而舅舅則四處宣揚這個故事，幾個月來樂此不疲。

我想，弗里德曼對於「所有權」大大的誤會了，他覺得自己不僅擁有「偏頭痛」這整個題材的壟斷權，而且擁有診所以及在診所工作的所有員工，因此有權占用他們的想法及他們的作品。這種令人難受（兩邊的人都難受）的故事，並不少見：有一位師長和他年輕的科學門生，當門生開始超越師長的成就時，就會發現兩人的尊卑地位互換了。這種事情曾發生在化學家戴維（Humphry Davy）及法拉第（Michael Faraday）身上；戴維一開始對法拉第這位助手百般鼓勵，後來卻試圖阻撓他的事業。這種事情同樣也發生在天文物理學家愛丁頓（Arthur Eddington）及才華橫溢的年輕門生錢卓塞卡（Subrahmanyan Chandrasekhar）身上。我不是法拉第或錢卓塞卡，弗里德曼也不是戴維或愛丁頓，但我覺得情況非常類似，只是程度輕微許多。

我阿姨倫妮出生於一八九二年，比我母親早兩年。外公的十三個孩子和他的第二任妻子彼此都非常親，分隔兩地時，大家經常都會互相寫信聯絡。而倫妮阿姨和我母親之間，更有一種特別親暱的關係，而且終生不渝。

七姊妹當中，有四位曾創辦學校：安妮、維奧莉特、倫妮、杜琪。☆我母親艾西則當上醫師，是英國最早的女性外科醫師之一。倫妮本來在倫敦東區教書，後來於一九二〇年代創辦「猶太嬌子露天學校」，嬌子（Delicate Children）可能指患有自閉症或氣喘的兒童，或單純只是「嬌生慣養」。這所學校位於柴郡的德拉米爾森林，因為說「猶太嬌子露天學校」

很麻煩，所以大家都改稱學校為「德拉米爾」。我很喜歡去那裡和嬌子們一起玩，我覺得他們看起來一點也不嬌嫩。每個小孩（連我這個訪客）都分配到一公尺見方的土地，以石頭矮牆圍起來，我們可以在裡頭任意栽種自己喜歡的植物。我很喜歡和我阿姨或她的教師同事，在德拉米爾森林研究植物（我對木賊草的印象特別深刻），以及在小小淺淺的哈曲米爾池塘游泳——正如我阿姨寫的〈哈曲米爾的快樂回憶〉，那是她離開德拉米爾很久以後才寫的。在可怕的戰爭年代，當我撤離到布萊菲爾德寄宿學校，那時候多麼渴望能回到德拉米爾。

倫妮阿姨在德拉米爾工作將近四十年，一九五九年退休。一九六〇年底，她在倫敦找到一間小公寓，但那時我已經去加拿大和美國了。一九五〇年代我們曾寫過四、五封信給

✰ 一八九九年，大姊安妮．蘭道（Annie Landau）離開舒適的倫敦，來到巴勒斯坦。她人生地不熟，卻下定決心幫助耶路撒冷的盎格魯猶太女孩，為她們提供廣泛領域的教育，當時她們大多貧困且不識字，不允許受教育，十幾歲就被迫結婚或賣淫。她們不可能找到比我阿姨更厲害的鬥士了，憑著對婦女教育的熱情，她克服各種文化與政治障礙。她的組織頗負盛名，集結知名的猶太人、阿拉伯人、基督徒、英國託管政府成員等等，她主持學校長達四十五年，為現代耶路撒冷的發展留下不朽的遺產。修爾（Laura S. Schor）所寫的書《耶路撒冷最佳學校：安妮．蘭道的女子學校，一九〇〇年至一九六〇年》，講述的便是安妮．蘭道與她創辦的「埃維莉娜羅斯柴爾德學校」（Evelina de Rothschild School）的歷史。

對方，不過，等到我們之間有了大海阻隔，這才開始經常寫長信給對方。

一九五五年五月，倫妮阿姨寫了兩封信給我，第一封是回應我送她《種子》雜誌（超短命的雜誌，出完一期就停刊了），那是我在牛津大學的第三年，和幾個朋友一起辦的雜誌。

「我非常喜歡《種子》，」倫妮阿姨寫道：「喜歡它的整個形式——封面設計、奢華的紙張、可愛的印刷，以及所有投稿人字裡行間流露出的情感，無論沉重或愉悅……若我說，你們實在是太年輕了（而且充滿活力，這是一定的），你會因此而沮喪嗎？」

和她所有的來信一樣，這封信的開頭也是寫「心愛的波（Bol）」，有時則是波立佛（Boliver），反而我父母比較一本正經，他們會寫「親愛的奧立佛」。我不覺得倫妮阿姨用的詞「心愛的」是隨便說說，我覺得她真的很愛我，我也非常愛她，這是一種毫不猶豫、毫無條件的愛。凡是我說的話，沒有什麼能引起她的反感或震驚。她的同情心與同理心、她的心胸之寬大，簡直是無窮無盡。

她去旅行都會寄明信片給我。「在挪威作曲家葛利格（Edvard Grieg）的花園裡，我沐浴在燦爛的陽光下，」一九五八年她寫道：「俯視著迷人的峽灣。難怪他因而作曲靈感大發。（真可惜你不在這裡。派對裡有很多可愛的年輕人……我們這一大群有文化的男男女女，什麼年齡都有。）」

很湊巧，一九五八年我剛好也去挪威玩，住在奧斯陸峽灣旁的克羅克曼小島，我朋友夏普（Gene Sharp）在島上有一棟小房子。「當我收到你從克羅克曼寄來的充滿田園詩意的卡片，」倫妮阿姨寫道：「真希望我當時也在那裡，你當魯賓遜，我就當忠僕『星期五』。」她在信末祝福我：「十二月期末考一切都很棒。」

一九六〇年對於我們兩人來說，都是變化極大的一年。倫妮阿姨離開主持將近四十年的德拉米爾，我則離開英國。當時我二十七歲，她六十七歲，但我們兩人都覺得新生活正要展開。在倫敦安頓下來之前，倫妮阿姨決定去環遊世界逍遙一下，當我收到她從「斯特莫號」船上寄來的信，我人已經在加拿大了。

「明天我們要去新加坡待幾天，」她寫道：「離開澳洲的伯斯港之後，一路上除了嬉戲的海豚，還有壯觀的一大群信天翁跟著我們……以令人稱奇的優雅姿態大展雙翼飛行，時而急降、時而竄高。」

十月我已經開始在舊金山工作，她寫道：「很高興收到你的信……你那不安分、不停追尋的心靈，想必已找到較滿意的出路……我很想念你。」順便傳達我母親的訊息，她補充說：「她最喜歡的室內運動，依舊是幫你包裝包裹！」

一九六一年二月，倫妮阿姨提到我哥哥邁可的老毛病：「我從來沒見過邁可像這次這樣令人震驚，我恨自己，因為我的憐惜竟轉變成反感及恐懼。而你母親的激烈保護竟暗示（雖然我希望我的感覺是錯的），除了邁可之外，大家的步調都不合拍。」

倫妮阿姨從邁可小時候就非常疼他，和安妮阿姨一樣，她也很誇讚他的早慧，不管他想要什麼書，都會找來給他。但事到如今，她覺得我父母是在拒絕承認這種情況的嚴重性以及危險性。「過去的幾個星期，在他回到巴內特精神病院之前，我很擔心他們的生活。多麼可悲、飽受摧殘的生活。」那時邁可三十二歲。

倫敦的房租很貴，而且倫妮阿姨一直存不了太多錢（「和你一樣，錢總是左手進右手出」）。經過一番尋尋覓覓，倫妮阿姨在溫布利區找到一個地方：「我想你會喜歡我這間小公寓。我喜歡有自己的家，何況部分是用來補償我失去了德拉米爾。在我寫信這會兒，窗外的扁桃樹正盛開著，還有番紅花、雪花蓮和一些早開的水仙花，甚至還有一隻蒼頭燕雀以為春天來了。」

如今，倫妮阿姨住在倫敦，看戲容易多了，她寫道：「很期待明天晚上去看英國劇作家品特（Harold Pinter）的《看門人》……這些新銳作家的用詞不如我們這一代優雅圓潤，但是他們言之有物，而且言之有力。」她也很疼愛成長中的甥孫輩，如同她對我們這一輩的疼愛，尤其是我哥哥大衛的孩子。

一九六一年五月，我把我在加拿大到處旅行時所寫的〈加拿大：躊躇，一九六〇年〉手稿，以及另一篇從舊金山夜騎到洛杉磯的日記〈九十九〉，都寄給她。某種程度上，這些算是我的處女作——用字遣詞有點忸怩做作，卻盼著有發表的一天。

「我收到你的日記摘錄，太棒了，」倫妮阿姨寫道：「我發現整件事情令人嘆為觀止。我突然意識到，我真的快喘不過氣了。」除了岡恩，這些作品沒有任何人看過，倫妮阿姨的熱情並非完全不帶批評，卻對我極其重要。

倫妮阿姨特別喜歡喬納森和他的妻子瑞秋，他們也很喜歡她。她寫到喬納森：「還是一樣未受汙染、既單純又複雜、聰明、可愛、不修邊幅的天才，像你一樣……有一天下午，我們在馬普斯伯里路的家裡一起閒磕牙……他這輩子所做的一切，簡直是太不可思議了。」

她喜歡我寄給她的加州照片。騎摩托車四處遠征、總是帶著相機的我，寄了很多加州風景照片給她。「多麼可愛的照片，」她寫道：「跟我從澳洲回來途中、在希臘匆匆停留時看到的景色，像得不得了……你騎那輛『駿車』要小心喔！」

倫妮阿姨很喜歡我一九六二年初寄給她的〈快樂行〉，但覺得那些卡車司機的「他媽的」、「狗屎」用得太隨便。我覺得這些髒話很有異國情調，很有美式風格（在英國，我們頂多只會說「該死」），但倫妮阿姨認為這些髒話「寫太多了，多到令人厭煩」。

一九六二年十一月，她寫道：「你媽媽又開始幫病人開刀了（今年稍早，她的髖部曾經骨折），這讓她很開心，不再感到沮喪。你爸爸還是一副可愛、瘋癲、邋遢的老樣子，他那戴著眼鏡、拿著注射針筒或筆記本之類的仁醫風範，無論去到哪裡，都會留下一點善心。大家也很熱心，自願伸出雙手將此善念傳遞下去，彷彿這是世上最大的榮耀。」

我在神經學會議上發表論文（算是進入學術界的首次突圍），這讓倫妮阿姨很興奮，但「你又鍛鍊到體重愈來愈重，這讓我很不高興——你這小子，正常的時候多帥啊！」

兩、三個月後，我向她提到我抑鬱了好一陣子。「我知道大家都有消沉的時候，」倫妮阿姨寫道：「好了，別再消沉了。你已經擁有這麼多的優勢——頭腦、魅力、稱頭、滑稽感，還有我們一大家子相信你的人。」

打從我還很小的時候，倫妮阿姨對我的信任向來就很重要，因為我覺得我父母並不信任我，而且我對自己的信心也很薄弱。

出於我的感激，我寄了一大包書給倫妮阿姨，她責怪我太「奢侈」，回信寫道：「在此我要感謝我最喜歡的外甥。」（我喜歡這種語氣，因為倫妮本來就是我最喜歡的阿姨。）她繼續寫道：「想像我舒舒服服坐在火爐旁，手上一碗橙皮蘋果，沉醉在詹姆斯（Henry James）優雅豐富的作品中，猛然一驚，竟是三更半夜了。」這封信有一部分字跡模糊——「不，我還不至於老糊塗，我一直在試用新的鋼筆，因為我用了五十年的寶貝鋼筆不見了。」

她向來都用寬寬尖尖的鋼筆來寫東西，正如我五十年後也還是一樣。「心愛的波，」最後她寫道：「祝你幸福快樂。」

「我聽說了你和海浪的奮戰，你真是個瘋子，」一九六四年她寫道。我寫信告訴她，我在威尼斯海灘如何被巨浪狠狠甩到肩膀脫臼，以及朋友約頓如何把我拉上來的故事。

她希望我寄給她一些我的神經學論文，「我可能一個字也看不懂，但這是我那滑稽、聰明、討人喜歡的外甥寫的，我會因此而得意洋洋，臉上有光。」

我們就這樣持續信件往返，一年總有個七、八封。我曾寫信給倫妮阿姨，跟她說我離開加州來到紐約的第一印象：

這真是一座了不起的城市，多采多姿、令人興奮，具有無止境的廣度與深度——和倫敦一樣，不過這兩座城市有極大的差異。紐約是點狀的閃耀，夜晚在飛機上俯瞰所有大城市都是這個樣子，它是各種特質、人物、時代、風格拼湊而成的馬賽克，像一幅巨大的都會拼圖。而倫敦則具有「已演化」城市的眾多特質，「現代」像是一片透明的幻燈片，覆蓋在「過去」層層疊疊的薄片上，在時光中延伸，有如施利曼（Heinrich Schliemann）挖到的特洛伊，又如地球的地殼。但話又說回來，綜合其所有金光閃閃的特質來說，紐約卻是出奇的老派、過時。高架鐵路的巨大主樑是一八八〇年代的鐵路夢幻風，克萊斯勒大廈的「小龍蝦尾巴」則純粹是愛德華時代的浮誇。看到帝國大廈，總不由得想起大金剛爬上它側邊的龐大身影。東布朗克斯區就像是二〇年代早期（在人口大舉遷往戈爾德斯格林之前）的白教堂區。

倫妮阿姨寫信提到家族活動、她讀過的書、看過的舞臺劇，特別是她活力十足的健行之旅。她一直到七十幾歲都還是狂熱的登山客，如今有了閒暇時間，可以去愛爾蘭、蘇格蘭、威爾斯的偏遠地區探險。

隨同她的信件一起寄來的還有「藍維尼」包裹——來自多塞特郡獨家乳牛場的藍乳酪。我很喜歡這種乳酪，覺得比斯蒂爾頓乳酪還好吃。我好愛這些略帶臭味的包裹，每個月都會寄來，每次都裝了四分之一圈的藍維尼乳酪。從我在牛津念書那時候，她就開始寄乳酪包裹給我，十五年後依然如此。

一九六六年，倫妮阿姨寫信提到我母親第二次動髖部手術。她寫道：「你媽媽這星期過得很辛苦……你爸爸非常擔心。」母親先是撐枴杖，後來改用手杖，但一切都很順利。過了一個月，倫妮寫道：「她的毅力與決心令人難以置信。」（在我看來，蘭道家族的所有兄弟姊妹，都極有毅力與決心。）

一九六七年初，我寫信給倫妮阿姨，那時我剛讀完李文的《論偏頭痛》，並且決定自己也要寫一本談偏頭痛的書。倫妮阿姨對此很興奮，她從我很小的時候就覺得，我可以、而且應該成為作家。我寫信告訴她，弗里德曼對我那些書稿的反應，以及我父親認為乖乖順從他，會對我比較好。不過，憑著蘭道家族特有的清晰思維與堅強意志，倫妮阿姨並不認同。

「你們那位弗里德曼醫師，」一九六七年十月她寫道：「一聽就不是個好東西，但是不要把他放在心上。一定要保持對自己的信念。」

一九六七年秋天，我父母去澳洲看我大哥馬可斯和他的家人，回程途中在紐約停留。父母本來很擔心我，左也擔心、右也擔心，現在他們可以親眼看到：我很享受職業生活，我感激我的病人，病人也很感激我（我哥哥大衛幾個月前來過紐約，曾向他們報告，我受到病人的「崇拜」），而且我正在寫腦炎後型巴金森氏症病人的故事，我在紐約看的就是這些與眾不同的病人。幾個星期後，倫妮阿姨寫道：「你爸媽看了他們小兒子和大兒子的個別生活領域之後，回到家完全變了個人。」還補充說，馬可斯從澳洲寫了一封信給她，提到他的寶貝女兒，讓她「欣喜若狂」。

到了一九六八年，更大的威脅迫在眉睫——越南戰爭與厲行徵兵令，我受徵召去參加軍隊面試，但我努力說服他們：我不是當兵的那塊料。

「告訴你吧，你可以繼續當個老百姓，這讓我們全都鬆了一口氣，」倫妮阿姨寫道：「這場越南戰爭一天比一天可怕，錯綜複雜的情況變得愈來愈糾結……你對世界陷入的可怕泥沼、以及偶爾發生的好事，有何看法？一定要繼續寫信給我，讓我知道你過得好不好。」

第六章　睡人

盧力亞竭盡全力結合古典與浪漫、結合科學與故事敘述，
這也成為我的努力目標，
而他的《記憶大師的心靈》改變了我的生活重心與方向，
不僅是我寫《睡人》這本書的榜樣，也是我未來寫每一本書的榜樣。

一九六六年秋天，我開始在貝斯亞伯拉罕醫院（Beth Abraham Health Services）看診，這是一所隸屬於愛因斯坦醫學院的慢性病醫院。我很快就明白，醫院的五百名住院病人當中，有八十幾名病人（分散在不同病房）是特殊的嗜睡性腦炎倖存者。一九二〇年代初，這種疾病曾經造成世界性大流行。嗜睡性腦炎使得成千上萬人不治身亡，而那些看似痊癒的人，往往染上奇怪的腦炎後症候群，有時幾十年後才發病。

許多人因嚴重的巴金森氏症而無法動彈，有些人則陷入肌肉僵直狀態——並非無意識，但他們的意識因疾病侵襲大腦的某些部分而停滯不前。我聽說有些病人三、四十年來都是這個樣子，這令我非常驚訝。事實上，貝斯亞伯拉罕醫院於一九二〇年開張時，原本就是為了安置這些嗜睡性腦炎的首批受害者。

一九二〇、三〇年代，全世界到處都在興建或改建醫院來安置腦炎後型病人，例如，北倫敦的高地醫院本來是一所熱病醫院，擁有幾十個分院，占地好幾公頃，當時用來容納將近兩萬名腦炎後型病人。不過到了一九三〇年代晚期，大多數的病人都死了，而這種疾病本身也遭人遺忘（一度是頭條新聞）。這種奇特的腦炎後症候群，要等到幾十年後才會顯現出來，醫學文獻上的相關研究報告非常少。

熟悉這些病人的護理師深信，在病人有如雕像般的外表底下，有著遭到囚禁的完好心智與個性。許多護理師還提到，病人可能偶爾會從「凍結靜止狀態」非常短暫的解放出來，比方說，音樂可能會激發病人的活力、讓他們跳起舞來，即使他們無法行走或唱歌，即使他們無法說話。此外，在很罕見的情況下，有些人可能會自發性的突然動起來，疾如閃電，這就是所謂的反常運動（kinesia paradoxa）。

這種疾病的奇妙之處令我深深著迷，任兩名病人的症狀都不一樣，任何症狀都有可能發生。一九二〇、三〇年代研究過這種疾病的人，說它是千變萬化症（phantasmagoria），他們還真是說對了。這種症候群包含範圍極廣的失調症狀，發生在神經系統的各個層面，遠比其他任何疾病更能顯示：神經系統如何組織、大腦與行為在較原始的層面如何運作。

每當流連在我的腦炎後型病人之間，有時感覺自己彷彿是熱帶叢林裡的博物學家——說真的，有時還是在古代叢林裡，親眼目睹史前的類人猿行為：梳理、抓扒、舔食、吸吮、喘息，以及一大堆奇奇怪怪的呼吸與發聲行為。

這些都是所謂的「化石行為」，由於原始腦幹系統的刺激，使得遠古時代的「達爾文式殘跡」，從被遺忘的生理狀態中顯現出來——原先是因為腦炎而受損且變敏感，現在則是被左旋多巴（levodopa）給「喚醒」。✫

✫ 克里奇利（Macdonald Critchley）曾為維多利亞時代的神經學家兼業餘植物學家高爾斯（William R. Gowers）作傳，他寫道：「對高爾斯來說，神經方面的疾病就像是熱帶叢林中的植物。」跟高爾斯一樣，有時我也把獨特的精神錯亂病人視為與眾不同的人類、非比尋常的生命形式。

我花了一年半的時間觀察、做筆記，有時還為病人錄影及錄音。在那段時間，我所認識的他們不僅是病人，也是人。其中很多人早已遭家人拋棄，除了護理人員之外，沒有任何人理會他們。直到我翻出一九二〇、三〇年代的圖表，方能一一確認他們的診斷，這時候，我問醫院主管，能不能讓部分病人搬進同一間病房，希望如此一來能形成某種群體生活。

從一開始我就覺得，我看到的這些人處於前所未有的狀況，這些狀況從未被描述過。一九六六年，我遇見他們才幾個星期，便尋思寫一本有關他們的書，我考慮採用傑克·倫敦（Jack London）的書名：《深淵居民》。

這種疾病與生命動力的觀念、生物或實驗對象力求生存（有時在最奇特、最險惡的情況下）的觀念，是我還在當醫學生或住院醫師那時尚未受到重視的觀點，目前的醫學文獻上也找不到這樣的觀點。但是當我看見這些腦炎後型病人，此觀點顯然是確有其事。曾遭到大多數同儕不屑一顧的地方——「慢性病醫院？你在那種地方永遠別想看見什麼有趣的事情」，卻展現出完全相反的結果：這裡堪稱最理想的環境，得以目睹生命的完整呈現。

一九五〇年代晚期，人們已確知，巴金森氏症病人的大腦缺乏神經傳遞物質多巴胺，因此藉由增加多巴胺，也許能使病人的大腦「正常化」。然而，試圖給予幾毫克的左旋多巴（多巴胺的前驅物），並沒有明顯的效果，直到克齊亞（George Cotzias）很大膽的將高達一千倍的劑量給予一群巴金森氏症病人，才看出驚人的療效。克齊亞於一九六七年二月發表這項結果，一舉改變了巴金森氏症的治療前景：原本病人只能眼看自己逐漸成為悲慘的殘障者，這項新的藥物或許能為他們帶來轉機。醫院的氣氛因而興奮熱絡起來，我則是很想知道，左旋多巴能不能治療我那些與眾不同的病人？

我應該讓我們貝斯亞伯拉罕醫院的病人服用左旋多巴嗎？我猶豫不決，他們得的並不是一般的巴金森氏症，而是情況更加複雜、嚴重、奇特的腦炎後型疾病。患有如此特殊疾病的這些病人會有什麼反應？我覺得我必須很慎重，再怎麼慎重都不為過。左旋多巴會不會觸發某些病人在受到巴金森氏症禁錮之前、早年得病時出現過的神經問題？

一九六七年，懷著些許惶恐，我向美國緝毒局申請使用左旋多巴的特別研究許可，因為當時左旋多巴還是實驗性藥物。許可證花了好幾個月才申請下來。基於種種原因，直到一九六九年三月，我才好不容易找了六名病人，展開為期九十天的雙盲試驗——一半病人拿到的是安慰劑，但無論是他們還是我，都不知道是誰拿到真正的藥物。

雙盲試驗才進行不過幾個星期，左旋多巴的效果已經很明顯，令人大開眼界。我從百分之五十的失敗率可以精確推斷，安慰劑的效果一點都不顯著。憑著良心，我無法再繼續給病人安慰劑了，於是決定讓所有準備好的病人試用左旋多巴。☆

起初，幾乎所有病人的反應都很令人滿意，那年夏天簡直是一片歡天喜地，「睡人」紛紛「甦醒」，他們幾十年來近乎死氣沉沉，現在卻是個個生龍活虎。

但是後來，幾乎所有人都出了問題，不僅逐漸產生左旋多巴特有的副作用，還出現某些普遍性的問題：病人對於左旋多巴會有很突然且起伏不定的反應，而且極為敏感。有些病人每次嘗試藥物都有不同的反應。我試圖改變劑量，仔細滴定藥物，但是都不再有任何效果。對於許多病人來說，左旋多巴給太多或太少，似乎沒什麼差別。

當我試圖為自己的病人滴定劑量時，我想起邁可和他的鎮靜劑問題（鎮靜劑會抑制多巴胺系統，而左旋多巴則是活化多巴胺系統）。我發現，在對付似乎早已喪失尋常恢復力或自由度的大腦系統時，任何純粹的醫療或藥物治療方法，都有「無可救藥」的限制。*

當我還在UCLA醫學中心當住院醫師時，神經學和精神病學被視為幾乎是不相干的學門。但是等我脫離住院醫師身分，遇到病人完全真實的情況時，往往發現自己必須同時扮演精神科醫師兼神經科醫師。我遇到偏頭痛病人時，早已強烈感覺到這一點；遇到腦炎後型病人時，更是完全被打敗，因為他們的無數症狀既是神經病、也是精神病，包括：巴金森氏症、肌陣攣、舞蹈症、抽搐、奇特的強迫症、衝動、走火入魔、突然「病危」、暴怒等等。純粹神經科或純粹精神科的治療方法，用在這種病人身上根本毫無進展，神經科與精神科必須共同聯手才行。

腦炎後型病人幾十年來一直處於懸宕狀態——記憶、知覺、意識都停頓了。他們正在「復活」，正在回復完全清楚的意識及活動能力。他們會不會發現，這個世界早已人事全非？發現自己有如《李伯大夢》故事中、穿越時代的溫克爾？

當我給予這些病人左旋多巴，他們不僅身體「甦醒」，智力、感知、情緒也「甦醒」了。這種全面的甦醒或活動力，與一九六〇年代的神經解剖學有所牴觸，那時的神經解剖學認為，運動、智能與情感是各自獨立、彼此不互通的大腦區塊。我骨子裡的解剖學家服從上述的概念，認為：「這不可能。這樣的甦醒不應該發生。」但顯然真的發生了。

✡ 大約在這段時期，我和我在愛因斯坦醫學院的長官謝恩伯格（Labe Scheinberg）曾有一番討論。

「有多少病人用了左旋多巴？」他問我。

「報告長官，三位，」我急忙回答。

「拜託，奧立佛，」謝恩伯格說：「我有三百位病人用了左旋多巴。」

「是，但我從每位病人身上學到的是你的一百倍，」我不甘受譏諷而回嘴。

一系列的案例是有必要的。各式各樣的通則，都要透過總體的處理過程才能獲得。但是也需要具體而特殊的個體案例，如果沒有深入並描述個別病人的生活，就不可能傳達任何神經疾病的性質與影響。

✡ 一九六九年八月，知名記者申克（Israel Shenker）以我的腦炎後型病人之「睡人甦醒」為例證，寫了長篇大論刊登在《紐約時報》，造成轟動。他描述我的某些病人出現我所說的「溜溜球效應」——藥效突然起伏不定，這種現象直到數年後才有其他同儕描述、或舉其他病人為例（後來稱為「開—關效應」）。雖然左旋多巴被視為神奇特效藥，但我在文章中解釋，留意病人的整體生活情況有多麼重要，而不是只關心藥物對他們大腦的影響。

美國緝毒局要我填寫制式化的症狀及藥物反應清單，但發生的事情實在太複雜了，對於我親眼目睹的真相，這樣的清單無論以神經學「行話」或普通的「人話」來說，都不知從何說起。我覺得有必要為某些病人留下詳細的紀錄和日誌。我開始隨身攜帶錄音機和相機，後來還加上八厘米攝影機，因為我知道，我的所見所聞可能是空前絕後，因此留下影像紀錄極為重要。

有些病人可能白天都在睡覺，晚上卻完全清醒，意思就是，我也得二十四小時全天候待命。這麼一來，雖然導致睡眠不足，卻讓我對他們產生某種親近感，也讓我為貝斯亞伯拉罕醫院的全部五百名病人徹夜值班。這份差事可能包括：治療急性心臟衰竭的病人、把另一名病人送去急診室、為死去的病人要求進行驗屍等等。儘管每天晚上通常會有不同的值班醫師，但我覺得我挺適合永遠值夜班，所以心甘情願這麼做。

貝斯亞伯拉罕醫院主管喜歡這個主意，因此讓我以極微薄的房租，租下一間公寓，就在醫院隔壁的房子裡。這間公寓平常是保留給值班醫師住的。如此一來，皆大歡喜：其他醫師大多不喜歡隨傳隨到，而我很高興有一間公寓，隨時為我的工作伙伴和病人敞開。心理學家、社工、物理治療師、語言治療師、音樂治療師等工作人員，經常順道來這裡討論病人的情形。關於呈現在我們面前的這些前所未有的現象，幾乎每天都有既豐富又激烈的討論，需要大家以前所未有的方法來解決。

1953 年攝於牛津大學。（David Drazin 提供）

1957 年，我和醫科實習同仁合影於中央密德薩斯醫院。

（除特別注明外，本書的照片皆由作者提供。）

1956 年，我和全新的諾頓二百五十西西摩托車。（Charles Cohen 提供）

1955 年去耶路撒冷旅行，我母親（右二）向未來的以色列總理艾希科爾（Levi Eshkol）致意，我父親和我站在她的右側及後方。

1961 年 5 月，我和卡車司機麥克（左）及霍華德。
我們是在公路上認識的，成就了一趟快樂行。

1956 年，我成為倫敦馬加比俱樂部的舉重新秀。

威尼斯海灘的舉重臺，左邊站著的那個穿白色背心的人就是我。

Dr. Oliver Sacks of the Mar-Vel Athletic Club of San Rafael holds the new California State record in weighlifting.
At the Pacific Coast Championships in San Francisco last Saturday, the British medical doctor interning at Mount Zion Hospital in San Francisco, performed a full squat with 600 pounds across his shoulders.

1961 年，我深蹲舉起二百七十二公斤（六百磅），創下加州的舉重紀錄。

1964 年，我在加州大學洛杉磯分校醫學中心擔任住院醫師、以及在神經病理學實驗室工作時的兩張大頭照。

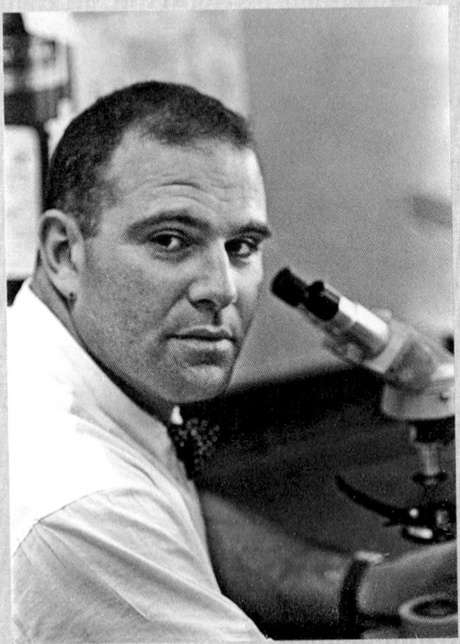

我在托潘加峽谷租的房子，與屋旁的大橡樹相形見絀，但是房子裡擺一架鋼琴倒是綽綽有餘。

（右圖由 Robert Rodman 提供）

倫妮阿姨。

我母親，也是醫師。

詩人岡恩，是我的良師益友。這張照片大約是我們剛認識的時候拍攝的（1961 年）。

這張照片是 1966 年，我在紐約中央公園幫好友柏奈特拍的。

1963 年，我的攝影作品之一：托潘加峽谷的一家小店。

1963 年，我的攝影作品之二：好友梅爾，在威尼斯海灘附近散步。

1963 年，我的攝影作品之三：聖莫尼卡市的撞球間。

1970 年，
人在紐約。

肌肉海灘，和我
心愛的 BMW 摩
托車合影。

1961 年在格林威治村，騎著我的新摩托車 BMW R60。 （Douglas White 提供）

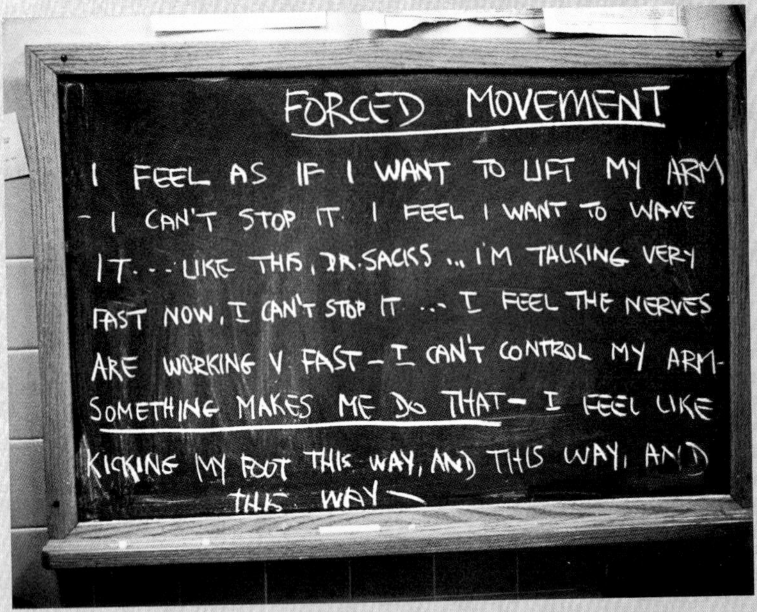

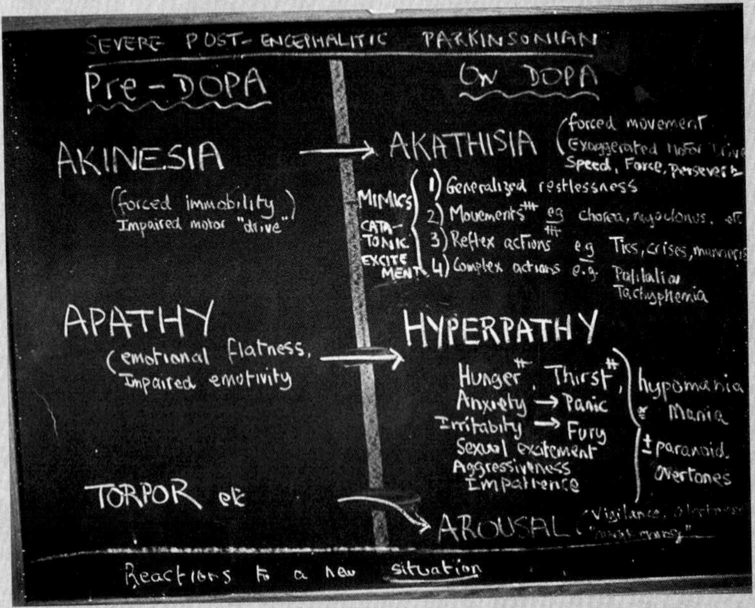

我在寫《睡人》那陣子的「思考黑板」。

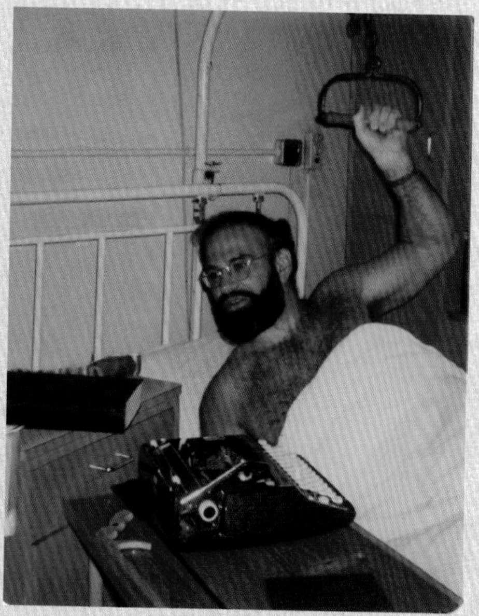

1974 年，我在挪威傷了左腿，
正復健中。

「吾文如萬斛泉湧，不擇地皆可出」：在車頂上。 （Lowell Handler 提供）

隨時隨地皆可寫作：
阿姆斯特丹火車站。

（Lowell Handler 提供）

馬丁（James Purdon Martin）是倫敦一位著名的神經科醫師，退休後決定留在高地醫院觀察、研究腦炎後型病人。馬丁曾於一九六七年出版過一本很優秀的書，談到這些病人的平衡與姿勢異常。一九六九年九月，他特地來紐約探視我的病人，這對他來說實在很不容易，因為那時他已經七十幾歲了。一看到那些服用左旋多巴的病人，他便深感興趣，說他自從五十年前的急性傳染病時期之後，再也沒看過類似的現象。「你一定要統統寫下來，仔仔細細的寫，」他堅持。

一九七〇年，我開始寫這些腦炎後型病人的故事，以我向來最喜歡的形式：給編輯的信。一個星期之內，我寄了四封信給《刺絡針》期刊的編輯，這些信立刻被接受發表。但我老闆（貝斯亞伯拉罕醫院的醫療主任）不太高興。他說：「你為什麼要在英國發表這些東西？你人在美國，應該要寫點東西給《美國醫學會期刊》才對。不是發表這種針對個別病人的信件，而是針對所有病人以及他們病情發展的統計調查。」

於是，一九七〇年夏天，我寫信給《美國醫學會期刊》，報導我的研究發現，說明我一年來持續在六十位病人身上使用左旋多巴的總體療效。我注意到，起初左旋多巴對幾乎所有病人都很有效，但是或早或晚，差不多所有病人都擺脫控制，進入很複雜、時而離奇、不可預知的狀態。我寫道，這些現象不能視為副作用，必須視為整個演變過程中不可或缺的部分。《美國醫學會期刊》刊登了我的信，之前我刊登在《刺絡針》期刊的信，曾經獲得許多同儕的正面回應，但是我刊登在《美國醫學會期刊》的信，所受到的待遇卻是奇怪而頗為嚇人的沉默。

幾個月後，終於打破了沉默，因為《美國醫學會期刊》十月號的讀者投書專欄，刊登的全是某幾位同儕高度批評、時而憤怒的回應。他們說的大致上是：「薩克斯的腦筋有問題。我們已經親眼看過幾十位病人，但我們從來沒看過這種事情。」紐約一位同儕表示，他看過一百多位服用左旋多巴的巴金森氏症病人，但從來沒看過我所描述的任何複雜反應。我回信給他，寫道：「親愛的M醫師，你的十五位病人目前正在貝斯亞伯拉罕醫院接受我的照料。你想不想來探望他們，看看他們怎麼樣了？」我沒收到答覆。在我看來，某些同儕淡化了左旋多巴的一些負面影響。有一封信說，即使我的描述都是真的，我也不應該發表，因為這會「對左旋多巴治療反應所需的樂觀氣氛，產生負面影響」。

《美國醫學會期刊》刊登這些攻擊信，卻沒給我機會、讓我在同一期的期刊上回應他們，我認為這是不恰當的。如果有機會，我就可以明確解釋腦炎後型病人的極度敏感性，此敏感性導致他們對於左旋多巴的反應，比普通巴金森氏症病人的反應還要快許多、劇烈許多。因此，我在我的病人身上幾天內或幾星期內看到的效果，是其他同儕治療普通巴金森氏症幾年下來也看不到的。但還有更深刻的問題值得探究。在寫給《美國醫學會期刊》的信上，我不僅質疑「給病人藥物且使病人受藥效控制」這件起初看似非常簡單的事情，也質疑這件事情的可預測性。我早已闡明，持續施用左旋多巴無可避免的基本現象，就是會有偶發事故、會有意外事件。

我知道我擁有千載難逢的機會，我知道我有重要的話要說，但我沒辦法說出來，沒辦法既忠於我的體驗、又不至於喪失醫學的可發表性或得不到同儕的認可。當我所寫的〈關於腦炎後型病人與他們對於左旋多巴的反應〉長篇論文，竟遭到最古老、最受尊崇的神經學期刊《大腦》退稿時，這種感受尤為強烈。

一九五八年，當我還是醫學生時，偉大的蘇聯神經心理學家盧力亞（A. R. Luria）曾經來倫敦演講，談到一對同卵雙胞胎的語言發展。他那結合了觀察力、理論深度及人情味的作風，令我深受啟發。一九六六年，我來到紐約之後，曾拜讀盧力亞的兩本書：《人類皮質的高層功能》及《人類大腦與心理過程》。後者包含額葉受損病人非常完整的病歷，令我佩服不已。✡

一九六八年，我拜讀了盧力亞的《記憶大師的心靈》。讀完前三十頁，我以為這是一本小說。但後來才明白，這本書其實是病歷——我所讀過最深入、最詳盡的病歷，具有小說戲劇力、情感、結構的病歷。

✡ 也恐懼不已，因為我邊讀邊想：我在世界上還有立足之地嗎？我能說的、能寫的、能想到的一切，盧力亞都已經看過、說過、寫過、想過了。我太沮喪，以致把書撕成兩半。後來，我只好買一本新書還給圖書館，再買一本給自己。

盧力亞是享譽國際的神經心理學創始人。他深信，他的那些豐富病歷的重要性，並不亞於他偉大的神經心理學論文。盧力亞竭盡全力結合古典與浪漫、結合科學與故事敘述，這也成為我的努力目標，而他的「小書」（他總是如此謙稱《記憶大師的心靈》，因為這本書只有一百六十頁）改變了我的生活重心與方向，不僅是我寫《睡人》這本書的榜樣，也是我未來寫每一本書的榜樣。

歷經每天和腦炎後型病人一起工作十八小時，一九六九年夏天，我休假回到倫敦，處於既疲憊又興奮的狀態。受到盧力亞「小書」的啟發，我在父母家花了六個星期，寫出《睡人》的前九份病歷。當我把這些稿子投給費伯出版社時，他們卻說不感興趣。

我還寫了四萬字草稿，談到腦炎後型病人的抽搐和行為，另外計劃寫一篇論文，標題為〈人類的皮質下功能〉，做為盧力亞《人類皮質的高層功能》的補充。這些也都遭到費伯出版社的否決。

當我於一九六六年首度來到貝斯亞伯拉罕醫院，醫院裡除了大約八十位腦炎後型病人，還有數百位患有其他神經疾病的病人，例如得了運動神經元疾病（俗稱漸凍人症，ALS）、脊髓空洞症、腓骨肌萎縮症之類的年輕病人，得了巴金森氏症、中風、腦瘤或老年失智症之類的老年病人（在那個年代，阿茲海默氏症專指罕見的早老性失智症）。

愛因斯坦醫學院神經學系主任要求我利用這群特殊的病人，為醫學生做神經學簡介。

我一次會帶八、九名醫學生，他們都是對神經學特別有興趣的學生，而且在兩個月期間可以每星期五下午都來上課（星期五不能來的東正教學生，其他日子也可以排課）。學生們不僅學習神經系統疾病，還會學習「受長期照料而缺乏自理能力」及「與慢性失能共存」代表什麼意義。我們會按星期安排進度，從末梢神經系統與脊髓疾病，到腦幹與小腦疾病，再到動作障礙，最後則是知覺、語言、思考、判斷等障礙。

我們總是從床邊教學開始，聚集在某位病人的床邊，引導病人說出病史、問病人問題、檢查病人。我會站在病人身旁，基本上不干涉他們，但確保病人總是受到尊重、禮遇及充分的照料。

我介紹給學生的病人，都是我很熟悉、而且同意接受學生質問與檢查的病人。其中有些人本身就是天生的老師。比方得了罕見先天性疾病、因而侵害到脊髓的卡普蘭（Goldie Kaplan），她會跟學生說：「你們不必按照教科書背什麼『脊髓空洞症』——想想我就夠了。仔細觀察我左臂上的大片灼傷，我的那個地方靠在暖氣爐上，卻不覺得熱或痛。記住我坐在椅子上扭曲的樣子，記住我說話時的艱難……我就是脊髓空洞症的鐵證！記住我！」學生統統記住了，多年以後，有些學生寫信給我，還會提到卡普蘭，說他們腦海裡仍會浮現她的身影。

床邊教學進行了三個小時之後，我們會擠在我的小辦公室休息、喝茶，辦公室的牆壁被我釘滿一層又一層的紙張——文章、筆記和想法、海報大小的圖表等等。接下來，如果天氣還不錯，我們可能會過馬路去對面的紐約植物園，坐在大樹下談天說地、閒話家常。這九個星期五下午的教學過程，讓我們對彼此都很熟悉。

有一次，神經學系要求我測試學生並打成績。我交出該交的表格，給全部的學生A。系主任很生氣。

「他們怎麼可以全是A？」他問：「你在開什麼玩笑？」

我說，這不是開笑話，而是我愈熟悉每一位學生，學生在我眼裡看來便愈獨特。我給A並不是想要申明什麼假平等，而是肯定每位學生的獨特性。我覺得學生不能淪為數字或考試成績，病人也是一樣。如果沒有在各種不同的情況下看這些學生，我如何判斷他們？他們的同情心、關懷、責任感、判斷力，這些特質該如何分出高下？

到最後，再也沒人要求我為學生打成績了。

有時候，我會單單帶一位醫學生比較久一點。其中一位學生庫提斯（Jonathan Kurtis）最近來看我，他跟我說，四十多年過去了，他在醫學生時代唯一記得的事情，就是跟著我的那三個月。比方說，有時我會叫他去看某位多發性硬化症的病人，去她房間和她一起待幾個小時。然後他必須盡可能給我最完整的報告，不僅針對她的神經問題以及與這些問題共存的生活方式，還要針對她的個性、她的興趣、她的家人、她的整個生命歷程。☆

我們會廣泛探討病人與病人的「症狀」，然後我會建議進一步的閱讀資料，我常建議庫提斯閱讀原始報告——往往是十九世紀的報告。他對此很驚訝。庫提斯說，醫學院沒有其他人會建議他讀這種報告，如果有人提到，也只當成「老掉牙」、過時、不相干、沒用的東西，除了歷史學家，沒人會感興趣。

如同各地的醫院，貝斯亞伯拉罕醫院的護理師、護理助理、看護人員的工作時間也很長，薪水卻不高。一九七二年，當地的衛生保健工會號召罷工。有些護理人員在醫院工作多年，非常捨不得他們的病人。當他們站在糾察線時，我和其中一些人說話，他們告訴我，拋下病人讓他們感覺很矛盾，有人還哭了起來。

我很擔心病人，尤其是那些躺在病床上無法動彈、需要經常翻身以免長褥瘡的病人，還有那些需要做關節「被動性運動」、否則關節就會僵化的病人。只要一天沒有翻身或動一動關節，這些病人的病情可能就會開始走下坡，而罷工看來可能會持續一個星期以上。

我打電話給我的幾個學生，說明情況，問他們能不能來幫忙。他們同意由學生會召開會議來討論這件事。兩小時後他們回電，很抱歉的說，以團體的名義而言，學生會不能破壞罷工。不過，他們又補充一句，個別學生可以遵循自己的良心行事。我打電話問過的兩

✰ 也許我這是受了詹姆斯（William James）的影響，他曾寫到自己的老師阿加西：「習慣把學生鎖在充滿龜殼或龍蝦殼或牡蠣殼的房間裡，沒有任何書或作品可以幫他，直到他發現這些東西蘊含的所有真理，才放他出來。」

名學生，說他們會馬上過來。

我和學生一起越過糾察線（正在罷工的護理人員讓我們通過），接下來的四個小時，我們忙著幫病人翻身、幫病人動一動關節、照料病人的如廁需求。後來又來了另兩名學生接手，原先的兩名學生才鬆了一口氣。這真是非常繁重的全天候工作，我們這才明白，護理師、護理助理、看護人員平日裡的工作有多麼辛苦，但好不容易，我們總算避免了五百多位病人長褥瘡或病勢更嚴重。

工作和工資議題終於解決，十天後，護理人員回來上班了。但最後一天晚上，當我走到我停車的地方，發現車子的擋風玻璃被砸碎了，上面貼著大大的手寫警告單：「我們愛你，薩克斯醫師。但你是個罷工破壞者。」不過，他們倒是等到罷工結束才這麼做，好讓我和學生能照顧病人。☆

人上了年紀，年代之間似乎會互相搞混，但一九七二年在我的記憶中依然十分深刻。過去三年來，由於病人「甦醒」，以及種種磨難，日子緊繃得不得了，人的一生中，這樣的經驗遇不到兩次，正常情況下甚至一次也遇不到。此經驗之珍貴與深刻、之強烈與廣泛程度，讓我覺得必須以某種方式明確表達出來。但是我想像不出有哪一種適當的形式，能夠結合科學的客觀性、強烈的同情心、病人和我之間的親近感、以及純粹是奇蹟（有時是悲劇）的這一切。

我帶著強烈的挫折感邁入一九七二年，不確定自己能不能找出辦法，好將這些經驗融合、鑄造成某種具有生命的整體形式。

我依然把英國當成自己的家，在美國這十二年，則當成不過是長期訪問而已。在我看來，我有必要回去，回到家裡去寫作。「家」有很多層含意：倫敦，馬普斯伯里路上凌亂的大房子，那是我出生的地方，當時已七十幾歲的父母還跟邁可一起住在那裡；以及漢普斯特荒野公園，小時候我常去那裡玩。

我決定放暑假，在漢普斯特荒野公園旁給自己找間公寓。高大茂密的樹林和我喜歡的游泳池塘，都在輕鬆的步行範圍以內，馬普斯伯里路也很容易走得到。我父母即將在六月慶祝他們的金婚紀念日，到時候家人會歡聚一堂——不僅有我三個哥哥和我自己，還有我父母的兄弟姊妹、侄子侄女、外甥外甥女，以及遠房親戚。

但我有個更具體的原因想要離家近：我母親是天生的講故事高手。她會講醫學故事給她的同事、學生、病人、朋友聽。打從我們（我的三個哥哥和我）還很小的時候，她就常常講醫學故事給我們聽，故事有時既殘酷又恐怖，但總能感受到病人的人格特質和勇氣。

✰ 一九八四年的罷工就不是這個樣子了，那次罷工，整整四十七天不許任何人越過糾察線。很多病人遭殃，我在寫給父親的信上說，這段時間裡，即使來了臨時工和管理人員照料他們，仍有三十位病人由於疏忽而死亡。

我父親也很會講醫學故事，我父母對於生命變幻無常的感嘆，以及他們的臨床經驗與敘事思維的結合，強而有力的傳達給了我們所有的人。我本身的寫作衝動（不是寫小說或詩歌，而是紀事與敘述），似乎直接來自他們。

當我跟母親提到我的腦炎後型病人，以及他們因服用左旋多巴而「甦醒」且受盡磨難時，她聽得入迷。她一直催促我趕快寫出他們的故事。一九七二年的夏天，她說：「現在就寫！此時此刻。」

每天早晨我都去荒野公園散步、游泳，下午寫作或口述《睡人》的故事，晚上我會從弗羅格諾區散步到米爾巷，然後走到馬普斯伯里路三十七號的老家，去那裡把最新的作品唸給母親聽。小時候她都會按時唸故事書給我聽，我第一次聽狄更斯、特洛勒普、勞倫斯等人寫的故事，就是她唸給我聽的。而現在，她希望我把她聽過的那些零零碎碎的故事，以完整的敘述形式唸給她聽。她聚精會神聽著，總是很激動，但也很挑剔，她的敏銳批判，來自於本身的臨床真實感。她能容忍我的迂迴與思索（感覺五味雜陳），但「聽起來通順」是她的最高原則。「那樣聽起來很不通順！」有時她會這麼說，不過到後來，她愈來愈常說：「現在你掌握到了。現在聽起來很通順。」

因此，某種程度上，《睡人》書中的病歷算是我們一起寫的。那年夏天，感覺像是時間停滯了，有一絲陶醉感、有一種從繁忙日常生活暫時停下來的特權、有一段奉獻給創作的特殊時光。

從漢普斯特荒野公園旁的公寓、到海卡夫（Colin Haycraft）位於格洛斯特街區的辦公室，走路也走得到。我記得一九五一年看過海卡夫，當時我還是皇后學院的大一新生。他那時快畢業了——身穿學生長袍、短小精悍的一號人物，已經很有歷史學家吉朋的那種自信與派頭，但動作敏捷、橫衝直撞，聽說是很厲害的壁球手，也是傑出的古典文學學者。不過，我們直到二十年後才算真正認識。

一九六九年夏天，我早已寫完《睡人》的前九份病歷，但稿子遭到費伯出版社否決。這次退稿讓我摔了一跤，讓我懷疑自己還能不能完成或出版任何書。我把原稿擺在一邊，後來不知道扔到哪裡去了。✩

這時候，海卡夫已經擁有一家極受尊崇的出版公司——杜克沃斯（Duckworth），公司正好位在喬納森家對面。一九七一年底，喬納森看出我的窘境，把前九份病歷的複寫本拿給海卡夫，我早就忘了他手上有複本。

✩ 一九七一年初《偏頭痛》出版時，海尼曼（Heinemann）出版社的格林（Raymond Greene）曾熱心的寫了書評，他想委託我寫一本有關巴金森氏症的書，就像《偏頭痛》那樣。這讓我感到鼓舞，同時也感到沮喪，因為我不想重複自己，我覺得需要寫一本很不一樣的書，卻又不知道應該是什麼樣的書。

海卡夫很喜歡這些病歷，催促我再多寫。這讓我很興奮，但也很害怕。海卡夫慢慢的施加壓力，他對我的膽怯與焦慮非常敏感，應對上非常細膩。可我遲遲不表態，於是他退一步，等一等，才又再次往前試探。我竟支支吾吾拖了六個月之久。

海卡夫覺得有必要再推我一把，於是，以他往往憑直覺、憑一股衝動的做事方式，竟把喬納森給他的打字稿直接拿去做校樣。他這麼做沒有一點預兆，也沒有先問過我，那時是七月。這真是最大方（還說不上是奢侈）的舉動——誰敢保證我一定會繼續寫下去？這也是信任我的關鍵性舉動。在電腦排版發明之前的時代，他竟砸下一大筆費用來製作這些校樣。而對我來說，此舉也證明，他真的認為這是一本好書。

我找來一位速記打字員，因為那時候我受了頸椎過度屈伸損傷——從地下室上樓梯時衝太快，頭不小心撞到低樑，導致右手無力、連筆都拿不動。我強迫自己每天工作、口述，等我愈來愈進入狀況，此項「任務」很快就變成一種樂趣。「口述」這字眼其實不太正確。我安坐在沙發上，戴著頸托，翻閱我的筆記，然後一邊跟打字員說我的故事，一邊仔細觀察她將故事轉為速記時的臉部表情。她的反應極為重要：我不是說給機器聽，而是說給她聽，當時的情景有點像是反過來的《天方夜譚》。每天早上，她會帶來前一天的稿子，打字打得漂漂亮亮，到了晚上，我就會唸這些稿子給母親聽。

我幾乎每天都會把完成的一疊疊打字稿送去給海卡夫，然後我們從頭到尾仔細檢查。那年夏天，我們花了好幾個小時密切討論。然而，從我們的信件中，我發現我們依舊維持相當正式的禮數：他一直是「海卡夫先生」，我則是「薩克斯醫師」。一九七二年八月三十日的信上，我寫道：

敬愛的海卡夫先生：

隨信再附上五份病歷。迄今之十六份病歷合計約二百四十頁，大約是五萬至六萬字之間……我想另外增加四份病歷……但此事理應遵從您的判斷……

我已嘗試將成堆成冊的診治資料改寫成故事，但顯然尚未圓滿達成。您提到「藝術之有形與生命之無形」著實是高見，或許我應從中理出更明確清晰的脈絡或主軸，但這些診治資料複雜至極，有如織錦一般。某種程度上，這些診治資料可說是天然礦砂，後人（包括我自己）皆可從中挖掘、提煉。

致上最真摯的問候

奧立佛．薩克斯

一個星期後，我又寫道：

敬愛的海卡夫先生：

我花了好幾天時間寫序……特此附上。我犯遍千錯萬錯、到最後再也沒錯可犯，才似乎找到正確的方式……我需要與您盡快再敘……一如往常，唯獨您能幫我釐清困惑。

韋梅思（Mary-Kay Wilmers）也住在格洛斯特街區，算是海卡夫的鄰居，她在英國廣播公司發行的《聽眾》週刊擔任編輯。一九七二年夏天，她邀請我寫一篇文章，談談我的病人和他們的「甦醒」。以前從來沒有人委託我寫文章，而且《聽眾》週刊享有極高的聲譽，所以我倍感榮幸和興奮：這將是我首度有機會把奇蹟似的整段經歷傳達給廣大讀者。當初神經學期刊吹毛求疵，讓我慘遭退稿；如今不可同日而語，真的有人邀請我寫作，給我機會，讓我隨心所欲發表那些早已累積多時、壓抑多時的感想。

隔天早上，我一口氣寫完文章，請信差送去給韋梅思。可是到了下午，我又有了另一種想法，於是我打電話跟她說，我覺得我還可以寫得更好。她說，我送來給她的文章很好，但如果我想作任何補充或修改，她會很樂意一讀。「不過，文章不需要修改，」她強調：「文章非常清晰易懂，很通順，我們很樂意原文照登。」

但我覺得，我想說的還意猶未盡，與其修改原文，倒不如重寫一篇，結果寫出來的風格和第一篇很不一樣。韋梅思也很喜歡新的這篇，無論哪一篇都會原文照登，她說。

再隔天早上，我又覺得不滿意，於是寫了第三稿，當天下午又寫了第四稿。短短一個星期，我總共給了韋梅思九份草稿。然後她去蘇格蘭度假，說她會想辦法把這些草稿融合起來。幾天後她回來，說她發現不可能將這些草稿合併，每一篇都有不同的特色，寫作的角度都不一樣。她說，它們不是平行的版本，而是各自「互相垂直」。我必須選一篇，如果我選不出來，就由她來選。最後她選了第七（還是第六？）個版本，亦即出現在一九七二年十月二十六日《聽眾》週刊的那篇文章。

在我看來，我似乎是透過寫作、在寫作的過程中發現自己的想法。有時候，文章一氣呵成、十分完美，但更多時候，我的作品需要大幅的剪裁與編輯，因為我會以許多不同的方式來表達同樣的想法。句子寫到一半，可能會天外飛來一筆、聯想到不相干的東西而扯遠，結果寫成一大堆括號插入句、從屬子句、一整段落落長。如果我認為用六個形容詞比較好，就絕不會只用一個形容詞，因為那樣的疊加效果更加淋漓盡致。故事真相的密密麻麻讓我很困擾，因此我試著以「深厚描述」（thick description）來捕捉，這句話是借用人類學家格爾茨（Clifford Geertz）的說法。不過，這些統統會造成結構上的問題。有時文思泉湧寫得忘我，根本等不及把念頭依照正確的順序寫下來。但人還是需要冷靜的頭腦，需要一段清醒的時間來沉澱，如同人需要那樣源源不絕的創意。

跟韋梅思一樣，海卡夫也必須從許多版本中挑選，必須克制我不時囉嗦過頭的文體，這樣才能產生連貫性。有時他會指著某一段說：「這不是放在這裡，」然後翻過好幾頁，說：「放這裡才對。」經他這麼一說，我就明白他是對的，但奇怪的是，我自己卻看不出來。此時的我需要海卡夫，不只是釐清困惑，當我遇到不順，或當我情緒低落、信心委靡、幾乎快要崩潰時（如同第一波攻勢結束後那樣），我需要的是他精神上的支持。

（一九七二年九月十九日）

敬愛的海卡夫先生：

我好像處於某種枯燥、鬱悶得要命的階段，什麼事都做不好，到處出紕漏，忙得團團轉。該死的是，只要再好好的工作三天，書就大功告成了。但此時此刻，我不知道我能不能勝任這件事。

此時此刻，在如此不安、愧疚的心情下，一想到我的任何一位病人曝光、或醫院本身因為《睡人》而被認出來，我就覺得受不了——這也許是抑阻我完成這本書的原因之一。

過完勞動節，美國開始上班了，我也不得不回到紐約當差。我已經完成另外的十一份病歷，但我不知道該如何完成整本書。

我回到貝斯亞伯拉罕醫院旁熟悉的公寓，一九六九年以來，我一直住在那裡，但醫院主管突然告知，我下個月必須搬出去：他需要那間公寓，因為他生病的老母親要住。我說我能體會她的需求，但據我了解，公寓是保留給醫院的值班醫師住的，正因為如此，過去這三年半我才會一直住在那裡。我的回答激怒了主管，他說我是在質疑他的權威，我可以離開公寓和醫院了。因此，我一下子被剝奪了工作、收入、我的病人，還有住的地方。（不過，直到一九七五年我在貝斯亞伯拉罕醫院正式復職之前，我仍持續探視我的病人，儘管是非正式的。）

公寓本來塞滿了我的東西，包括一架鋼琴，如今卻因一切都被剝奪而顯得冷清。十一月十三日，我正在空無一物的公寓裡，這時候我哥哥大衛打電話跟我說，母親已過世了：她在以色列旅行期間，走在內蓋夫的路上，因心臟病發作而撒手人間。

我立刻搭下一班飛機回英國，在葬禮上和我的哥哥們一起為她抬棺。我不知道守喪會是什麼感覺。我不知道我能不能承受整天坐在矮凳上、和我的守喪同伴一起過完這七天，接待絡繹不絕的人潮，一直說、一直說、沒完沒了的說著逝者的種種。但我發現，這種情緒及回憶的共同分擔，是一種深刻的、決定性的、正面的體驗，若是獨自面對，我想我會因為母親去世而徹底崩潰。

僅僅半年之前，我從公寓的地下室衝上樓梯、頭撞到低樑而扭傷脖子時，曾諮詢哥倫比亞醫院的神經科醫師賽登（Margaret Seiden）。她幫我檢查之後問我說，我母親是不是「蘭道小姐」。我說是，賽登醫師告訴我，她以前是我母親的學生，當時她很窮，她的醫學院學費是我母親幫她付的。在媽媽的葬禮上，當我遇見她以前的幾位學生時，才知道她幫助其中不少人念醫學院，有時還幫他們付全部的費用。母親從來沒告訴過我，她會幫她的貧困學生幫到什麼地步。（或許母親也沒告訴過任何人。）我一直以為她很節儉，甚至很小氣，卻從來不知道她有多大方。我終於明白了、太晚明白了。她的各種面貌，我根本一無所知。

我母親的哥哥，也就是我的戴夫舅舅（Uncle Dave，我們都叫他鎢絲舅舅，小時候，帶我認識化學的人就是他），跟我說了很多媽媽年輕時的故事，這些故事讓我聽得入迷，讓我得到安慰，有時還讓我大笑。這個星期快結束時，鎢絲舅舅說：「以後等你回英國，來找我好好聊聊吧。眼下我是唯一記得你母親小時候的人了。」☆

看到這麼多我母親的病人和學生，以及他們這麼生動、幽默、深情的懷念她（透過他們的眼睛來看「身為醫師、老師、很會講故事」的她），讓我特別感動。他們一面談論我母親，我一面回想，自己的身分也是醫師、老師、講故事的人，回想這如何使我和母親更加親近、多年來為我們的關係增添了新的面向。這也讓我覺得，我一定要完成《睡人》來追悼她。一種奇特的平靜感，以及真正重要的，一種寓意深長的生死觀，隨著每一天的哀悼，在我心裡日益強烈。

母親的死，是我一生中最嚴重的損失：我失去了一生中最深厚的關係，也許在某種意義上，我失去了最真實的關係。我發現自己讀不下任何世俗的書，每天晚上，等我終於上床睡覺時，我只能讀聖經，或多恩（John Donne）的《禱告》。

等到正式服喪結束，我留在倫敦，回過頭來寫作，感覺母親的這場生離死別和多恩的《禱告》占滿我所有的念頭。在這樣的心情下，我以一種以前從來不明白的情感和語氣，寫出更具寓意的《睡人》後續章節。

海卡夫不斷釐清我的困惑、安撫我的情緒，加上種種錯綜複雜、令人費解、不時的寫寫停停，到了十二月，這本書好不容易大功告成。我受不了馬普斯伯里路那空蕩蕩、少了母親的家，因此最後一個月的寫作，我差不多是搬到杜克沃斯出版公司位於舊鋼琴工廠的辦公室去寫的，不過我晚上都會回馬普斯伯里路的家，和爸爸、倫妮阿姨一起吃晚飯（媽媽過世後，邁可感覺精神病又加重，自己去住院了）。海卡夫給我一間杜克沃斯公司的小房間，由於這時候我很容易一衝動便劃掉、或胡亂塗改我剛寫好的東西，因此我們一致同意，我每寫好一頁，就把它塞進門縫底下。海卡夫給我的不只是明察秋毫的機敏，還有一股庇護與支持的力量，一種幾乎是「家」的感覺，那正是此時此刻的我最需要的。

到了十二月，這本書總算寫好了。✳最後一頁已交給海卡夫，該是回紐約的時候了。我搭計程車去機場，自覺這本書很完整。但沒多久，在計程車上，我突然意識到，我忽略了一些絕對關鍵的東西，少了這些東西，整個結構就會崩潰。於是我匆匆寫下來，而這只是「注釋寫作狂熱時期」的開頭而已，這段時期竟然持續兩個月之久。這年代距離傳真機時代

✣ 然而，幾個月後我回倫敦時，戴夫舅舅卻罹患了絕症。我去病房探望他，但他太虛弱，不能講太多話。遺憾的是，這竟是我見舅舅的最後一面，他是我的啟蒙老師，對於少年時代的我來說是多麼重要，因此，我從來都不知道我母親早年的樣子。

✳ 由於母親的過世和《睡人》的完成（那時還沒有書名），我感到一股奇特的衝動，想要去看易卜生的戲劇。易卜生召喚我，呼應我現下的狀況，他的心聲，是我唯一能承受的。

還很早，所以在一九七三年二月，我用快遞郵件把四百多個注釋寄給海卡夫。☆

倫妮阿姨跟海卡夫一直有聯絡，他告訴她，我正在對書稿「動手腳」，從紐約寄來的注釋快把他給淹沒了。這件事惹來倫妮阿姨嚴厲的訓斥：「不要、不要、不要再修改或再加任何注釋了！」她寫道。

海卡夫說：「這些注釋都很精采，但長度加起來總共是書的三倍之多，會讓書變得太沉重。」我只能保留十幾個注釋，他說。

「好，」我回答：「那你來選吧。」

但他說：「不，你來選，若是我來選，你會生我的氣。」（英明！）

於是，第一版只有十幾個注釋。由於倫妮阿姨和海卡夫的努力，挽救了《睡人》，免得被我的「太囉嗦」給毀了。

一九七三年初，我看到《睡人》的毛本時非常興奮。幾個月之後還有單頁校樣，但海卡夫從不寄給我這些樣張，因為他怕我會逮住機會，東加西改沒完沒了，因為我早就把毛本改來改去了，再這樣下去會耽誤預定的出版時間。

諷刺的是，幾個月後，反倒是海卡夫建議延後出版，好讓部分章節可以預先刊登在《週日泰晤士報》。但我強烈反對這件事，因為我想在我七月生日之前看到書的出版。我即將滿四十歲，我希望到時候可以大聲說：「我四十歲了，或許青春已消逝，但至少我有了一點成就，我寫了這本書。」海卡夫認為我在無理取鬧，但他明白我的心思，同意維持原先六月下旬的出版日期。（後來他才想到，歷史學家吉朋也曾煞費苦心，在他的生日那天出版《羅馬帝國衰亡史》最後一卷。）

由於我畢業後還留在牛津大學，而且一九五〇年代晚期經常回學校走走，我偶爾會在城裡瞥見詩人奧登（Wystan Auden）的身影。那時他受聘擔任牛津大學的詩歌客座教授，他在學校時，每天早上都會去卡德納咖啡店，和來店裡逛逛的任何人聊天。他很隨和，但我太害羞、不好意思接近他。不過，一九六七年，我們在紐約的一場雞尾酒會上認識了。

奧登邀請我去他家，於是我偶爾會去他在聖馬可坊街的公寓喝下午茶。這時間去找他剛剛好，因為四點鐘之前，他已經完成白天的工作，但是尚未開始晚上的喝酒。他喝酒喝得很兇，不過他很認真的說，他不是酒鬼，而是酒量好。有一次我問他有什麼差別，他說：「酒鬼喝一、兩杯之後人就變了，但酒量好的人可以想喝多少就喝多少。我是酒量

✰ 我一回到紐約，就盡可能去看易卜生的每一齣戲劇，但我找不到我最想看的《咱們死人醒來的時候》（*When We Dead Awaken*）。一月中旬，我終於發現，這齣戲正在麻州北部的小劇場上演，二話不說便開車去看，當時天氣很糟糕，小路又很危險。這並不是最好的演出，但我認同劇中那位良心不安的藝術家魯貝克。就在那一刻，我決定，一定要把自己的書取名為*Awakenings*（書名原意為「甦醒」，中文書名譯為《睡人》）。

好。」他肯定很會喝，吃晚餐時，無論是在他自己家還是別人家，一到九點半他就不吃飯，把桌上酒瓶裡的酒統統喝光。但是無論他喝多少，隔天一早六點就起床工作。當初介紹我們認識的人，名叫福克斯（Orlan Fox），他說奧登是他見過最不懶散的人。

奧登跟我一樣，也是在醫師家庭中長大。他父親喬治．奧登（George Auden）是伯明罕醫院的醫師，在嗜睡性腦炎大流行期間曾擔任衛生官員。老奧登醫師對這種疾病如何改變兒童的性格特別感興趣，曾發表好幾篇論文。奧登也喜歡醫學漫談，對醫師很有好感。在他的《給教子的信》書中，有四首詩獻給醫師，包括獻給我的一首。於是我在一九六九年，邀他來貝斯亞伯拉罕醫院參觀，和我的腦炎後型病人碰面。他後來寫了一首詩，名為〈老人之家〉，但我不太確定這首詩是在說貝斯亞伯拉罕醫院，還是在說其他的養老院。

一九七一年，奧登曾為《偏頭痛》寫過一篇很棒的書評，這讓我非常興奮。在我寫作《睡人》期間，他對我而言也非常重要，尤其是當他跟我說：「你一定要超越臨床上的東西……要隱喻、要神祕、要隨心所欲。」

到了一九七二年初，奧登決定離開美國，打算在英國及奧地利度他的餘生。他發覺那年冬初特別不舒服，夾雜著病痛與孤寂感、以及因決定離開美國而激起的複雜與矛盾感，因為他在那裡住了這麼久，而且深愛那裡。

奧登第一次真正消釋這種感覺，是在他的生日那天（二月二十一日）。他向來喜歡生日和各種慶祝活動，而這一次更是格外重要且感人。他六十五歲了，這將是他最後一次在美國過生日，他的出版商為他準備了一場別開生面的宴會，老朋友、新朋友環繞在他身旁，他的朋友圈之廣，令人難以置信，我還記得，政論哲學家鄂蘭（Hannah Ardndt）就坐在他旁邊。直到那時候，在這場非比尋常的聚會上，我才完全了解奧登性格之豐富、交遊廣闊之天分。他喜氣洋洋安坐在他的朋友堆裡，完全像在家裡一樣自在。至少在我看來是這樣，我從不曾看他這麼開心過。然而，其中卻也夾雜某種夕陽西下的離別愁緒。

奧登最後要離開美國之前，福克斯和我幫他打包他的藏書（這真是艱巨的任務）。滿頭大汗胡亂塞了半天之後，我們暫時休息一下、喝杯啤酒，坐在那裡什麼話也說不出來。過了一會兒，奧登起身對我說：「去拿一本書，一些書，任何你想要的書。」他停頓了一下，看我累癱了、動也不動，便說：「好吧，那我來決定。這些是我最喜歡的書——這兩本，看你要不要！」✫

奧登把他翻譯的《魔笛》歌劇劇本遞給我，以及一本破破爛爛的歌德書信集，都是從他的床頭櫃拿下來的。老舊的歌德書上，寫滿了情感豐富的隨筆、注解、心得。

✫ 奧登把立體音響和所有的唱片（數量龐大的七十八轉唱片及黑膠唱片）都留在紐約，問我是否願意「照顧它們」。多年來我一直保存且播放這些唱片，不過，更換揚聲器裡的真空管愈來愈難。二〇〇〇年時，這些東西都捐給紐約公共圖書館的奧登檔案室了。

這星期結束時（一九七二年四月十五日星期六），福克斯和我陪奧登去機場。我們早到三個小時，因為奧登著了魔似的非準時不可，生怕錯過火車或班機。（他曾告訴我，他反覆做的夢：他為了趕火車而超速，處於極度混亂的狀態，他感覺自己的生命、一切，完全有賴於趕上火車。障礙一個接一個冒出來，害他驚恐萬分、在心裡默默尖叫。接著，忽然間，他發現來不及了，火車已經開走了，卻一點都不要緊。這時候，一種放鬆而近乎狂喜的感覺隨之而來，於是他便射精、驚醒、滿臉笑意。）

我們很早就到達機場，然後便東拉西扯閒聊，消磨這幾個小時。後來，等他走了，我才意識到，所有的閒聊與東拉西扯都回歸到一個主題，談話的重點正是告別——向我們告別、向過去這三十三年告別、向他在美國度過的這半輩子告別（他曾半開玩笑，自稱是「跨越大西洋兩岸的歌德」）。

就在廣播登機之前，一位完全不認識的人走過來，結結巴巴說道：「想必您是奧登先生，我們國家很榮幸有您在此，先生。永遠歡迎您回到這裡，您是我們的貴賓和朋友。」他伸出他的手，說道：「再見，奧登先生，願上帝保佑您的一切！」奧登很熱情的跟他握手。他非常感動，熱淚盈眶。我轉身問奧登，這樣的偶遇是不是很常見？

「很常見，」他說：「但絕不尋常。這些不經意的偶遇，有一種真正的愛在裡面。」等那位體面的陌生人慎重告退之後，我問奧登如何感受這世界，他認為世界非常小、還是非常大？

「都不是，」他回答：「世界不大，也不小。很舒適，很溫馨。」他低聲加上一句：「像家一樣。」

他再也沒說什麼，沒什麼可說了。冷冰冰的登機廣播響得刺耳，他趕緊跑去登機門。在登機門口，他轉過身來親吻我和福克斯——教父擁抱教子的親吻、祝福與告別的親吻。他突然顯得極為蒼老脆弱，卻有如歌德式教堂般高貴莊重。

一九七三年二月，我人在英國，於是去牛津探望奧登，他那時在基督學院有個住所。我要把《睡人》的毛本拿給他看。這是他要求的，事實上，除了海卡夫和倫妮阿姨，他是唯一看過毛本的人。那天天氣很好，我並沒有從車站搭計程車去，而是決定走路去。我有點遲到，當我看見奧登時，他正在甩手錶。他說：「你遲到十七分鐘。」

我們花了很多時間討論《科學美國人》雜誌的一篇令他激動不已的文章——分子生物學家史登（Gunther Stent）寫的〈科學發現的早熟性與獨特性〉。奧登曾寫信回應史登，將科學與藝術的發展史做對照，刊登於一九七三年二月號的《科學美國人》雜誌。

再次回到紐約後，我收到他的信。日期是二月二十一日（「我的生日」，他加了一句），信很短，但非常、非常甜蜜：

親愛的奧立佛：

非常感謝你美妙的信。《睡人》看完了，我覺得是一本傑作，真的很恭喜你。我唯一的疑慮是，如果你希望外行人也看這本書（他們應該要看），你應該加個詞彙表，解釋你用的那些專有名詞。

愛你的奧登

收到奧登的信，我哭了起來。一位偉大的作家，從不隨便稱讚或說好聽的話，竟然評定我的書是「傑作」。然而，這純粹是「文學上」的評斷嗎？《睡人》到底有沒有任何科學上的價值？

那年春末，奧登又寫信給我，說他的心臟曾經「耍了一點脾氣」，他希望我能去他家看他，那時他和詩人卡爾曼（Chester Kallman）同住在奧地利。但我沒去，由於種種原因。我非常後悔那年夏天沒去看他，因為九月二十九日這天，他過世了。

一九七三年六月二十八日，《睡人》出版那天，《聽眾》週刊登了一篇英國神經心理學家桂葛瑞（Richard Gregory）為《睡人》撰寫的精采書評，同一期週刊也登了拙文——我受邀為盧力亞的《活在分崩離析世界裡的男人》寫書評，而且我的書評還延伸到盧力亞的所有作品。過了一個月，我收到盧力亞本人的來信，讓我激動不已。

他描述自己年輕時（才十九歲）如何創辦名稱很唬人的「喀山心理分析學會」（Kazan Psychoanalytic Association），那時他曾收到佛洛伊德的來信（佛洛伊德不知道自己是在寫信給十幾歲的小伙子）。盧力亞收到佛洛伊德的來信時，興奮得要命；我收到盧力亞的來信時，也感到同樣的興奮。

他感謝我寫了這篇書評，並且詳細評議我在文章裡提出的所有論點，非常客氣、卻又毫不含糊的表明，他認為我在許多方面都有很深的誤解。✫

幾天後，我收到另一封盧力亞的來信，信中說他收到桂葛瑞寄給他的《睡人》：

親愛的薩克斯醫師：

我一收到《睡人》便立刻拜讀，非常欣喜。我向來認為並確信：好的臨床病例描述，在醫學上扮演前導的角色，尤其是在神經學與精神病學方面。遺憾的是，十九世紀偉大

✫ 然後，他的信話鋒一轉，說到他與巴夫洛夫（Pavlov，俄羅斯生理學家，於一九〇四年榮獲諾貝爾生理醫學獎）見面的驚人故事：老人家（巴夫洛夫當時八十幾歲）看起來很像摩西，把盧力亞的第一本書撕成兩半，碎片甩在他的腳下，大喊：「你竟敢說自己是科學家！」如此令人震驚的情節，盧力亞講述起來既生動活潑又饒富趣味，表現出這故事有可怕的一面，卻同樣也有滑稽的一面。

的神經學家與精神病學家普遍擁有的描述能力，現在卻不復見，或許是因為根本的誤解：機械與電器設備可以取代人格的研究。您優秀的書顯示，臨床病例研究的重要傳統得以恢復，而且極為成功。非常感謝您這本令人欣喜的書！

盧力亞

我奉盧力亞為神經心理學與「浪漫科學」的創始人，他的信帶給我無比的喜悅，以及前所未有的知性肯定。

一九七三年七月九日是我的四十歲生日。我人在倫敦，《睡人》才剛剛出版，我在漢普斯特荒野公園的某個池塘裡游泳慶祝生日。小時候才幾個月大，我父親便讓我泡在這個池塘裡玩。比這裡更美的游泳地方可沒幾個。

我游到池塘的一個浮筒邊，正緊靠著浮筒飽覽美景時，水底下有人在摸我。我嚇了一大跳，摸我的人浮出水面，竟是一名英俊的年輕男子，臉上帶著頑皮的笑容。

我也笑了，於是我們聊了起來。他告訴我，他是哈佛大學的學生，這是他第一次來英國。他特別喜歡倫敦，每天白天在市區已經看了很多風景，每天晚上都去看舞臺劇和聽音樂會。他又說，他夜裡一直都很寂寞。再過一星期他就要回美國了。朋友把公寓借給他住，目前不在倫敦。我要不要去看一下？

我真的去了，很快樂，沒有往常的那一大堆顧忌與疑慮。快樂是因為他長得那麼帥、因為他的積極主動、因為他這麼直截了當，快樂也因為這天是我的生日，我可以把他、把我們的相遇當成完美的生日禮物。

我們去他的公寓，做愛，吃午餐，下午去泰特美術館，晚上去威格摩爾音樂廳，然後回去上床。

在他不得不回美國之前，我們一起度過了愉快的一星期——白天很充實，夜晚很親密，幸福、歡樂、充滿愛的一星期。沒有什麼深刻或煩惱的感覺，我們喜歡對方，我們玩得很開心，等這星期過完，我們不痛苦不承諾的分手。

這樣也好，我對未來無法預知，想不到在這場甜蜜的生日狂歡之後，接下來的三十五年，我再也沒有性行為了。✫

✫二〇〇七年，由於我剛開始在哥倫比亞大學擔任為期五年的神經學教授，我必須完成一項醫療訪談，才能上任。凱特・艾德格（Kate Edgar）是我的助理，她和我一起去。一度我的訪談者（一位護理師）說：「我有個很私密的問題要問你。你要艾德格女士離開房間迴避一下嗎？」「沒必要，」我說：「我所有的事她都知情。」我以為她要問有關性生活的問題，所以不等她問，便脫口而出：「我已經三十五年沒有任何性行為了。」「哦，可憐的傢伙！」她說：「這我們得想想辦法才行！」我們都笑了起來，她只是要問我社會安全號碼而已。

一九七〇年初，《刺絡針》期刊登了我的四封〈給編輯的信〉：關於我的腦炎後型病人和他們對左旋多巴的反應。我本以為這些信只有醫師同儕才會看，但令我驚訝的是，一個月後，我一位病人羅絲（R. Rose）的姊姊拿來一份紐約《每日新聞》，報紙的標題底下轉載了其中的一封信（其實是特別報導）。

「這是你的醫療權限嗎？」她質問，在我面前揮舞著報紙。雖然只有親密的朋友或親戚才能從敘述中認出病人，但我和她同樣震驚——我沒想到《刺絡針》期刊會把文章轉發給新聞媒體，我本以為學術寫作的發行量很有限，根本不會出現在公共領域。

我在一九六〇年代中期寫過一些較專業的論文，發表在《神經學》與《神經病理學報》之類的期刊，那時並沒有洩漏給新聞媒體。但現在，由於病人的「甦醒」，我已然進入更廣大的舞臺，而這是我首度碰觸到非常微妙、時而模稜兩可的領域——「什麼可以說、什麼不能說」之間的界線或邊緣地帶。

理所當然，如果沒有病人本身的鼓勵與許可，我根本不可能寫《睡人》，他們感覺遭到社會遺棄、被丟在一旁無人聞問，早就希望有人來訴說他們的故事，這種感受勢不可擋。儘管如此，在《每日新聞》事件發生之後，我曾猶豫要不要在美國出版《睡人》。但我的一位病人不知怎麼的，竟然聽到英國出版的風聲，而且寫信給海卡夫，他便寄給她一本《睡人》。然後，美國版本就出來了。

不同於《偏頭痛》既贏得一般書評家的好評，也贏得醫學評論家的好評，《睡人》的出版，卻是以令人意想不到的方式受到歡迎。《睡人》在一般媒體上佳評如潮。事實上，《睡人》榮獲一九七四年的霍森登大獎（Hawthornden Prize），這是一項備受尊崇的文學獎，頒給「富有想像力的文學作品」。這件事讓我興奮不已，因為我榮登包括英國著名詩人格雷夫斯（Robert Graves）、英國著名小說家葛林（Graham Greene）等人的行列，更不用說還有寫過《消失的地平線》的希爾頓（James Hilton），他這本書我從小就很崇拜。

但是，我的醫學界同儕卻連一點聲音都沒有。沒有任何醫學期刊評論這本書。終於在一九七四年一月，有一份相當短命的期刊稱為《英國臨床期刊》，期刊的編輯寫道，他認為英國在過去這一年有兩個最奇特的現象，一是《睡人》的出版，二是醫學界對這本書完全沒有反應，他稱這種現象為此行業的「異常緘默症」。✰

儘管如此，有五位著名作家把《睡人》評選為年度最佳書籍。一九七三年十二月，海卡夫辦了一場出版與聖誕聯合宴會。宴會上有許多我聽過而且很崇拜、但從來沒見過或沒

✰ 醫學界的「緘默症」，直到好幾年後才消失——那要等到我在腦炎後型病人身上看到的奇特、不穩定狀態，在長期服用左旋多巴的「普通」巴金森氏症病人身上也觀察到。這些病人的神經系統比較穩定，可能好幾年都不會出現類似的藥效；而腦炎後型病人在幾個星期或幾個月內就會產生這些藥效。

想到會看見的人出席。我父親也來參加宴會，這一年來，他因為母親的死而哀慟，好不容易才恢復，而且他對我的書出版一直憂心忡忡，看到各界名人紛紛出席宴會，這才大大的放心。至於我自己，曾經感到如此失落、如此沒沒無聞的我，現在居然覺得受寵若驚。喬納森也來參加宴會，他跟我說：「你現在可出名了。」

我不太明白這句話代表什麼意思，以前從來沒有人對我說過類似的話。

英國有一篇書評讓我很苦惱，雖然它在許多方面都相當正面。書中的病人，我當然都是用假名，貝斯亞伯拉罕醫院也用了化名。我稱醫院為迦密山醫院，位於虛構的村莊「哈德遜河畔貝克斯利」。這位評論家寫的內容差不多像這樣：「這本書很不可思議，更何況薩克斯說的是不存在的醫院裡的不存在的病人，病人得了一種不存在的疾病，因為一九二〇年代並沒有發生世界性的昏睡症大流行。」我把書評拿給一些病人看，很多病人都說：「讓我們現身吧，否則這本書永遠不會有人相信。」

於是，我問所有的病人，問他們覺得拍一部紀錄片如何。先前他們曾鼓勵我出版這本書：「寫吧，訴說我們的故事，否則永遠不會有人知道。」而現在，他們又說：「拍吧，幫我們拍影片，讓我們為自己說話。」

我對「讓我的病人在影片上現身說法」的正當性沒有把握。醫師與病人之間的治療過程是保密的，在某種意義上，連描寫這些過程也算是違反保密責任，但寫作還能更改姓名和地點，以及其他的一些細節。在紀錄片裡，這樣的偽裝是不可能的，面孔、聲音、真實生活、身分，統統會曝光。

因此我有所顧慮，但好幾位紀錄片製作人來找我接洽，其中一位令我印象特別深刻：約克郡電視臺的達拉斯（Duncan Dallas），尤其令我感動的是，他的作品向來結合了科學知識與人的情感。一九七三年九月，達拉斯來貝斯亞伯拉罕醫院參觀，並且與所有的病人碰面。由於讀過《睡人》的故事，所以他認出很多位病人。「我知道你，」他對其中幾位病人說：「我覺得我以前見過你。」

達拉斯還問：「音樂治療師在哪裡？她似乎是這裡面最重要的人。」他指的是史黛爾絲（Kitty Stiles），一位超級有才華的音樂治療師。在那個年代，醫院擁有音樂治療師相當罕見（音樂的影響，如果有的話，被認為幾乎是微不足道），但史黛爾絲從一九五〇年代初就在貝斯亞伯拉罕醫院工作，✫她知道各式各樣的病人都可能對音樂有強烈反應，即便腦炎後型

✫ 到了一九七八年，史黛爾絲決定退休，我們以為她已經達到一般退休年齡（六十五歲），但後來我們才知道，她已經九十幾歲了，卻不可思議的顯得既年輕又活潑。（難道是音樂讓她保持年輕？）史黛爾絲的接班人是塔美諾（Connie Tomaino），一位充滿活力的年輕女子，擁有音樂治療法的高等學位，後來創辦大規模的音樂治療課程，探究什麼樣的音樂方法最適合老年失智症、失憶症、失語症等病人。塔美諾和我合作多年，她仍在貝斯亞伯拉罕醫院工作，目前擔任「音樂與神經功能研究所」所長。

病人往往無法自動自發開始活動，連他們都會不由自主對節拍有反應，跟我們大家一樣。

幾乎所有的病人都對達拉斯有好感，知道他會以客觀慎重的原則和同情心來呈現這部紀錄片，不會把他們的生活拍得太醫學，也不會太濫情。當我看到大家這麼快就有了相互的理解與尊重，便同意紀錄片的拍攝。達拉斯和他的組員下個月就會來進行拍攝工作。當然也有一些病人不想入鏡，但大多數病人都覺得，呈現出他們是「被迫生活在離奇世界裡的人」，這點很重要。

達拉斯也採用了一九六九年、我拍攝的一些八厘米影片，影片中呈現出病人隨著服用左旋多巴而紛紛「甦醒」、以及後來他們遭受的種種離奇磨難。達拉斯補拍了病人的感人訪談，由他們來回顧這些事件，並描述他們在遠離世界這麼多年之後，現在如何過日子。

《睡人》紀錄片於一九七四年初在英國播出。這些得了「被遺忘的傳染病」的最後倖存者，他們的生活如何被新藥物暫時改變？歷盡滄桑的他們，究竟有多麼堅強？這部紀錄片是唯一的寫實報導。

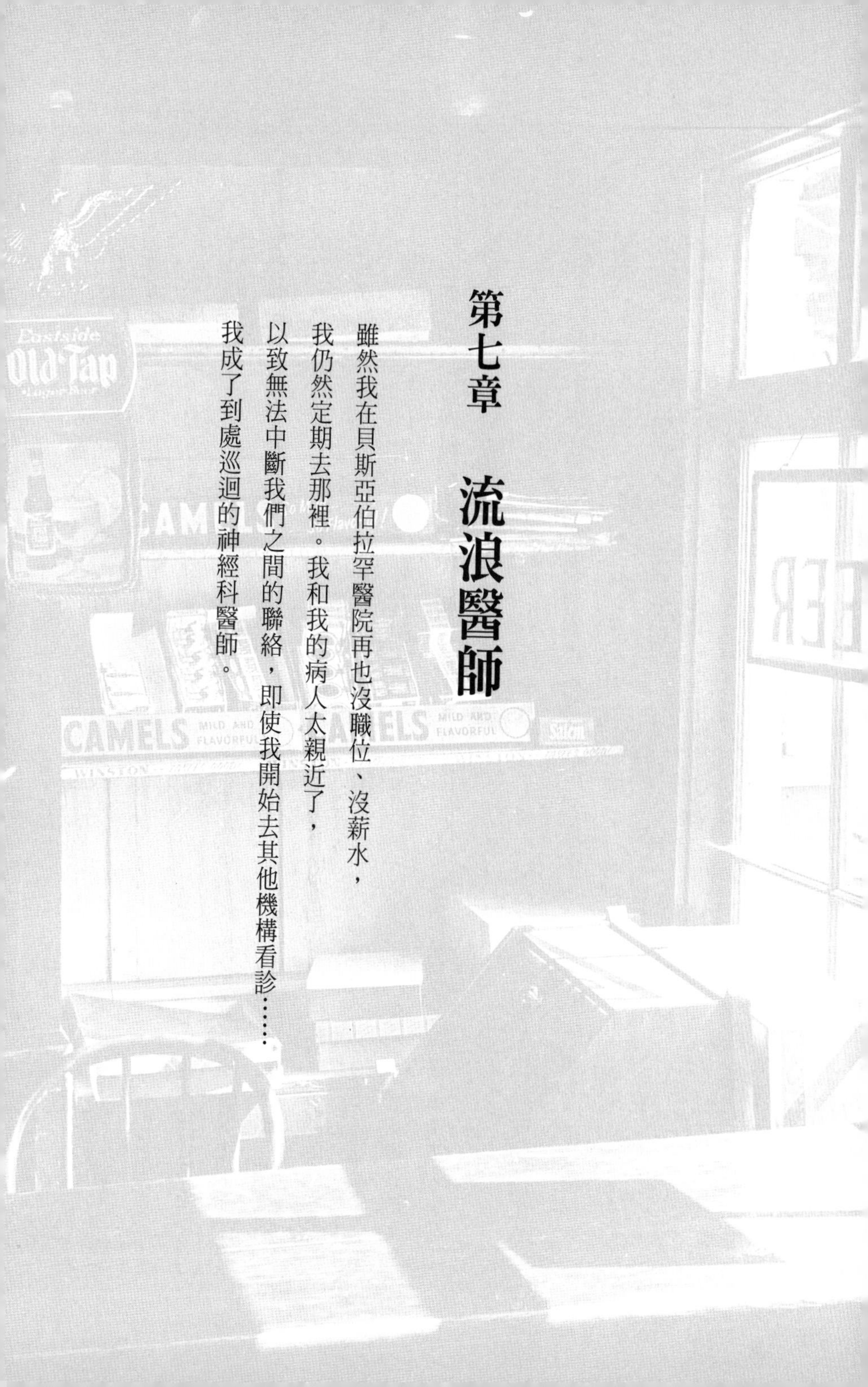

第七章 流浪醫師

雖然我在貝斯亞伯拉罕醫院再也沒職位、沒薪水，
我仍然定期去那裡。我和我的病人太親近了，
以致無法中斷我們之間的聯絡，即使我開始去其他機構看診……
我成了到處巡迴的神經科醫師。

母親去世後，我回到寒冬的紐約。剛遭到貝斯亞伯拉罕醫院解雇的我，沒有公寓，沒有真正的工作，也沒有像樣的收入。

不過，我一直在布朗克斯精神病中心（一般稱為布朗克斯州立醫院）擔任會診醫師，每星期在神經科看診一天。我診視的病人往往患有思覺失調症或躁鬱症，我也會看他們有沒有神經方面的疾病。如同我哥哥邁可，服用鎮靜劑的病人往往會形成動作障礙，例如肌張力不全、遲發性動作障礙等等，而這些動作障礙在停藥後往往還會持續很久。我和很多病人聊過，他們都說可以忍受自己的心理障礙，卻無法忍受我們帶給他們的動作障礙。

我也看過一些病人，他們的精神病或類似思覺失調症狀是由神經疾病引起或助長的。在布朗克斯州立醫院較偏僻的病房，我曾看出有幾位未確診或誤診的腦炎後型病人，也發現其他人得了腦瘤或腦部退化疾病。

不過，這項工作一星期只要忙幾個小時而已，薪水很微薄。布朗克斯州立醫院的主管薩爾茲曼（Leon Salzman）看出我的窘境，邀請我去醫院兼職。（他人非常親切，寫過一本有關強迫性格的好書。）他認為我應該會對二十三號病房特別感興趣：得了各種疑難雜症的青壯年，例如自閉症、智力發育遲緩、胎兒酒精症候群、結節性硬化症、早發性思覺失調症之類的，統統安置在二十三號病房。

自閉症在那時候還不是熱門的課題，但我對此很感興趣，所以接受了邀請。起初我很喜歡在這間病房工作，不過這同樣也讓我難過不已。神經科醫師看到的病例，大概比其他任何專科醫師看到的都要悲慘——這些病人得了殘酷的不治之症，可能導致極大的痛苦。在這裡當醫師，一定要有同情心、憐憫心、慈悲心；但還要達到某種超然的境界，才不至於太投入、進而對病人產生太多的認同感。

二十三號病房有所謂的「行為矯正政策」：對病人採取獎勵與懲罰，特別是治療性懲罰。我憎恨看到病人接受治療的方式，他們有時會被鎖在禁閉室或挨餓或受到限制。除此之外，這讓我想起自己小時候的遭遇，當時我被送去寄宿學校，我和其他男孩在那裡經常被反覆無常、虐待成性的校長處罰。有時候，我感覺自己簡直與病人「同病相憐」。

身為醫師，我仔細觀察這些病人，感同身受，並試圖誘發他們的正面潛能。一有機會，我便試著參與他們道德中立的遊戲世界。例如：約翰及邁克是一對雙胞胎，得了自閉症與心智發展遲緩，卻是日曆與數字的天才，我跟他們玩的遊戲是找出因數或質數；而荷西這位具有圖形天分的自閉症男孩，他的遊戲世界則是畫畫及視覺藝術；至於奈吉爾這位不會說話、自閉、可能有點智能障礙的年輕人，音樂對他來說非常重要。我把我的直立式舊鋼琴搬到二十三號病房，當我彈鋼琴時，奈吉爾和其他的一些年輕病人會聚集在鋼琴周圍。如果奈吉爾喜歡我彈的音樂，就會跳起奇特又複雜的舞蹈。（我在會診紀錄上說他是「傻傻的尼金斯基（Vatslav Nijinsky，波蘭裔俄羅斯男性芭蕾舞者兼編舞家）」。）

不說話、患有自閉症的史蒂夫，迷上了我在醫院地下室發現、搬到病房來的撞球桌。他以驚人的速度學會撞球技巧，雖說他自己一玩就是好幾個小時，但是他顯然也喜歡和我一起打撞球。就我所知，這是他唯一的社交或個人活動。心不在撞球桌時，他很好動，到處橫衝直撞，老是跑來跑去、拿起東西來檢視一番。這是一種探索式的行為，半強迫、半好玩。妥瑞氏症（Tourette's syndrome）或某些額葉異常的病人，可能偶爾也會出現類似的行為。我對這些病人深感興趣，一九七四年初開始寫他們的故事，到四月已經完成二十四篇。我心想，以小書來說足矣。

二十三號病房是上鎖的，對史蒂夫來說，鎖在病房裡特別難受。他有時會坐在窗戶旁，或坐在鑲嵌玻璃的大門邊，渴望能出去。工作人員從不帶他出去。「他會跑掉，」他們說：「他會逃走。」

我為史蒂夫感到非常難過，雖然他不會說話，但從他來找我的樣子、從他在撞球桌旁黏著我的樣子來看，我覺得他應該不會從我身邊跑走。我有一位同事是布朗克斯心理發展服務處的心理學家，每星期我也在那裡工作一天，我向他提起史蒂夫的情況，他見過史蒂夫之後，同意我們倆可以安心帶他一起出去。我們向二十三號病房主任竹友醫師（Dr. Taketomo）提出這個想法，他仔細想了想，也同意了，說道：「如果你們帶他出去，他就是你們的責任。要確保他安然無恙回來。」

我們帶史蒂夫走出病房時，他嚇了一跳，但似乎明白我們要出去玩。他上了車，我們便開車前往紐約植物園，距離醫院只有十分鐘車程。史蒂夫很喜愛植物，那時是五月，紫丁香正盛開，他很喜歡鋪滿草皮的小山谷和周圍的空曠。有一刻，他撿起一朵花，凝視著它，說出我們從來沒聽他說過的第一個單字：「蒲公英！」

我們都嚇呆了，我們不知道史蒂夫認得任何花，更不用說花的名字。我們在植物園待了半小時，然後慢慢開車回去，讓史蒂夫好好的看一看阿勒頓大道上的人群和商店，那是隔絕於二十三號病房外的喧囂生活。我們走回病房時，他有一點抗拒，但似乎明白以後可能還會出去玩。

本來一致反對他出遊、並預測將以災難收場的醫護人員，聽到我們描述史蒂夫表現良好、在植物園裡明顯非常開心、還開口說出他的第一個單字，顯得很火大。我們遭到怒目相視。

我一直刻意迴避星期三的醫院員工大會，但我們帶史蒂夫出遊的第二天，竹友醫師堅持我一定要參加。我很擔心我可能會聽到什麼，更擔心我可能會說什麼。我的疑慮完全是有理由的。

首席心理醫師說，醫院已成功建立井然有序的「行為矯正方案」，而我這種「遊戲」和額外獎勵的概念，正暗中破壞此方案。我的回答則是辯護遊戲的重要性，並且批評過去的獎懲模式。我說，我認為這是以科學的名義、對病人構成可怕的虐待，偶爾帶點虐待狂的意味。我的答覆讓大家很不滿，會議不歡而散。

兩天後，竹友醫師走過來跟我說：「謠言四起，說你性虐待你的年輕病人。」

我十分震驚，回他說，我絕不會有這種念頭。我把病人視為我的義務、我的責任，絕不會濫用我的權力，假藉治療之名來剝削他們。

我愈說愈生氣，接著又說：「你可能知道，佛洛伊德的同事及傳記作家鍾斯（Ernest Jones）年輕時曾在倫敦擔任神經科醫師，研究智力發育遲緩與情緒受困擾的兒童，直到謠言傳出，說他在虐待他的年幼病人。這些謠言迫使他離開英國，後來他就去加拿大了。」

他說：「是的，我知道。我寫過鍾斯的傳記。」

我很想攻擊他，大罵：「你他媽的白痴，為什麼陷我於不義？」但我沒有，他大概覺得，他只是在調停一場文明的討論而已。

我跑去找薩爾茲曼，告訴他這件事，他對我的行為既同情又生氣，但他認為我最好還是離開二十三號病房。要拋下我的年輕病人，令我感到無以復加的內疚，離開的那晚，我把寫好的二十四篇故事統統扔到火裡去了。我讀過斯威夫特在絕望的心情下，曾把《格列佛遊記》手稿扔進火裡，幸好他的朋友波普把手稿抽出來。但孤零零的我，沒有波普可以來抽出我的書。

我離開後的第二天，史蒂夫從醫院逃走，爬上高高的窄頸大橋。幸運的是，他還來不及跳下，便獲救了。這讓我意識到，我突然被迫拋下我的病人，對他們來說很難接受，而且很危險，對我來說也是一樣。

我滿懷內疚、悔恨、憤怒，離開了二十三號病房——內疚是因為離開病人，悔恨是因為焚毀了書，憤怒則是因為性虐待的指控。這些指控根本是子虛烏有，卻讓我難受極了，我心想，星期三的那場會議上，我針對病房運作所表達的三言兩語根本沒什麼用，現在我要寫一本書來爆料，讓全世界都知道這件事，書名就叫《二十三號病房》。

離開二十三號病房不久，我啟程去挪威，因為我覺得，在這個寧靜的地方寫我的抨擊文章很適合。但一連串意外接踵而來，而且一個比一個嚴重。首先，我在偏遠的哈當厄峽灣划船，那裡是挪威幾個較大的峽灣之一，結果我笨手笨腳，一只槳從船上掉下去。我好不容易用一只槳划回來，花了好幾個小時，但有那麼一時半刻，我很懷疑自己能不能划得回來。

第二天，我出發去一座小山健行。我獨自一人，沒告訴任何人我要去哪裡。我在山腳下看到一個挪威文標誌，上頭寫著「當心公牛」，還畫了一幅「人遭公牛高高拋起」的漫畫。我想這一定是挪威式的幽默。怎麼會有人在山上養公牛？

我完全忘了這回事，但幾個小時後，我滿不在乎的來到一塊巨石邊，才發現，自己正與端坐在路上的好大一隻公牛面對面。用「驚恐萬分」來形容我的感受，實在太客氣了，我的恐懼引發某種幻覺：公牛的臉似乎愈脹愈大，直到塞滿整個宇宙。故作優雅的、彷彿臨時決定在此結束健行似的，我轉身開始往回走。但後來我嚇破了膽，恐慌到不行，開始沿著泥濘濕滑的山路狂奔下山。我聽見重重的砰砰砰腳步聲和粗粗的呼吸聲，在我背後不遠處（是公牛追上來了嗎），剎那間，不知道是怎麼發生的，我竟然整個人在懸崖底下，左腿扭曲、變形得很誇張。

人瀕臨絕境時會產生抽離現象。我的第一個念頭是，有人（我認識的人）發生意外，嚴重的意外，而此時我才意識到，我就是那個人。我想站起來，但腿斷了，像一根義大利麵條似的，完全軟趴趴。我檢查腿——非常專業，想像自己是骨科醫師，正在對全班學生展示傷口：「你們看，四頭肌腱已經完全撕裂，髕骨可以轉來轉去，膝蓋可以向後轉。就是這樣啦。」說完我便大喊大叫。我又補了一句：「這會導致病人大喊大叫，」然後我再度意識到，我不是正在展示病人傷口的教授，我就是受傷的人。本來我拿了一把傘充當健行杖，此時我把傘柄折斷拿來當夾板，又從我的厚夾克撕下布條，用傘柄和布條固定腿之後，便開始爬下斜坡，用我的手臂把自己撐下山。起先我非常安靜的爬著，因為我想說公牛可能還在附近。

我一面把自己和受創的腿撐下山，一面經歷很多不同的情緒。我並沒有在一瞬間看完自己的一生，但揭開了很多很多回憶。幾乎全是美好的回憶、值得感激的回憶、夏天午後的回憶、被深愛著的回憶、獲得贈與的回憶，並且感恩自己也曾經付出。尤其是，我想到自己寫過一本好書，一本很棒的書，我發覺自己用的文法是過去式。奧登的詩句：「讓你最後的念想全是感謝，」不斷的掠過我的腦海。

漫長的八小時過去了，我幾乎快要休克，腿腫得很厲害，不過幸好沒有流血。不久天就要黑了，溫度已逐漸下降。沒人來找我，甚至沒人知道我在哪裡。忽然間，我聽到一個聲音。我抬起頭，看見山脊上有兩個人影——一名男子拿著槍，一個較小的身影跟在他旁邊。他們走過來，解救了我，那時我心想：在幾乎必死無疑的情況下獲救，絕對是一生中最美好的經歷。

我被送上飛機、送回英國，四十八小時後開刀，修復撕裂的四頭肌腱和肌肉。但手術過後兩個多星期，我既不能移動、也感覺不到受傷的腿。那條腿好像是外來的，不是我身上的一部分。我百思不解、驚慌失措。我的第一個念頭是：我在麻醉的情況下中風了。第二個念頭是：這是癔病型癱瘓（hysterical paralysis）。我發覺無法跟幫我開刀的外科醫師溝通自己的感受，他說來說去都是：「薩克斯，你很獨特。我以前從來沒聽過這種事。」

好不容易，隨著神經復原，四頭肌總算起死回生：首先是以肌肉震顫的形式，個別的肌纖維束在原本死氣沉沉的肌肉裡抽動著；接下來，四頭肌有能力做出小幅度的自主收縮，使肌肉繃緊（十二天來，那個地方一直像果凍似的，根本無法收縮）；最後則是髖關節的活動能力，不過動作還不太穩，軟弱無力且容易疲勞。

在這個階段，我給送去石膏房更換石膏並拆線。石膏拿掉時，腿看起來很陌生，不像是「我的腿」，比較像是解剖博物館裡的漂亮石蠟模型，而且，拆線的時候我毫無感覺。上好新的石膏後，我給送去物理治療部門，去「被站立和被走路」。我用這種奇怪的被動式是因為：我已經忘記怎麼自己主動站立和走路了。我提起腳試圖站立，卻被左腿形象的劇烈變動給嚇到：左腿看起來一下很長、一下很短、一下很苗條、一下很粗胖。這些形象的變化，在一、兩分鐘內相對穩定，我猜想，我的本體感覺系統正在重新調整大量激增的感官輸入，以及劈里啪啦噴濺出來的第一波腿部動作指令的輸出，因為兩星期以來，這條腿一直沒有知覺或活動。但是腿移動起來，感覺像是在操縱機器人的腿——有意識、試探性的一次走一步，一點也不像正常、流暢的行走。

接著，忽然間，我的幻覺「聽見」孟德爾頌小提琴協奏曲華麗而節奏分明的樂段。（我入院時，喬納森給了我這首曲子的錄音帶，我經常播放。）腦海裡播放著這首曲子，我發現自己忽然會走路了，恢復了行走的「運動韻律」（如神經學家所說的）。幾秒鐘後，腦海中的音樂一停止，我也停步了，我需要孟德爾頌的音樂才能繼續走。但不到一個鐘頭，我已經恢復流暢、自動自發的行走，不再需要想像中的音樂伴奏了。

兩天後，我轉院到康木之家，這是漢普斯特荒野公園旁的一家豪華療養院。住在療養院的那一個月，我難得多了很多社交應酬。來探望我的不僅有爸爸和倫妮阿姨，還有我哥哥大衛（是他幫我安排從挪威回來的班機，以及在倫敦緊急住院），連邁可都來了。侄女侄子、堂親表親也來了，還有鄰居、猶太教堂的人，和幾乎每天都來的老朋友喬納森和艾瑞克。大家的探望，加上死裡逃生的感受，再加上天天不斷恢復的行動能力與獨立性，為住在療養院的這幾個星期，增添了某種特殊的歡樂氣氛。

爸爸偶爾會在早上看完病人後，來看我。雖然快八十歲了，他仍然工作一整天。爸爸還會特地去探望康木之家一些巴金森氏症的老年病人，跟他們合唱第一次世界大戰時期的歌曲，其中很多病人雖然不太能說話，卻能跟著唱，只要父親繼續唱下去。

倫妮阿姨都是下午來，我們會坐在戶外，在溫暖的十月陽光下，聊幾個小時。等我更能活動，從枴杖「畢業」升級到手杖，我們會散步到漢普斯特或海格特村附近的茶館。

要不是腿傷意外讓我上了一課，我不可能學到人體與周圍空間在大腦中如何對映，以及由於肢體損傷，此「中樞映像」因而嚴重錯亂到何等地步，尤其是加上「固定不動」又「石膏封住」。我也感受到從前不曾真正有過的脆弱感與死亡感。早年騎摩托車的我，天不怕地不怕。據朋友觀察，我似乎認為自己是金剛不壞之身，怎麼樣也死不了。可是自從摔下懸崖差點沒命之後，我的生活中多了戒慎恐懼，而且至今一直陪著我。不知這是好事還是壞事？在某種程度上，無憂無慮的生活變得小心翼翼。我感到青春已然離我遠去，「中年」這會兒降臨在我身上了。

幾乎是這場意外一發生，倫妮阿姨便有所感應：一本相關的書又要寫出來了。她喜歡看我手上拿著鋼筆，在我的筆記本上寫作。（「不要用原子筆！」她兇巴巴的斥責我，她本身優美清晰的圓潤字跡，都是用墨水鋼筆寫出來的。）

聽聞我的意外，海卡夫十分震驚。但等我告訴他意外如何發生、以及我在醫院裡發生了什麼事，他聽得入迷。「這題材太棒了！」他驚呼：「你一定要統統寫下來。」停頓了一下，又說：「聽起來彷彿你此刻真的活在書裡。」幾天後，他給我帶來他剛出版的好大一本假書——七百頁空空的、乳白色的頁面，這樣我就可以一邊躺在病床上、一邊寫作。這本超大的筆記本讓我很開心，這是我有生以來最大的一本，我把這趟「神經地獄邊境去而復返、心不甘情不願的旅程」（在我看來正是如此），巨細靡遺的記錄下來。其他病人看到我這本超大的書，都說：「你這幸運的傢伙！我們只能在這裡苦苦忍受，你倒好，這樣也能寫出一本書。」

海卡夫經常打電話來查核我的進展——「書」的進展，還有我這病人的進展。他的妻子安娜也常來，帶著水果和燻鱒魚當伴手禮。

我想寫的書將是有關「一條腿的失而復得」。既然我上一本書稱為《睡人》，我想下一本書就稱為《復活的人》好了。

但這本書會有一些前所未有的問題，因為寫這本書涉及重回意外現場、重新經歷病人的被動與慘狀，也涉及揭露自己某些私密的情感，那是我以前較「醫師式」的寫作不曾做過的事情。

還有很多其他的問題。我對《睡人》的迴響一直很得意，但也有點卻步。奧登和其他人都說《睡人》是傑作，我根本想都不敢想。不過，若果真如此，我看不出接下來的書如何比得上《睡人》。《睡人》寫出這麼豐富的臨床觀察，我的那些醫學界同儕尚且理都不理，假如整本書寫的全是既古怪又主觀的經驗、來自單一主角——我本人，我又能有什麼期待？

到了一九七五年五月，我已經寫完《復活的人》草稿（在喬納森的建議下，後來書名改為《單腿站立》）。我和海卡夫都以為，書應該很快就可以出版。事實上，海卡夫信心滿滿，早就把書列入一九七六至一九七七年即將出版的書目中。

但在一九七五年夏天，當我努力想要完成這本書時，海卡夫和我之間出了問題。喬納森一家人八月去蘇格蘭，讓我住在他們倫敦的家。他們家就在海卡夫家的正對面，說多近就有多近。對於擺在眼前的工作，還有什麼比這更理想？

不過，寫《睡人》的時候，彼此住得很近本來很愉快、很有成效，現在卻不幸有了反效果。我每天早上都會寫作，下午散步或游泳，每晚七、八點左右，海卡夫就會過來。他那時已吃過晚餐，通常也喝了不少酒，動不動便臉紅脖子粗，易怒又好辯。八月的夜晚又悶又熱，大概我的書稿或我自己有什麼事情觸怒他，那年夏天，我既緊張又焦慮，對自己的寫作很沒把握。他會拿起我剛打好字的某一頁，唸某個句子或某一段，然後便大肆抨擊，諸如語氣、風格、內容等等。每個句子、每個想法都要管，擔心得要死（反正我看來是這樣）。我覺得，從前他包容我而表現出來的幽默、親切已蕩然無存，如今處處嚴格挑剔，讓我束手無策。經過這幾晚的討論，我有一股衝動想要撕掉白天的作品，覺得這本書愚蠢至極，乾脆不要寫算了。

一九七五年夏天以荒腔走板告終，使未來幾年蒙上陰影。（不過，處於這種狀況下的海卡夫，我倒是再也沒見過。）那一年，《腿》書終究沒完成。

倫妮阿姨很擔心我：《睡人》寫完了，《腿》書遇到困難，似乎沒有什麼特別的寫作計畫能讓我打起精神。她寫道：「我真的很希望……最適合你的那種作品會出現在你面前，而且一直這麼下去。我堅決主張你必須寫，不管你有沒有這份心情。」兩年後，她又補充說：「不要再惦記那本腿的書了，寫下一本吧！」

接下來的好幾年，《腿》書我寫了很多種版本，一本比一本長，一本比一本曲折離奇。連我寫給海卡夫的信都長得離譜，其中一九七八年的一封信長達五千多字，外加兩千字附注。

我也寫信給盧力亞，他很有耐心又很周到的回覆我那些超長的信。最後，他看我對一本可能存在的書念念不忘，給我發來只有兩個英文字的電報：「DO IT.」隨後他又寫了一封信，信中提到「末梢損傷引起的中央共鳴」。他又說：「你發現了全新的領域……請發表你的觀察。對於改變末梢機能障礙的『獸醫式』治療方法，這或許能發揮作用，並可開啟更深入、更人性化的醫學之路。」

但我還是繼續寫作，不停的寫，寫完又不停的撕。我發現《腿》書比我寫過的任何作品都來得痛苦、艱難。一些朋友、尤其是艾瑞克，看我如此執迷不悟、深陷其中，都勸我放棄這苦差事。

一九七七年，馬克罕（Charlie Markham）造訪紐約，他是從前我在UCLA醫學中心神經科的良師益友。我很喜歡馬克罕，當時他在研究動作障礙，我常跟他待在一起。午餐時，他問起我的工作，大驚小怪說道：「你竟然沒有職位！」

我說，我確實有個職位。

「什麼？那你的職位在哪裡？」他問。他本人最近剛升任為UCLA醫學中心神經科主任。

「在醫學的核心，」我回答：「那就是我的職位。」

「啐！」馬克罕說，比了個不以為然的手勢。

在我的病人紛紛「甦醒」這幾年間，我住在醫院隔壁，每天和他們待在一起，偶爾長達十二或十五個鐘頭。我歡迎他們來找我，有些人比較有活動力，星期天早上會去我那裡喝杯可可，有些人我會帶去紐約植物園玩，就在醫院對面。我監控他們的藥物和不太穩定的神經狀態，但我也竭盡全力，希望看到他們過著充實的生活——盡可能充實，若考慮到他們生理上的限制。這些病人這麼多年來被關在醫院裡動彈不得，我覺得，試著開展他們的生活，是我擔任他們的醫師這角色很重要的一部分。

雖然我在貝斯亞伯拉罕醫院再也沒職位、沒薪水，我仍然定期去那裡。我和我的病人太親近了，以致無法中斷我們之間的聯絡，即使我開始去其他機構看診（遍及紐約市各療養院，從史泰登島到布魯克林區和皇后區）。我成了到處巡迴的神經科醫師。☆

這些地方統稱為「莊園」。在某些地方，我看到人類徹底臣服於醫學的傲慢與技術。在某些情況下，疏忽是故意的、犯法的，比方說：病人幾個小時無人照料，或甚至遭到身體或精神虐待。我在某家「莊園」發現一位髖骨骨折的病人，工作人員不聞不問，劇烈疼痛的他竟然躺在一灘尿裡。在我工作的其他養老院倒是沒有疏失，但除了基本醫療護理之外，什麼也沒有。那些住進這類養老院的人，都需要某種意義——生活、身分、尊嚴、自尊心、某種程度的自主權。但這些卻都遭到忽視或避而不談，「照顧」純粹是機械式的、醫療式的。

我發現，這些養老院的運作方式和二十三號病房一樣可怕，甚至更令人不安，因為我忍不住懷疑，它們是否象徵未來的預兆或模式？

我在安貧小姊妹會（Little Sisters of the Poor）發現到的，和「莊園」正好相反。

我第一次聽說安貧小姊妹會時，還很小，那時我父母都在安貧小姊妹會的倫敦安養院會診，父親擔任家庭醫師，母親擔任外科會診醫師。倫妮阿姨總是說：「奧立佛，萬一我中風或殘廢，把我送去小姊妹會，他們有全世界最好的照顧。」

安貧小姊妹會的安養院很生活化，會考慮到安養者的病情與需求，讓安養者盡可能過著最充實、最有意義的生活。安養者有的曾經中風，有的得了老年失智症或巴金森氏症，有的得了「醫學上的」症狀（癌症、肺氣腫，心臟病等等），有的失明，有的失聰，有的雖然身強體壯，卻是孤家寡人，渴望人情的溫暖與社會群體的接觸。

除了醫療護理，安貧小姊妹會也提供各種非典型療法，例如物理療法、工作療法、語言療法、音樂療法，以及心理治療與輔導（如果有需要的話）。這些非典型療法的效果並不亞於正統治療。除此之外，還有各式各樣的活動，不是什麼新發明的活動，而是真正的活動，譬如園藝及烹飪。許多安養者在安養院裡擁有特殊的角色或身分，從「幫忙洗衣服」到「在教堂裡彈管風琴」都有，有些人還有寵物要照顧。他們會舉辦郊遊，去博物館、賽馬場、劇院、花園等等。有家人的安養者，週末可以外出午餐，假日也可以和親人待在一起。附近學校的小朋友也經常來安養院探視，小朋友自然而然、不知不覺的與這些比他們老七、八十歲的長者互動，和他們建立起真摯的關係。宗教是最重要的，但並非強制性，

✩ 一九七〇年代末及八〇年代初，我在愛因斯坦醫學院的阿茲海默氏症門診也待了一陣子，我曾以其中某些病人為根據，寫了五份長長的病歷故事。我把那些草稿寄給我從前在愛因斯坦醫學院的長官卡茲曼（Bob Katzman），後來他擔任加州大學聖地牙哥分校神經學系的系主任。但不知何故，草稿在寄送途中弄丟了——如同《肌陣攣》的遭遇，這又是一本不見天日的書。

這裡沒有講道說教那一套，沒有傳福音，沒有任何形式的宗教壓力。並非所有的安養者都是信徒，不過修女姊妹們對於宗教非常虔誠，要是沒有如此深厚的奉獻精神，很難想像會有這樣的照顧品質。☆

為了共同的家而放棄自己的家，難免會（或許肯定會）有一段辛苦的調適期。但絕大多數住進安貧小姊妹會安養院的人，都能為自己建立起有意義、愉快的生活，有時甚至比他們多年來熟悉的生活更有意義、更愉快。這連帶確保所有的健康問題都會受到謹慎的監控與治療，而且，到了該走的那一刻，可以走得安心，走得有尊嚴。

這一切所代表的，乃是「照顧」的古老傳統，並且結合了現代醫學所能提供的最佳醫療。這古老的傳統由安貧小姊妹會自一八四〇年代維護至今，事實上，還可追溯至中世紀的基督教會傳統，例如史威特（Victoria Sweet）於《上帝大飯店》書中感人至深的描述。

雖然我對「莊園」感到氣餒、沒多久就不去這些地方了，但安貧小姊妹會鼓舞了我，我很喜歡去他們的安養院。我一直都會去其中的一些安養院，到現在已經四十多年了。

一九七六年初，我收到柯爾（Jonathan Cole）的來信，他是倫敦中央密德薩斯醫院的醫學生。他說他很喜歡《偏頭痛》和《睡人》，又說他進入臨床工作之前，在牛津做過一年感官神經生理學研究。他想知道，在選修課期間（兩個月左右）能不能修我的課。「我想要，」他寫道：「觀察貴部門的方法，並且非常願意融入現有的任何教學課程。」

我感到很窩心、受寵若驚，竟然有學生想來修我的課，而且來自將近二十年前、我在當醫學生時待過的醫院。不過，考慮到我的「職位」，以及只有醫學院才提供得了的教學能力，我不得不打消他的種種想法，於是我回信給他：

親愛的柯爾先生：

感謝你二月二十七日的來信，很抱歉這麼久才回覆。

我的延遲回覆，是因為我不知道該如何回覆。

我的情況大致如下：

我沒有部門。

我不屬於任何部門。

我是個混口飯吃的「吉普賽醫師」，到處打零工，勉強維生而且不穩定。

✰發生不尋常的難題並不少見，此時安貧小姊妹會就展現出仁厚、澄明的胸懷。有一位女性安養者名叫弗羅拉，得了巴金森氏症。左旋多巴對她來說很有效，她卻因為開始出現極逼真的夢而煩惱。服用左旋多巴期間，病人做惡夢或春夢並不罕見，但弗羅拉做的夢，竟是與她父親性交的亂倫夢。她對此深感罪惡，焦慮得不得了，直到她向其中一位修女敘述她的夢境，修女說：「妳不用為晚上做的夢負責。如果是白日夢，那就完全另當別論了。」這真是明理的道德區分，輔以明確的生理區別。

我在貝斯亞伯拉罕醫院全職工作那時候，經常有學生為了選修課而跟著我一段時間，這樣的經驗總是讓我們覺得很愉快、很有意義。但現在的我，可說沒有任何職位或據點或家，只是四處遊走而已。我不可能提供任何正規的教學，或提供任何正式認可的學分。

在各式各樣的門診與療養院裡，跟截然不同的病人相處，非正式的東西我看了、學了、做了很多，而每一個「邊看邊學邊做」的情境，本身自然而然都是一種教學情境。我發現，我在每個地方看到的病人都活得很帶勁，都很有意思、很有意義，我從來沒看過哪位病人沒教我一些新的東西，或激起我新的情感、新的思路。我覺得，那些和我同在這些情境下的人也分享、促成了這股冒險的精神。（我把所有的神經學、所有事物，都視為一種冒險！）

請務必寫信讓我知道事情發展如何。再次重申，我將很樂意以非正式、隨意、四處遊走的方式與你見面，但我絕對無法「安排」任何正規教學之類的東西。

致上最美好的祝福——以及感謝。

奧立佛・薩克斯

這件事的安排及找經費，花了將近一年時間。一九七七年初，柯爾終於來到紐約，跟著我修他的選修課。

我覺得我們兩人都有點緊張：即使我沒有職位，但畢竟我是《睡人》的作者，而柯爾曾在牛津做過感官神經生理學研究，生理學方面的見解顯然比我更老練、更先進。對我們兩人來說，這將是一次嶄新、前所未有的經驗。

我們很快就發現共同的濃厚興趣，我們倆都迷上了「第六感」，亦即「本體感覺」（proprioception）：無意識的、無形的，但可以說，比其他五種感官的任何一種、或全部加在一起，更攸關生死。人可能眼盲又耳聾，如同海倫．凱勒，卻仍然過著相當豐富的生活。但對於「人自身身體的感知」、「人的肢體在空間中的位置與動作」來說，本體感覺至關重要，就身體部位的存在感而言，本體感覺確實非常關鍵。萬一本體感覺失效，人要如何生存？

在平常的生活過程中，這樣的問題幾乎不會出現，本體感覺一直都在，絕對不會打擾自己，而是無聲無息導引我們做每一個動作。如果我不曾有過《腿》書中、那些害我寫得辛辛苦苦（恰好在柯爾來紐約的時候）的那些離奇的失調現象——某種「堵塞了身體很大一部分」的失調現象，我不確定我對本體感覺會不會想這麼多。我想到的是，由於本體感覺的崩潰，如此徹底的崩潰，以致我不看的話、就說不出來「我的左腿在哪裡」，也不能說、或不覺得那是「我的腿」。

而且很巧合的是，大約在柯爾來紐約那時候，我的同事好友羅蘋（Isabelle Rapin）給我送來一名年輕的女病人。由於病毒性疾病的關係，她突然失去所有的本體感覺和頸部以下的觸覺。☆一九七七年的柯爾還不知道，在未來，他的生活、以及另一名患有相同症狀的病人的生活，將會多麼徹徹底底的揉雜在一起。

柯爾跟著我一起去安貧小姊妹會和遍及紐約市的其他療養院，看到形形色色的病人。有一位病人令我們記憶特別深刻，這名男子得了柯薩科夫症候群（Korsakoff's syndrome，又稱健忘症候群），他的健忘迫使他不停的擺烏龍。在三分鐘的過程中，「湯普森先生」（我後來都這麼稱呼他）把穿著醫師白袍的我誤認成：他熟食店的客人、跟他一起去比賽的老朋友、猶太人屠夫、加油站的服務生等等。後來，經由一些提示，他才猜到我可能是他的醫師。✱由於他一個接一個的誤認或虛構，太滑稽了，我忍不住放聲大笑，把冷靜持重的柯爾嚇了一跳，因為我看起來好像在嘲笑病人。可是來自愛爾蘭、熱情洋溢的湯普森先生也開始大笑，笑他自己柯薩科夫式想像力的滑稽舉止，這時柯爾才開懷的笑了起來。

我去看診時，習慣隨身攜帶攝影機。攝製影片在那個年代頗為新奇，醫院裡很少用。柯爾對於攝影功能與即時播放很好奇，他對此深深著迷。舉例來說：巴金森氏症病人渾然不覺自己的動作愈來愈快或歪向某一邊，柯爾看到，他們透過觀看影片中自己的姿勢或步態而意識到這一點，並且學習如何糾正這些動作。

我帶柯爾去貝斯亞伯拉罕醫院好幾次，他尤其熱中於見到他在《睡人》書中讀過的病人。他告訴我，他覺得很不可思議，我竟然能夠寫下這些病人的故事，甚至為他們拍紀錄片，還繼續被他們視為值得信賴的醫師，而不是利用或背叛他們的人。八年後，當柯爾遇見改變他一生的男子沃特曼（Ian Waterman）時，腦子裡想的肯定都是這件事。

如同前述那位「靈魂與軀體分家了」的女子克莉斯汀娜，沃特曼也患了非常嚴重的感覺神經病變。原本身強力壯的他，在十九歲那年，病毒突然剝奪了他頭部以下所有的本體感覺。在這種罕見的情況下，大多數人幾乎完全無法控制自己的四肢，不得已只能爬行或坐在輪椅上。但沃特曼發現許多神奇的方法來應付自己的情況，竟能過著相當正常的生活，儘管他有嚴重的神經缺陷。

我們其餘的人自然而然就具有本體感覺，無需有意識的監管便發生了，沃特曼卻要在有意識的考慮和監控下才做得到。當他坐著時，必須有意識的讓自己保持挺直，不然就會往前倒，走路時一定要繃緊膝蓋、眼睛緊盯著動作。少了本體感覺這「第六感」，他必須以視覺來代替。這樣的全神貫注，意味著他不太能一心二用。他可以站，也可以說話，但為了要站著說話，他必須靠在支撐物上。他可能看起來完全正常，但如果燈光突然無預警熄滅，他就會倒在地上無可奈何。

多年來，柯爾和沃特曼已經建立了深厚的關係——醫師與病人的關係、研究人員與研

✡ 幾年後，我在《錯把太太當帽子的人》書中，以〈靈魂與軀體分家了〉為章名，講述了這位年輕女病人的故事。

✡ 在《錯把太太當帽子的人》書中，第十二章〈失去現實感的人〉就是在描述湯普森先生。

究對象的關係，而且，愈來愈像是同事與朋友的關係。在這段長達三十年的合作過程中，柯爾寫了數十篇科學論文及一本很優秀的書《尊嚴與日日苦戰》，說的都是沃特曼。（他目前正在寫續篇。）

看到我的學生柯爾如何讓自己成為著名的醫師、生理學家、作家，多年來，很少有什麼事情比這讓我更感動的了。現在的他，是四本重要書籍與一百多篇生理學論文的作者。✲

一九六五年搬到紐約之後，我開始騎摩托車去鄉間小路探險，尋找合適的地方度週末。某個星期天，騎車經過卡茨基爾山區時，我發現一間風景如畫的湖濱木屋旅館——傑佛遜湖旅館。旅館主人格魯伯夫婦，名字分別為妻與柏莎，是一對和藹的德裔美籍夫婦，我們很快就互相認識。他們很關心我的摩托車，對我特別好，讓我把車子停在大廳裡。這很快就變成當地人熟悉的週末景象。「醫師又來了，」他們一看到摩托車都會這麼說。

我特別喜歡星期六晚上的老酒吧，坐滿了形形色色的人物（有的聊天說故事、有的飲酒作樂），還掛滿了展現一九二〇、三〇年代旅館鼎盛時期風貌的老照片。我的寫作有很多都是在吧檯旁的小凹座完成的。我獨自一人坐在那裡，很隱密，沒人看見我，而且酒吧裡活力四射，會令我興奮激動起來。

經過十幾個週末，我與格魯伯夫婦達成協議：我會在旅館地下室租一個房間，想來就來、想走就走，並且存放我的東西——基本上是打字機和游泳裝備。我可以擁有這個房間，還可享用廚房、酒吧、旅館的所有設施，每個月只要美金二百元。

傑佛遜湖邊的生活很健康、簡樸。一九七〇年代初我就不騎摩托車了，因為我開始發現，紐約市的交通太危險，騎摩托車不再是一種樂趣。但我車上都會架一部自行車，可以在漫長夏日裡騎上幾個小時。我常在旅館附近的老蘋果酒廠停下來，買兩瓶蘋果烈酒，各約兩公升，把酒瓶掛在車把上。我喜歡喝蘋果酒，那兩瓶酒慢慢的喝、對稱的喝（這瓶喝一口，那瓶喝一口），讓我騎自行車一天下來保持水分充足，並且略帶醉意。

有一座馬廄離旅館不遠，星期六早上，我偶爾會去那裡待幾個小時，騎一匹超大的法國佩爾什馬，這種馬的馬背極寬，簡直像是在騎大象。我那時體重超過一百一十公斤，但那隻龐然大物對我的體重似乎渾然不覺，我想起牠原是全副武裝的騎士和國王在騎的那種馬，據說全副武裝的亨利八世重達二百三十公斤。

不過，最大的樂趣，則是在波瀾不興的湖裡游泳，可能偶有漁夫懶洋洋的搖槳而至，

✿ 一九九〇年代初，我把柯爾介紹給我的朋友艾雯絲（Marsha Ivins），她是太空人，曾參與五次太空梭飛行任務。她告訴我，她曾在地球軌道上閱讀〈靈魂與軀體分家了〉。我們很想知道，沃特曼在太空會怎樣？很懂地心引力的艾雯絲說，最近似的方法，就是去搭太空人訓練機——鼎鼎大名的「嘔吐彗星號」（Vomit Comet），藉由急速爬升然後俯衝，在短時間內讓乘客從將近二倍的重力加速度降到無重力狀態。大多數的人在無重力狀態下都感到全面失重，在二倍重力加速度下都感到相對沉重，但沃特曼兩者都感覺不到。

卻無汽艇或高速滑艇來威脅心不在焉的游泳人。（傑佛遜湖旅館的全盛期已過，精心製作的游泳臺、木筏、亭子全然荒廢，悄悄的漸漸腐爛。）游泳游到不知過了多久，游到無憂無慮，讓我整個人放鬆，大腦得以繼續運作。念頭、意象、有時甚至整個文章段落，會開始游進我的腦海裡，讓我不得不頻頻上岸，將這些東西一股腦兒倒進我放在湖邊野餐桌上的黃色本子。偶爾我會急到來不及擦乾身體，便濕答答的趕快衝去本子那裡。

據說艾瑞克和我是在嬰兒車裡認識的，將近八十年來，我們依然是最要好的朋友。我們經常一起旅行，一九七九年我們搭船去荷蘭，租自行車騎遍荷蘭各地，騎回到我們最喜歡的城市阿姆斯特丹。我好些年沒去荷蘭（但住在英國的艾瑞克倒是常去），竟然有人在咖啡店公然賣大麻，讓我非常驚訝。當時我們坐在咖啡桌旁，一名年輕男子走過來，以熟練的手勢打開某種折疊式皮夾，裡頭裝了十幾種大麻和大麻麻醉劑。在一九七〇年代的荷蘭，擁有及使用適量的大麻是完全合法的。艾瑞克和我買了一包，但後來我們忘記抽了。事實上，我們根本忘了我們買過大麻，直到我們去海牙，準備搭船回英國、過海關時才想起來。我們被詢問例行性的問題。

在荷蘭有沒有買什麼東西？他們問。也許買了酒？

「有，荷蘭琴酒，」我們回答。

香菸呢？沒有，我們不抽菸。

大麻呢？哦，有，我們完全忘記這回事了。「嗯，抵達英國之前要扔掉，」海關官員說：「這東西在那裡是不合法的。」

我們把大麻帶在身上，想說在船上可以享受一下。

我們真的抽了一點點，然後就把剩下的整包扔到海裡去了。也許不只抽了一點點，我們倆很多年沒抽了，而且大麻比我們預期的還要強。

幾分鐘後我四處亂逛，結果發現自己在船長駕駛艙附近。暮色蒼茫，駕駛艙看起來很迷人，彷彿童話故事裡的畫面。正在導航的船長，雙手放在舵輪上，一名年約十歲的小男孩站在他身旁，迷上了船長的制服、黃銅與玻璃儀表盤，以及船頭前方不斷分開的海水。我發現門沒上鎖，於是也進到駕駛艙裡。船長和身旁的小男孩都沒有受到我的干擾，我靜靜的站在船長的另一邊。船長向我們展示他如何開船，向我們展示所有的儀表盤，小男孩和我問了他很多問題。我們太專心了，以致完全忘了時間，當船長說我們正接近英國沿岸的哈里奇鎮時，我們都嚇了一跳。兩人離開駕駛艙——小男孩去找他的父母，我去找艾瑞克。

當我找到艾瑞克時，他因為焦急而略顯得憔悴，一看到我幾乎喜極而泣。「你在哪裡？」他說：「我到處找你，還以為你跳船了。謝天謝地你還活著！」我告訴艾瑞克，剛才我在船頭的船長駕駛艙裡玩得很開心。那時，我被他的話和表情的緊張程度嚇了一跳，我說：「你關心我，你真的很在意我！」

「當然，」艾瑞克說：「這還用懷疑嗎？」

不過，很難相信有人會在意我。我覺得，有時我無法了解父母有多在意我。直到現在，讀著五十年前我來美國時他們寫給我的信，我才知道他們的關心有多深。

或許很多人也都一直深深的關心我——想像自己缺乏別人的關愛，這是不是自卑或自我壓抑的一種投射作用？我聽過一個電臺節目，專門報導二次世界大戰期間被迫撤離的那些人的回憶與感想，他們很小的時候就與家人分開。記者所討論的是：這些人歷經童年的傷痛歲月，後來調適得好不好？「還好，」一名男子說：「但是有三種感覺，我還是很渴望擁有：親密感，歸屬感，信任感。」在某種程度上，我覺得我也是這樣。

一九七八年九月，我寄了更多《腿》書的稿子給倫妮阿姨，她回信說，她現在覺得這應該會是「一本快樂、雀躍的書」。看來我終於轉移到其他興趣，這讓她鬆了一口氣。到了信的結尾，她提到一件令人擔心的事：

我在等著進醫院，因為我的外科醫師認為，我那討厭的食道裂孔疝該動個大手術了。你爸和大衛似乎不太贊成，但是醫師非常好心、非常棒，我對他很有信心。

這是倫妮阿姨寫給我的最後一封信。她進了醫院，卻出了差錯。本該是簡單的小手術，竟演變成嚴重到幾乎要切除臟器。當倫妮阿姨獲悉此事，她覺得成天吊點滴、等著癌症擴散的生活是不值得的。她下定決心停止進食，但會喝水。我父親堅持要她去看心理醫師，但心理醫師說：「她是我見過最理智的人。你必須尊重她的決定。」

一聽說這個消息，我立刻飛回英國，在倫妮阿姨的床邊陪她度過許多快樂卻又無比難過的日子，眼睜睜看著她愈來愈虛弱。除了身體虛弱，她完完全全仍是原來的她。當我不得不回美國時，我在漢普斯特荒野公園花了一個早上，蒐集我所能找得到的、各種不同的樹葉，拿去給她。她很喜歡這些樹葉，全都認得出來，還說這些樹葉帶她回到了德拉米爾森林的那段歲月。

一九七八年底，我寄了最後一封信給她，不知道她讀了沒：

最最親愛的倫妮阿姨：

我們大家都一直熱切期盼，這個月能看到妳恢復健康。但是，唉！事與願違。當我聽說妳的虛弱、妳的痛苦，又聽說現在的妳但求一死，我心都碎了。一向熱愛生命的妳，一直是這麼多人的力量與生命泉源，妳能面對死亡，甚至從容而勇敢的選擇死亡，想必也夾雜著離世的傷悲。我們，我，一想到失去妳，還是怎麼也承受不了。妳一直是我在這世上最親愛的人。

我抱著一線希望，但願妳能平安撐過這場苦難，重回圓滿快樂的生活。但若天不從人願，我一定要感謝妳——感謝妳，再三感謝妳。

最後要感謝的是，感謝妳活著，感謝妳之為妳。

愛妳的奧立佛

在世俗的社會環境下，我很害羞，我不太能輕鬆自在的搭訕閒聊，我不太會認人，一輩子都這樣，現在我視力受損，更糟。對於時事，我了解不多、興趣不大，無論是政治、社會，或是性。現在又加上重聽（耳朵愈來愈聾的禮貌性說法）。由於這一切，我很容易躲進角落裡，讓自己隱形，希望沒人注意到我。一九六〇年代，當我去同性戀酒吧想要認識別人，這點讓我很吃虧，我會焦慮不堪，擠在小角落裡，一個小時後無功而返，既孤單又難過，卻反而鬆了一口氣。然而，在宴會或其他地方，如果我發現某人的興趣和自己的某些興趣相同（通常是科學，例如火山、水母、重力波什麼的），那我就會立刻打開話匣子；不過片刻之後，我可能就不認得跟我說過話的人。

我幾乎從來沒和街上的人說過話。但幾年前，有一次月食，我拿我的二十倍小望遠鏡出去外面看。走在繁忙街道上的行人，對他們頭頂上方壯觀的天文事件似乎渾然不覺，所以我把人家攔下來，說：「你看看！你看月亮是怎麼回事！」還把我的望遠鏡塞到他們手裡。這種攔路的方式把人家嚇一大跳。可是，我那顯然是單純的熱心，讓他們很好奇，便舉起望遠鏡來看，一「哇！」完，就把望遠鏡還給我，說：「嘿，大哥，謝謝你讓我看那個東西。」或是說：「天哪，謝謝你指給我看。」

當我經過我住的大樓對面的停車場，我看到一名女子和停車管理員在激烈爭執。我走過去對他們說：「先別吵了，看一下月亮吧！」嚇一跳的他們停下來，仰頭看看月食，把望遠鏡傳給對方。然後，他們還給我望遠鏡，謝謝我，立刻繼續他們激烈的爭吵。

幾年後又發生類似的事件，當時我正在寫《鎢絲舅舅》，寫到有關光譜的章節。我拿著小小的口袋型分光鏡在街頭亂逛，透過分光鏡來看不同的燈光。形形色色的光譜線令我驚嘆不已，譬如鈉燈的燦爛金色光線、霓虹燈的紅色光線、鹵素水銀燈和稀土磷光的複雜光線等等。經過我家附近的一間酒吧時，我被裡頭色彩繽紛的燈光給吸引，於是把分光鏡壓在窗戶上，好檢視這些光。然而，我拿著怪怪的小儀器在窺探酒吧顧客（他們心想），這反常的舉止，明顯引起他們的騷動，所以我壯起膽子踏進酒吧（同性戀酒吧），說道：「大家別再談論性了！來看看真正好玩的東西吧。」人人目瞪口呆，但我那幼稚天真的熱情再度得逞，大家開始把分光鏡傳來傳去，紛紛說：「哇！酷斃了！」之類的，等大家輪流看完分光鏡，說聲謝謝，還給我，便又繼續回到性的話題。

我和《腿》書又奮戰了好幾年，終於在一九八三年一月把完稿寄給海卡夫，前前後後寫了將近九年。書的各個章節都用不同顏色的紙打字，打得很工整，不過整份書稿超過三十萬字。書稿分量之多，令海卡夫很火大，書的編輯幾乎花了一九八三年整整一年。最後的版本縮減至不到原稿分量的五分之一，只剩區區五萬八千字。

儘管如此，我把整本書都讓給海卡夫去決定，這令我大大的鬆了一口氣。我一直沒能讓自己擺脫某種迷信，總覺得一九七四年的那場意外，正等著再來一次；假如我沒有在書上公開這整件事來消災解難，就一定會再發生。現在書完成了，我不再處於整件事情捲土重來的風險中。但潛意識比我們所了解的更捉弄人，十天後，在冰天雪地的布朗克斯，我竟然又笨拙不堪的摔了一跤，我怕得要命的意外，果真重演了。

我把車子開進城市島的一間加油站。我把信用卡遞給加油員，想說自己只是打開車門、站起來伸展一下。結果我一走出車外，便滑倒在一片黑冰上。等加油員拿著收據回來，發現我竟倒在地上，一半身體在車子底下。

他說：「你在做什麼？」

「在做日光浴，」我回答。

他又說：「不會吧，發生了什麼事？」

我說：「我摔斷了一隻手臂和一條腿，」聽完這話他回答：「你又在開玩笑了。」

「不，」我說：「這次我不是在開玩笑，你最好去叫救護車。」

等我到了醫院，住院外科醫師問我：「你手背上寫的是什麼東西？」（我那裡寫了字母CBS。）

我說：「哦，那是一位有幻覺的病人，她得了邦納症候群，我正開車要去看她。」☆

他說：「薩克斯醫師，現在你才是病人。」

當海卡夫聽說我在醫院裡（《腿》書的校樣寄來時，我人還在那裡），他說：「奧立佛，你為了給這本書下注腳，什麼事都做得出來！」

從一九七七年到一九八二年，《單腿站立》終於大功告成，部分內容是在傑佛遜湖游泳游出來的。席伯曼（Jim Silberman）是我在美國的編輯與發行人，當我把傑佛遜湖那些章節寄給他時，他頗為煩惱。他說他已經三十年不曾收到手寫稿，而且這篇稿子看起來彷彿曾經掉進澡盆裡。他說稿子不只需要打字，還得辨認字跡，於是把稿子寄給他的前編輯——凱特．艾德格（Kate Edgar），她目前是自由工作者，住在舊金山。我那水跡斑斑的模糊手稿上，全是亂七八糟的不完整句子、箭頭、不太明確的塗塗改改，結果回來時打字打得美美的，還標注了高明的編輯見解。我寫信跟艾德格小姐說，我覺得她完成了一項偉大的工作，把這份非常難懂的手稿處理得非常好，如果她回東岸，一定要來找我。

隔年（一九八三年）凱特回到東岸，從此便一直擔任我的編輯與合作伙伴。我的許多

✫ 我本來打算寫下她的故事，包含在《錯把太太當帽子的人》書裡，但是到頭來，我等了超過二十五年，才把邦納症候群（Charles Bonnet syndrome）寫在《幻覺》一書中：第一章〈沉默的大眾：邦納症候群〉。

草稿可能曾把韋梅思和海卡夫逼得快瘋掉，但過去三十年來，我一直很幸運有凱特像他們一樣，幫我把沒完沒了的草稿釐清、淬煉成連貫的整體。

此外，她一直是我後續所有著作的研究人員與伙伴，陪我會見病人、聽我講故事，並且和我一同探險，從學習手語到造訪化學實驗室。

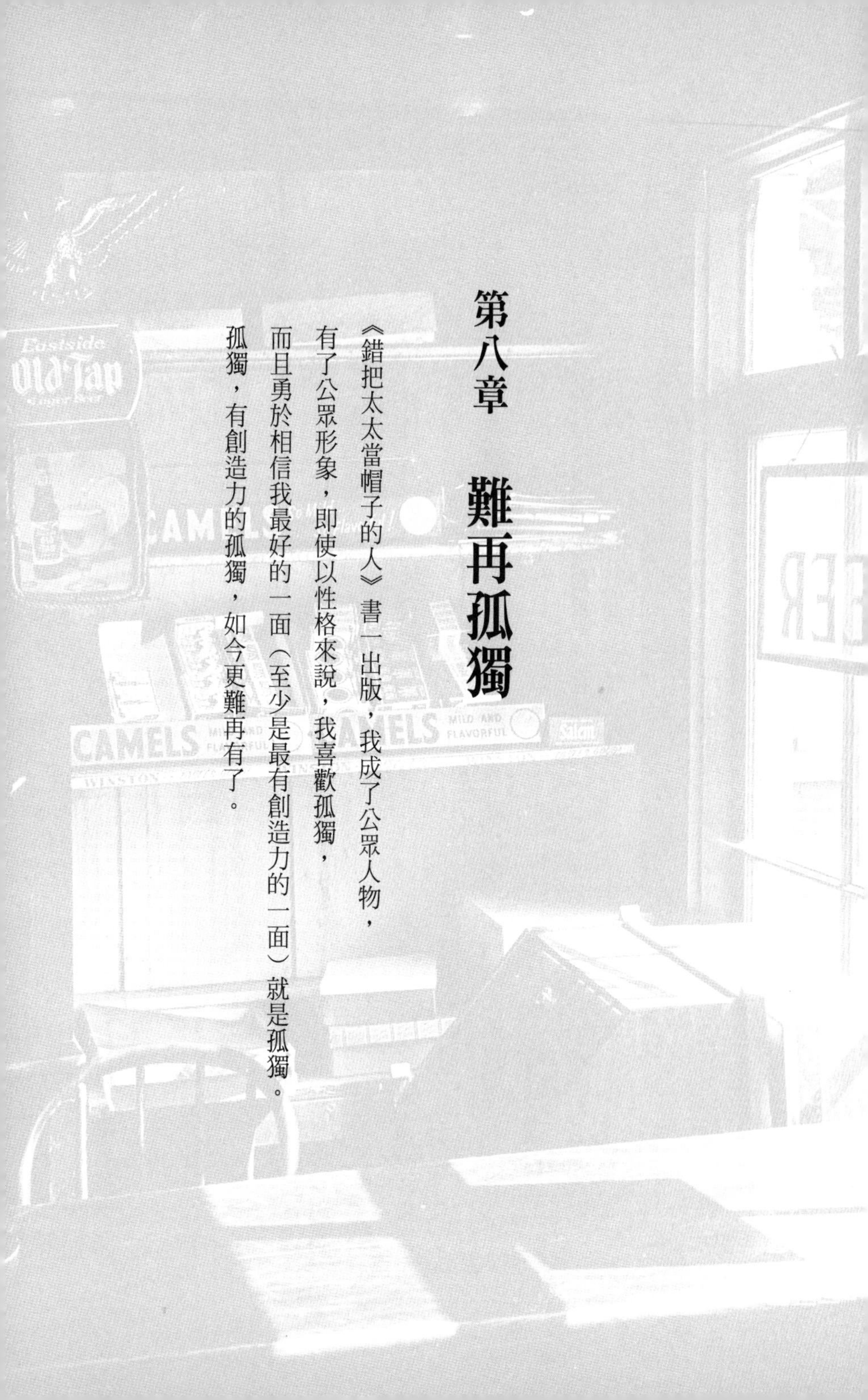

第八章　難再孤獨

《錯把太太當帽子的人》書一出版，我成了公眾人物，有了公眾形象，即使以性格來說，我喜歡孤獨，而且勇於相信我最好的一面（至少是最有創造力的一面）就是孤獨。孤獨，有創造力的孤獨，如今更難再有了。

雖然《單腿站立》花了我將近十年才寫完，但這段期間我也研究了其他課題。其中最主要的是妥瑞氏症。

一九七一年，《紐約時報》記者申克（見第191頁）又來找我，一九六九年夏天他來過貝斯亞伯拉罕醫院，曾發表長篇文章，談到左旋多巴一開始的藥效。現在他又打電話給我，問我病人怎麼樣了。

我回答他，許多病人正享受著左旋多巴帶來的持續「甦醒」，但某些人對左旋多巴有奇怪而複雜的反應。我說，最重要的是，他們會不停的抽搐。其中有很多人開始出現突然的抽搐動作或聲音，時而迸出咒罵連連，我認為，這可能是來自激增的皮質下機能活化作用，之前這些機能受到原有疾病的損傷，現在則因左旋多巴的連續刺激而活躍起來。我向申克指出，從所有的這些多發性抽搐及咒罵來看，某些腦炎後型病人顯現的症狀，看起來像是一種罕見疾病，稱為妥瑞氏症。我從未實際看過妥瑞氏症病人，但我讀過這種疾病。

因此，申克再次來到醫院觀察，並且採訪病人。文章預計刊登的那天，我老早就衝去阿勒頓大道上的報攤，買剛出爐的早報。

申克詳細說明了他所謂「抽搐之驚人面貌」的細微差別。他提到一名女子會出現「緊閉眼睛」的抽搐，而且有辦法把這種抽搐轉化成「握緊拳頭」的抽搐，另一名病人則是藉由專心打字或織毛線來趕走她的抽搐。

文章發表後，我開始收到許多人的來信，是那些有多發性抽搐現象的人，想要尋求醫學建議。我覺得見他們並不恰當，因為這會有靠報紙文章從中獲利的意味。（這不正是那年稍早、父親對《泰晤士報》刊登《偏頭痛》書評的反應？）

不過，我的確見了一位很執著、很有趣的年輕人，我稱呼他為小雷。他渾身上下都會抽搐，而且滿口他所謂的「抽筋鬼話」和「精靈鬼話」，自稱是「鬼靈精怪的小雷」。我對發生在他身上的狀況極感興趣，不僅是他的疾速抽搐，還有他的敏捷思維與急智，以及為了應付本身的妥瑞氏症而發現的方法。他有一份不錯的工作，而且婚姻美滿，但他走在街上無法不引人側目，從五歲起，他便頻頻招來令人不知所措或不滿的目光。

小雷有時認為，他的「妥瑞分身」（他稱之為T先生）有別於他的「本尊」，正如平時寡言矜持的腦炎後型女病人法蘭西斯，她覺得自己有個「狂野多巴分身」，與她文雅的「本尊」截然不同。

「妥瑞分身」讓小雷既衝動又無法自持，而且讓他的一般對答反應超乎尋常的快。他打乒乓球幾乎戰無不勝，與其說他技巧高超，不如說他發球與回擊太快、令人難以捉摸。（這很類似腦炎後型病人早期的情況，他們在受到巴金森氏症與肌肉僵直症的禁錮之前，往往既過動又衝動，在這種狀態下踢足球，有可能打敗正常的球員。）生理上的敏捷與衝動，結合音樂天分，使小雷成為非常厲害的即興鼓手。

一九六九年夏天、秋天，我在腦炎後型病人身上看到的情形，我以為再也看不到了。認識小雷之後，我意識到，妥瑞氏症說不定是另一個同樣珍貴而豐富的研究題材。

和小雷見面的第二天，在紐約街頭，我覺得我看到有三個人得了相同症狀，再隔天又看到另外兩個人。這讓我很驚訝，因為在當時，妥瑞氏症被描述成極為罕見，一百萬人之中大概只發生在一、兩人身上。但是現在我意識到，這種病肯定更普遍至少一千倍。我心想，以前的我一定是瞎了眼才看不出來，和小雷相處過之後，才讓我那「神經學之眼」（可以這麼說）得以看見妥瑞氏症。

我認為一定有很多人像小雷一樣，我幻想把這些人聚在一起，這樣他們就可以找到生理上與心理上的認同感與親近感，組成某種情如手足的社團。一九七四年春天，我發現，此一幻想竟已成真：早在兩年前，妥瑞氏症協會（TSA）已由一群「妥瑞兒」家長創立於紐約，但現在也包含大約二十名成年的「妥瑞人」。一九七三年，我曾看過一位患有妥瑞氏症的小女孩，她父親是心理醫師及TSA的創始成員，他邀請我去參加會議。

「妥瑞人」往往特別容易接受催眠與暗示，並傾向於不自覺的重複與模仿。在首度參加的那場TSA會議上，我便看出這點，當時一度有一隻鴿子飛到會場外的窗臺上。鴿子張開又闔上翅膀、抖了抖，然後安靜下來。有七、八位妥瑞人坐在我前面，我看到其中有幾個人以手臂及肩胛骨做出拍翅的動作，與鴿子或彼此相呼應。

到了一九七六年底，在TSA會議上，年輕小伙子約翰跑來跟我說：「我是世界上最偉大的妥瑞人。我的妥瑞氏症是你看過最複雜的。我可以教你有關妥瑞氏症的東西，那些東西別人都不知道。你想不想把我當成標本來研究？」這古怪的邀請夾雜了自誇與自貶，我有點嚇到，於是我提議在我辦公室碰面，到時候再決定進一步的研究是否有成效。他在我面前表現出來的樣子，不是需要幫助或治療的人，而是「研究項目」。

看到他的抽搐及言語表達的速度與複雜性，我認為，看診時手邊有部攝影機，應該會很有幫助。所以我租了一部當時找得到的最小巧的索尼手提攝影機，重約九公斤。

我們進行了兩次「勘察會談」，約翰果然如他所言。他表現出來的景象（他不得不忍受的景象），其複雜性或嚴重性確實前所未見，連任何近似的情況也前所未聞，我心裡暗稱這是「超級妥瑞氏症」。我很慶幸已用攝影機記錄下來，因為他的某些抽搐及異常行為發生在幾分之一秒內，偶爾還會同時發生兩種以上。他的抽搐太多太快，肉眼根本來不及看清楚，但我可以用攝影機來捕捉一切，還能以慢動作或逐格播放。我也可以跟約翰一起檢視影片，他可以隨時告訴我每次抽搐時在想什麼、或是有什麼感覺。我聯想到，用這種方法也許能做抽搐解析，類似夢的解析。說不定，抽搐就是通往潛意識的捷徑。

這想法後來我放棄了，因為絕大多數的抽搐及抽搐式行為（衝來衝去、跳來跳去、咆哮），在我看來，似乎是由腦幹或紋狀體（striatum，位於皮質下，能接收來自大腦新皮質的訊息輸入）的反應性或自發性觸發引起的。就此意義而言，這些是生物現象，並非由精神作主。但也有明顯的例外，尤其是在穢語方面，亦即強迫式、抽搐式的咒罵或髒話連連（以及等同穢語的動作，比如猥褻動作或淫穢手勢）。約翰喜歡引人矚目，喜歡激怒或欺負別人，這種試探社交禮儀界限的「難以抑制的衝動」，在妥瑞氏症病人身上並不少見。

尤其令我驚訝的是，約翰常常邊抽搐邊發出奇怪的聲音。我錄下這些聲音，以慢速播放，將聲音拉長，才發現他說的其實是德文verboten！（意為禁止）——因急速抽搐而擠壓成不知所云的單音。當我向約翰提到這件事，他說小時候只要一抽搐，講德語的父親就會如此訓斥他。我寄了一份錄影帶拷貝給盧力亞，他說這種現象是「父親聲音的心力內投而形成抽搐」，對此很感興趣。

我感覺到，許多抽搐及抽搐式行為，都是在非故意與故意之間遊走，介於反射動作與自主動作之間，起源於皮質下，但有時被賦予意義與意圖，無論有意識或無意識。

某夏日，約翰在我辦公室裡，一隻蝴蝶從打開的窗戶飛進來。蝴蝶一路高高低低飛來飛去，約翰的頭和眼睛也跟著突然不規律的抽搐，嘴裡冒出滔滔不絕的甜言蜜語及咒罵：「我要吻你，我要殺你！」他唸個不停，後來又簡化成：「吻你，殺你，吻你，殺你。」碎碎唸了兩、三分鐘之後（只要蝴蝶還在身邊飛來飛去，他就似乎停不下來），我開玩笑說：「假如你真的集中精神，就可以無視於蝴蝶的存在，即使牠停在你的鼻子上。」

話才說完，他便抓住鼻尖拚命扯，彷彿要把停在鼻子上的好大一隻蝴蝶趕走。我懷疑他那過於生動的妥瑞式想像力，是否已跨越成為幻覺，把蝴蝶的幻影猶如變魔術般，在感知上變得和真正的蝴蝶一樣真實。我的眼前彷彿正上演「意識完全清醒的一場小惡夢」。

一九七七年的頭三個月，我密集和約翰一起工作，期間所產生的驚奇感、探索感與知性的興奮感，比一九六九年夏天「腦炎後型病人甦醒」以來、任何事情給我的感受都要強烈。認識小雷之後，我早就想寫一本有關妥瑞氏症的書，現在那種感覺又更強烈了。我想來想去，這本書要以約翰為中心人物——也許是「超級妥瑞氏症」病人的綜合體，或是他們「真實生活中的一天」。

起了頭之後，前途大有可為，我認為展開全面性的研究會非常有幫助。但我告誡約翰說，這樣的研究基本上是一種探索、調查，不能保證有治療效果。這麼一來，這項研究可能會類似盧力亞的《記憶大師的心靈》，或佛洛伊德的《夢的解析》——我們進行「妥瑞解析」幾個月以來，那兩本書一直陪在我身邊。

每星期六我都在我的辦公室為約翰看診，並且用兩部攝影機同時錄下我們的會談，一部聚焦於約翰的臉和手，另一部則以較廣角的視野錄下我們兩人的畫面。

約翰星期六早上開車到我辦公室，經常會在路上的義大利雜貨店停下來，給自己買三明治和可樂。雜貨店生意很好，總是滿滿的人潮，約翰竟能把這些人形容得栩栩如生、甚至模仿得唯妙唯肖，不知他是如何辦到的。我一直在讀巴爾扎克（Honoré de Balzac）的書，曾向約翰引述他所說的話：「我的腦子裡有一整個社會。」

「我也是，」約翰說：「不過是以模仿的形式。」這些立即、不自覺的模仿及有樣學樣，往往帶有誇張或嘲弄的味道，不時引來周圍人們驚訝或憤怒的目光，他便又一一模仿或嘲諷回去。坐在辦公室裡聽他描述及搬演這樣的場景，我開始思考，或許我有必要和他一起走上街頭，去親眼目睹這樣的互動。但要做這件事讓我很猶豫，我不想讓他變得很刻意，感覺自己一直被觀察（基本上是被拍攝，如果我帶著手提攝影機的話），也不想在星期六上午的例行會面之外，太打擾他的生活。可是我又想，如果能記錄這樣一位「超級妥瑞人」生活中的一天或一星期，肯定會很有價值。這可以提供人類學或行為學的觀點，藉以補充辦公室裡的臨床學及現象學觀察。☆

我聯繫了一組人類學紀錄片製片人，他們剛從新幾內亞某部落拍片回來。他們對「醫學人類學」這概念很感興趣。但一星期的拍攝工作，他們竟要價五萬美元，我根本拿不出這筆錢，五萬美元比我一整年賺的錢還多。

我向達拉斯提到這件事（我知道約克郡電視臺有時會贊助紀錄片的實地拍攝），他說：「我何不來看看他？」幾個星期後，達拉斯來了，他也認為，約翰的與眾不同，果真前所未見，而且他非常善於表達及表現自己。達拉斯想幫他拍一部完整的紀錄片，這個想法讓看過《睡人》紀錄片的約翰興奮不已。然而，此時的我卻沒那麼熱中，而且有點煩惱，因為約翰那廂似乎太過熱情，或許也期望過高。我想要和他一起繼續默默探索，而現在的他，卻夢想成為電視紀錄片的焦點人物。

約翰說過他很喜歡表演、喜歡製造場面、喜歡成為眾人矚目的焦點，但事後又會避免回到當初他製造出此等場面的地方。那些場面和表演確實很出風頭，不過卻是源於他的抽搐。如果他的表演被影片捕捉下來，變成他無法抹去的永久形式，他會如何反應？在達拉斯「勘察訪問」期間，我們三個人對這一切都仔細討論過，達拉斯竭力表示，約翰可以去英國參與任何階段的影片剪輯。

影片拍攝完成於一九七七年夏天，約翰處於自己的最佳狀態：渾身淨是抽搐與滑稽動作，不由自主卻又很好玩——逗趣、即興，一有觀眾就會模仿。但談到類似他這樣的生活時，也非常謹慎、嚴肅，往往極為感人。我們一致認為，一部卓越、平衡、非常人性化的紀錄片即將誕生。

拍片結束後，約翰和我一同回到屬於我們自己的安靜會談，但此時我在他身上觀察到一種矛盾，一種我以前沒看過的退縮。當達拉斯邀請他去倫敦積極參與剪輯時，他竟拒絕了邀請。

一九七八年初，影片在英國電視上映，備受矚目、佳評如潮。約翰收到大量的來信，都是同情他、欽佩他的觀眾寄來的。起先他對紀錄片非常自豪，會秀給他的朋友和鄰居看，但後來他對此變得非常心煩意亂，最重要的是，他竟把氣出在我身上，說我把他「出賣」給媒體（根本忘了當初最想拍影片的人是他，說要審慎考慮的人是我）。他希望封鎖這部影片，永遠不許上映，而且我拍的那些錄影帶也一樣（此時總共有一百多卷）。如果再播

✰ 在《錯把太太當帽子的人》書中的第十四章〈千面女郎〉裡，我描述了第一次這麼做的經過。不過我把約翰塑造成一位老太太，藉以隱藏他的身分。

出影片，如果播出任何一卷錄影帶的話，他說他一定會追殺我。我震驚極了，不知如何是好。但我允諾他的願望，紀錄片再也沒播過。

可是，唉，這滿足不了他。他開始打電話威脅我，起先這些電話只有幾個字，「記得妥瑞這個人」，因為他知道我非常清楚：妥瑞本人被自己的一位病人開槍射中頭部。☆

在這種情況下，我不能把約翰的任何影片秀給別人看，連我的醫學界同儕也不行。這實在很令人沮喪，因為我覺得這些影片是非常珍貴的資料，從中獲得的啟發，不僅在於妥瑞氏症的許多層面，而且在於少有人知的神經科學層面與人性層面。我心想，只要根據這部影片五秒鐘的片段，我就可以寫出一整本書，但我從來沒寫過。

我原本寫了一篇和約翰有關的文章，準備在《紐約書評》雜誌發表。我把它撤掉了，文章已經在校對中，但此時出版的話，我很擔心會激怒約翰。

我比較能理解約翰的想法，是因為一九七七年秋天，《睡人》紀錄片在一場精神病會議中播放，放映時不斷有人打岔，而那個人原來是約翰的姊姊。我們後來聊到這件事，她說她覺得紀錄片讓這樣的病人曝光很「令人震驚」。她很擔心她弟弟會在電視上曝光，她又說，像他弟弟這樣的人應該藏起來。我這才體會到，約翰對於拍片的矛盾心理有多深，但為時已晚。他無法遏抑展現自己、讓大家看到自己的那股衝動，卻又很想躲起來。

一九八〇年，我暫時拋開那本難產的《腿》書，寫了一篇和小雷有關的文章，我已經追蹤這位迷人的「鬼靈精怪男」將近十年了。我很擔心小雷的反應，因為我的文章提到他，所以我問他對於文章發表的感覺如何，還提議要唸給他聽。

他說：「不用了，沒關係。你不用唸給我聽。」

我很堅持，所以他邀請我去他家吃晚餐，之後便可以唸給他和他太太聽。我一邊唸，小雷一邊抽搐痙攣個不停，唸到一半，他突然迸出：「你有點自由發揮！」

我停下來，拿出一支紅筆，說：「什麼東西該刪掉？你說了算。」

但他說：「繼續唸下去。」

等我唸完文章，他說：「基本上都是實情。但是不要在這裡發表。去倫敦發表吧。」

我把文章寄給喬納森，他很喜歡，便轉交給韋梅思，她最近才跟喬納森的姊夫米勒（Karl Miller）共同成立《倫敦書評》雜誌。

〈鬼靈精怪的小雷〉的寫作形式，跟我以前的任何作品都不一樣，它是我寫過的第一篇完完整整的病歷，談到的是：儘管得了複雜的神經疾病，還是能過生活，而且是過著充實的生活。結果文章廣受歡迎，鼓勵我寫下更多類似的病歷。

同事好友高德柏（Elkhonon Goldberg）曾在莫斯科跟著盧力亞學習，一九八三年，他問

✫ 妥瑞醫師的這位病人，事實上並沒有得妥瑞氏症，而是對他有色情癖，這種癖癮可能會導致謀殺，正如人們在藍儂（John Lennon）槍殺案所看到的。妥瑞本人則因槍傷而造成偏癱及失語。

我要不要參與他在愛因斯坦醫學院開設的專題研討班，主題是盧力亞開創的最新領域：神經心理學。

這個班專門在探討失認症（agnosia）——意義遭剝奪的認知或誤認。有一次，高德柏向我求助，問我能不能舉個視覺失認症的例子。我馬上想到我的一位病人，他是音樂老師皮博士，視覺上已經無法辨認他的學生和任何人。我描述皮博士如何輕拍消防栓或停車計時器的「頭」、將它們誤認成小孩子，或是親切的跟家具上的旋鈕講話，結果它們沒有回應，令他一臉錯愕。我說，有一次他甚至把太太的頭誤認成帽子。學生雖了解視覺失認症的嚴重性，但如此滑稽的情景，仍令他們忍不住哄堂大笑。

到目前為止，我還沒想過要闡述皮博士的病歷紀錄，但他的故事在學生面前這麼一講，讓我回憶起我們的接觸過程，當晚就寫好他的病歷故事，取名為〈錯把太太當帽子的人〉，然後寄去給《倫敦書評》雜誌。

沒想到，後來這篇文章竟成為一本「病歷故事集錦」的標題故事。

一九八三年夏天，我在藍山中心待了一個月，這地方是藝術家與作家的靜修會所。中心位於湖邊，在這裡游泳非常棒，我還帶了越野自行車。置身於作家與藝術家之間的感覺前所未有，我很喜歡這樣的組合：獨處的白天用來寫作思考，到了傍晚便與其他住客一起歡樂用餐。

不過，待在藍山的頭兩個星期，我發現根本什麼事也做不成，而且疼痛不堪：我騎自行車騎太久，結果背直不起來。第十六天，我碰巧拿出布紐爾（Luis Buñuel，西班牙國寶級電影導演）的回憶錄來讀，發現其中有一句話，表達了他對失去記憶與身分的恐懼，因為他年邁且精神錯亂的母親就是這樣。這讓我一下子想起吉米，他是一名失憶水手，我從一九七〇年代開始為他看診。我立刻開始工作，花了十二個鐘頭來寫吉米，到了傍晚便寫完他的故事：〈迷航水手〉。從第十七天到第三十天，我再也沒寫出任何東西。人們問我待在藍山時是否「產量豐富」，我不確定該如何回答，因為：有一天產量超級豐富，另外二十九天卻一個字也生不出來。

我把文章拿給《紐約書評》的西爾弗斯（Bob Silvers），他很喜歡，不過有個有趣的請求。他問：「我可以看你寫的病人紀錄嗎？」他一一看過我每次為吉米看診所寫的諮詢紀錄，說道：「其中有很多都比你給我的文章更生動、更直接。何不穿插你的一些紀錄，把這些東西交織在一起，這樣就同時有了你對病人的立即反應，以及隨著你多年來回顧而更加深思熟慮的反應？」我聽從他的建議，於是他在一九八四年二月刊登了這篇文章。✫

✫〈迷航水手〉刊出時，引來賈許溫德（Norman Geschwind）的一封信，他是美國最早且最有創意的神經學家之一。我收到他的信非常興奮，馬上回信給他，卻沒有回音，原來賈許溫德剛罹患嚴重中風。他才五十八歲，但留給後人相當豐富的遺產。

這對我是極大的鼓舞，在接下來的十八個月，我又寄給他五篇文章，組成《錯把太太當帽子的人》一書的核心。西爾弗斯的支持和友誼，以及無比細心且極具建設性的編輯，堪稱傳奇：有一次，他打電話給我，當時我人在澳洲，他竟問我覺得把某個逗號改成分號如何。而且，有很多文章都是他勸我寫的，否則我可能寫不出來。

我持續發表文章，有些刊登在《紐約書評》雜誌，有些則刊登在不同的雜誌，例如紐約科學院的《科學》雜誌、《格蘭塔》文學雜誌。起初並沒有想到這些文章可以用什麼方式兜在一起。海卡夫和我的美國發行人席伯曼都覺得，這些文章具有某種風格與情感的一致性，但我不確定它們可以結合成一本書。

一九八四年的最後四天，我寫了《錯把太太當帽子的人》的最後四篇故事，把它們設想成一部四重奏，甚至也可以設想成一本小書，稱為「心智簡單者的世界」。

接下來的那個月，我去拜訪我的朋友穆勒（Jonathan Mueller），他正在舊金山退伍軍人醫院擔任神經科醫師。醫院位於普西迪基地，我們在附近散步時，他跟我提到他對嗅覺的興趣。我接著告訴他兩個故事。其一：一名男子由於頭部受傷，嗅覺遭到徹底且永久的破壞，儘管如此，他開始想像（也可能是產生幻覺）適合情境的氣味，例如看見煮咖啡，便想像咖啡的香味。其二：一名醫學生在安非他命引發躁狂的過程中，嗅覺大大提升（這個故事其實是我自己的經歷，不過在《帽》書中，我把醫學生稱為D同學）。

第二天早上，我在一家越南餐廳吃飯吃很久，把兩個故事寫出來，放在同一個標題底下：〈那段擁有狗鼻的時光〉，然後寄去給海卡夫和席伯曼。我一直覺得《帽》書少了點什麼，而「狗」文正是少了的那一塊。

做完這件事，我有一種奇妙的圓滿感與解脫感。我的「臨床故事集」大功告成，我自由了，可以好好的休個假了，感覺我已經十幾年沒休過假的樣子。憑著一股衝動，我決定去澳洲玩，我從來沒去過那裡，我哥哥馬可斯和他的妻小都住在雪梨。一九七二年我曾見過馬可斯一家人，當時他們去英國參加我父母的金婚紀念日，但之後就沒再相見。我走到舊金山的聯合廣場，澳航在那裡有個辦事處，我出示護照，說我想搭最近的第一班飛機去雪梨。他們說，沒問題，還有很多空位，我剛好來得及趕回旅館，拿了我的東西便直奔機場。

這是我搭過最久的飛機，但我顧著奮筆疾書寫日記，時間很快就過去了。十四小時後抵達雪梨，飛機在城市上空盤旋，我認出著名的大橋和歌劇院。在護照檢查處，我呈上護照，正準備往前走，海關官員說：「你的簽證呢？」

「簽證？」我回答：「什麼簽證？沒有人告訴我要簽證。」先前和藹可親的海關官員突然變臉，變得非常嚴肅苛刻：我為什麼來澳洲？有沒有任何人可以為我擔保？我說我哥哥和他的家人都在機場等我。他叫我坐下來，等他們去找我哥哥，看我說的話是不是真的。後來，當局給我十天的臨時簽證，但他們警告我：「以後不許再這樣，否則我們會把你直接遣送回美國。」

在澳洲那十天，我強烈感受到各種「發現」的樂趣——發現我幾乎不認識的哥哥（馬可斯比我大十歲，而且一九五〇年就來澳洲），發現我嫂嫂蓋兒，我們一見如故（她對礦物與植物的熱愛跟我一樣，游泳和潛水也是），以及發現年幼的侄子侄女，他們整天黏著我這位新來的（他們眼中來自異國的）叔叔。

跟馬可斯相處時，我尋求且發現到一種關係，那種關係是我和英國的哥哥相處時未曾真正有過的。我跟大衛之間不可能有這種關係，他和我一點都不像（他衣冠楚楚、英俊瀟灑、善於交際）；邁可也不可能，他早已迷失在思覺失調症深處。跟沉默、博學、體貼、熱心的馬可斯在一起，我覺得我們可以有更深入的關係。

我也愛上雪梨，後來又愛上丹翠雨林和昆士蘭的大堡礁，我發現這些地方美得不得了，而且奇特得不得了。看到澳洲獨有的動植物群，使我想起達爾文，澳洲的植物與動物讓他太驚訝了，以致他在日記中寫道：「肯定是截然不同的兩位造物者的傑作。」

歷經《睡人》與《單腿站立》出版過程中的種種波折，海卡夫和我之間的關係變得更輕鬆、更自在。若說《腿》書長達一年的編輯讓我們倆差點沒命，則《帽》書（我們倆都這麼稱呼它）的出版可說是一帆風順。《帽》書的許多文章已經發表過，除了編輯其他新文章之外，海卡夫建議把這些文章分為四大部，每一部再加上引言。

海卡夫於一九八五年十一月出版這本書，此時離書稿完成才短短半年。美國版於一九八六年一月推出，首刷一萬五千本，數量不算太多。

我的《腿》書賣得不是特別好，自然也沒有人預期《帽》書這本「神經學故事書」會大賣。但幾個星期後，高峰（Summit）出版社不得不二刷、三刷。經由口耳相傳，這本書愈來愈受歡迎。完全出乎意料的是，四月時，它竟登上《紐約時報》暢銷書榜。我以為這肯定是搞錯了，或只是一時的熱潮，但它竟停留在暢銷書榜上長達二十六週。

比起成為「暢銷書作家」，更讓我驚訝與感動的是大批湧入的來信，許多來信者都曾親身經歷我在《帽》書中寫到的問題，例如臉盲、音樂幻覺等等，但他們以前從不曾對任何人承認，有時連對自己也不承認。

其他來信者則是問到我書上寫的那些人。「吉米怎麼樣了，那位迷航的水手？」他們寫道：「向他問好。致上最美好的祝福。」對他們來說，吉米是真實的，書中的其他人物也是一樣，他們的病情與奮鬥的真相，感動了許多讀者的心，也觸動了他們的思想。讀者可以設身處地，把自己想像成吉米；然而我的《睡人》書中那些病人極端且悲慘的困境，連最有同情心的人也幾乎想像不出來。

有一、兩位書評家認為我專門研究「離奇」或「特異」的案例，但我覺得正好相反。我認為我的病歷故事是「示範性的」，我非常欣賞哲學家維根斯坦的名言：「書應該包含實例。」而且我希望，藉由描述特別嚴重的案例，也許不僅能闡明「罹患神經疾病的影響與經驗」，還能闡明「大腦組織與運作之關鍵及意想不到的層面」。

《睡人》出版後，雖然喬納森曾對我說：「你現在可出名了。」其實並非如此。《睡人》得過文學獎，在英國頗受好評，但在美國卻幾乎沒有人注意到，只有一篇書評，來自《新聞週刊》的普瑞斯考特（Peter Prescott）。不過，隨著《帽》書的突然大受歡迎，我已踏進了公眾領域，不管我想不想要。

好處當然也有。忽然間有好多人來接觸我。我的能力幫得了人，卻也傷得了人。我再也不能以匿名的方式寫任何東西。我在寫《偏頭痛》和《睡人》和《腿》書時，並沒有真正想到閱讀公眾。現在，我感到有點刻意。

以前我偶爾會公開演講，但《帽》書出版後，演講邀約與各式各樣的請求，讓我應接不暇。無論是好是壞。《帽》書一出版，我成了公眾人物，有了公眾形象，即使以性格來說，我喜歡孤獨，而且勇於相信我最好的一面（至少是最有創造力的一面）就是孤獨。孤獨，有創造力的孤獨，如今更難再有了。

然而，那些神經學家同儕對我依舊有點保持距離，並且不以為然。我想，現在八成又加上某種懷疑。看起來，我似乎把自己定位成「通俗」作家，而一個人若是通俗，照理來講，就不會被當成一回事。但也不盡然，有些同儕將《帽》書視為「將詳盡可靠的神經學，內藏於優美古典的敘事形式中」。但總的來說，醫學界依然保持沉默。

一九八五年七月，《帽》書出版的幾個月前，我對妥瑞氏症的興趣又死灰復燃。才沒幾天，整本筆記便寫滿了種種想法，我好像又看到一本完整的書即將誕生。當時我正回英國省親旅遊，在回紐約的飛機上，這股源源不絕的靈感及興奮感達到最高峰。但回到紐約後，過了一、兩天，郵差送來一個包裹到我位於城市島的小屋，這股靈感頓時中斷。包裹是《紐約書評》寄來的，裡頭裝的是連恩（Harlan Lane）寫的聾人與手語歷史：《當心靈聽見》。西爾弗斯想知道我願不願意寫書評。

「你從未真正思考過語言，」西爾弗斯寫道：「這本書將強迫你思考。」

我正計畫寫作有關妥瑞氏症的書，我不確定要不要因此分心。一九七一年認識小雷之後，我早就想動筆寫這本書，但首先因為我的腿傷意外，之後又因為約翰的事情才半途而廢。現在，此書恐怕又將面臨耽擱的危險。不過，連恩的書讓我既著迷又憤慨。他的書講述聾人的故事，講述聾人獨特而豐富的文化內涵，奠基於視覺語言——手語，並且講述持續不斷的爭論：聾人受教育，應該使用自己的視覺語言、還是被迫使用口語教學法？對於天生的聾人來說，這往往是驚天動地的決定。

從前，我的興趣總是直接來自臨床經驗，但此時我發現，自己正在參與一場「聾人歷史文化及手語本質」的探險（有點不太情願），這是我不曾親身經歷過的。我去當地的一些啟聰學校參觀，見到許多失聰兒童。

另外，受到葛羅絲（Nora Ellen Groce）所寫的《這裡大家都用手語》啟發，我還造訪了瑪莎葡萄園島的某個小鎮，一個世紀以前，那裡近四分之一人口都是先天性耳聾。聾人在這個鎮上不被視為聾子，他們單純只被視為農夫、學者、教師、姊妹、兄弟、叔伯、姑姨等等。

到了一九八五年，鎮上不再有任何聾人，但老一輩的「聽人」對他們的聾人親戚及鄰居記憶猶新，彼此間偶爾還會使用手語。多年來，此社區早已接受這種大家都能使用的語言，「聽人」的手語和聾人同樣流利。我從未真正思考過文化題材，遇到「整個社區以這種方式來適應」的概念，激起了我的好奇心。

位於華盛頓特區的高立德大學，是世界上唯一專為聾人與聽障生設立的大學，當我去參觀並提到「聽力障礙」時，其中一位聾人學生用手語說：「你為什麼不把自己看成手語障礙？」*這是非常有趣的「以其人之道，還治其人之身」，因為幾百名學生都用手語交談，而我是唯一的「啞巴」，什麼都不懂，什麼都不能溝通，除非透過翻譯。我在聾人文化當中愈陷愈深，短短書評愈寫愈多，最後竟擴展成更具個人色彩的論文，於一九八六年春天刊登在《紐約書評》雜誌。

我本以為，我與聾人世界的牽連到此為止——短暫卻引人入勝的一段旅程。

一九八六年某夏日，我接到年輕攝影師韓德勒（Lowell Handler）的來電。他曾利用特殊的頻閃技術，捕捉妥瑞氏症病人抽搐中的畫面。韓德勒問我，能不能把他的作品集拿來給我看？他對此題材特別有同感，因為他本身就是妥瑞人。一星期後我們碰面。他的作品集打動了我，我們開始討論可能的合作方式，我們將在全國各地旅行，與其他妥瑞人見面，以文字和照片來記錄他們的生活。

我們兩人都聽過一則頗吊人胃口的報導：加拿大亞伯達省有個小鎮，鎮上門諾教社區的妥瑞氏症病人比例特別高。克蘭（Roger Kurlan）和科莫（Peter Como）是來自羅徹斯特大學的神經學專家，他們曾多次前往這個名為拉克里特（La Crete）的小鎮，去那裡繪製妥瑞氏症的遺傳分布圖；在妥瑞氏症社群裡，早已有人戲稱此鎮為妥瑞鎮。不過，尚未有人仔細研究過拉克里特鎮的特定人士，以及在鄰里關係如此緊密的宗教社區裡，患有妥瑞氏症意味著什麼。

韓德勒先去拉克里特鎮進行初步訪問，然後我們便著手計劃長期考察事宜。我們需要經費來支付旅行費用，以及沖印大量的膠卷。我向古根漢基金會申請獎助金，主旨是進行妥瑞氏症的神經人類學研究，結果獲得三萬美元的撥款補助。韓德勒也拿到《生活》雜誌的委託佣金，當時《生活》雜誌仍在蓬勃發展中，它的新聞攝影很出名。

到了一九八七年夏天，拉克里特鎮的訪察行程已安排就緒。韓德勒帶了一堆相機和鏡頭，我只帶了平時的筆記本和筆。這趟拉克里特鎮訪察，在許多方面都令人驚奇不已，

✫ 我渴望能用聾人本身的語言和他們溝通，於是凱特和我去「美式手語班」上了好幾個月的課。但是，唉，我很不擅長學習別的語言，學會的手語從來不超過幾個單字及片語。

而且增廣了我對「妥瑞氏症的範圍」以及「人們對這種病的反應程度」的認知。我也感受到，妥瑞氏症雖然由神經問題引起，卻極有可能靠環境與文化來改善。以拉克里特鎮的案例來說，就是有宗教大力支持的社區，在這個社區裡，妥瑞氏症被視為上帝的旨意。我們很想知道，妥瑞人若是生活在更寬容的環境裡，會是什麼樣子？我們決定去阿姆斯特丹一探究竟。☆

前往阿姆斯特丹途中，韓德勒和我順道在倫敦停留，一來是因為我想在我父親生日那天去探望他（他高齡九十二歲了），二來是因為《帽》書剛推出平裝版，BBC（英國廣播公司）邀請我上「國際頻道」談談妥瑞氏症。訪談結束後，有一輛計程車等著載我回飯店，計程車司機超級與眾不同。他痙攣、抽搐、咆哮、罵髒話，紅燈時下車，跳到汽車的引擎蓋上，號誌轉為綠燈前，又跳回他的駕駛座。我對此十分驚訝——BBC或出版社可真聰明，知道我要去講妥瑞氏症，特地挑選這麼一位引人矚目的「妥瑞計程車司機」載我回去！可是我又有點想不通怎麼回事。計程車司機什麼也沒說，不過他肯定知道，他之所以獲選，是因為我對妥瑞氏症特別有興趣。我一言不發好幾分鐘，然後才問他，有這種症狀多久了（我有點欲言又止）。

「你說『症狀』是什麼意思？」他氣憤的說：「我哪有什麼『症狀』！」

我道歉，說我不是故意要惹他生氣，但我是醫師，被他不尋常的舉動嚇了一大跳，以致懷疑他是不是得了妥瑞氏症。他猛搖頭，一再表示他沒有任何「症狀」，就算他有一些神經兮兮的舉動，也阻止不了他成為軍官或其他任何角色。我不再作聲，但我們抵達飯店時，司機說：「你剛才提到什麼症來著？」

「妥瑞氏症，」我說，順便給他倫敦一位神經科同仁的名字，加上一句：她人非常熱心、善解人意，而且診治妥瑞氏症之醫術無人可比。

妥瑞氏症協會（TSA）自一九七二年以來已穩步成長，分會組織遍布美國各地——事實上是世界各地。一九八八年，TSA舉辦第一屆全美大會，近兩百位妥瑞人齊聚在辛辛那提的一家飯店，會期長達三天。其中有很多人從未見過別的妥瑞人，他們很擔心可能會「染上」別人的抽搐。這種擔心並非毫無根據，因為妥瑞人碰面時，確實會發生抽搐互相感染的現象。事實上，好些年前，我在倫敦遇見一位頻頻吐口水的妥瑞人，後來，我跟蘇格蘭的另一位妥瑞人提到這件事，他馬上就吐口水，還說：「但願你沒跟我說過！」害得他早已落落長的「抽搐清單」上，又添了「頻頻吐口水」這一項。

為了祝賀這場大會，俄亥俄州州長曾公開宣布，本週是全州的「妥瑞氏症宣傳週」，但顯然並非每個人都知道這件事。會中一位年輕男子史提夫，患有顯著的妥瑞氏症、且穢語連連，他走進溫蒂速食店買漢堡。在等食物時，史提夫抽搐且大喊了一、兩句下流話，

✫在後來出版的新書《看見聲音》中，我詳細描述了我們在加拿大、歐洲及美國各地的旅行。

於是餐廳經理要求他離開，說：「在這裡不能這樣。」

史提夫說：「我忍不住，我得了妥瑞氏症。」他把TSA大會發的宣傳小冊拿給經理看，加上一句：「本週是妥瑞氏症宣傳週，你沒聽說過嗎？」

經理說：「我不管，我已經報警了。現在就離開，否則你會被逮捕。」

憤憤不平的史提夫回到飯店，告訴我們這件事，沒多久，就有兩百名妥瑞人遊行至溫蒂速食店抗議，邊抽搐邊大喊大叫。我也參了一腳湊熱鬧。我們驚動了媒體，俄亥俄州新聞界報導了這個事件，我很想知道溫蒂速食店是否從此改變待客之道。這是我這輩子唯一一次參與的示威或遊行，除了另一個場合，也是在一九八八年。

一九八八年三月，西爾弗斯打電話來，頗令人意外。「聾人革命的事你聽說了嗎？」他問。高立德大學的聾人學生發起學運，抗議大學任命「聽人」校長。他們想要聾人校長，想要可以用流利的美式手語溝通的校長，他們已經在校園裡設置路障，將學校關閉。我去過高立德大學好幾次，西爾弗斯問我願不願意回到華盛頓報導學運？我同意了，並邀請韓德勒一起去拍照，還拜託我朋友強生（Bob Johnson）擔任翻譯，他是高立德大學的語言學教授。

「現在就要聾人校長」抗議活動持續一個多星期，以國會遊行達到最高潮（高立德大學是通過國會憲章，特許成立與維運的）。我的「中立觀察員」角色很快就妥協了，我在遊行隊伍旁，正邊走邊寫筆記時，一名聾人學生抓住我的手臂，用手語說：「來吧，你是站在我們這邊的。」所以我加入了學生的抗議遊行隊伍（總共有兩千多人）。我為了這件事幫《紐約書評》所寫的文章，算是我寫過的第一篇「報導」。

加州大學出版社的何維茲（Stan Holwitz）提議，我那兩篇關於聾人的文章，也許可以湊成一本好書。加州大學出版社是《偏頭痛》美國版的出版社。何維茲的這個想法我很喜歡，但覺得有必要再寫幾段文字，當成兩個部分之間的銜接，比方有關「語言與神經系統的基本層面」之類的東西。沒想到，實際上這幾段文字竟成為這本書最主要的部分，後來這本書便取名為《看見聲音》。

一九八四年五月，《單腿站立》在英國推出時頗獲好評，但這些好評在我心目中早已黯然失色，因為有一篇極為關鍵的評論令我十分沮喪，是詩人芬頓（James Fenton）寫的。那篇評論害我鬱悶了三個月，什麼事也不想做。

可是同一年稍晚，美國版推出時，《紐約書評》有一篇不吝美言的評論，卻樂得我心花怒放。這篇評論讓我精神為之大振，讓我大大的放心，以致文思泉湧，短短幾星期便寫出十二篇故事，完成了《錯把太太當帽子的人》。

那篇評論出自布魯納（Jerome Bruner）之手，他是一位傳奇人物，乃一九五〇年代心理學認知革命的創始人。在當時，居主導地位的是行為主義，如史金納（B. F. Skiner）等人所主張的，行為主義只注重刺激與反應——看得見的、公開的行為表現。沒有提到任何內在過程，沒有提到「刺激與反應之間的內部」可能發生什麼事情。對史金納來說，「心靈」的概念幾乎不存在，但這正是布魯納和他的同事打算要重新建立的概念。

布魯納是盧力亞很要好的朋友，他們的才智有很多相似之處。在自傳《心的探索》中，布魯納曾描述一九五〇年代在俄羅斯見到盧力亞的往事。他寫道：「關於語言在早期發育時的角色，盧力亞的觀點深得我心。他的其他愛好也是一樣。」

如同盧力亞，布魯納堅信，觀察兒童學習語言並非在實驗室裡，而是在他們本身的環境裡。在《兒童的談話》這本著作中，他大大擴展並充實了我們對於「如何學會語言」的觀念。

一九六〇年代，承襲杭士基（Noam Chomsky）的革命性研究，語言學的「語法結構」受到極大的重視，杭士基的假設是：大腦具有內建的「語言習得機制」。杭士基學派這種「天生隨時準備自我習得語言的大腦」概念，似乎忽略了語言的社會淵源，以及用來溝通的基本功能。布魯納則認為，文法不能從意義或溝通的意圖中抽離。在他看來，語言的「語法、語義、語用」缺一不可。

最重要的是，布魯納的研究讓我不只是以語言學的術語來思考語言，同時也以社會用語來思考。對於了解手語及聾人文化來說，這一點至關重要。

布魯納一直是我很好的朋友，不管從哪個層面來看，他也一直是「帶頭大哥」與良師益友。他的好奇心與學識之淵博，似乎永無止境。他擁有最廣闊、最深沉的心靈，在我認識的人當中，少有人能出其右。他博學的知識基礎，來自於不斷的審問、慎思、明辨。（我見過他講話講到一半，突然停下來，說道：「我再也不相信我正要說的話了。」）即使高齡九十九歲，他的非凡能力似乎絲毫未減。

雖然我在病人身上曾觀察到語言喪失——各種形式的失語；但我對於兒童的語言發展知之甚少。達爾文在他可愛的〈嬰兒小傳〉論文中，曾描述語言及心智的發展（這嬰兒是他的長子）。但我沒有自己的小孩可以觀察，而兩、三歲左右學習語言的那段關鍵時期，誰也記不得了。我需要更多的了解。

羅蘋（見第247頁）是我在愛因斯坦醫學院最要好的朋友之一，她是來自瑞士的小兒神經學專家，對於兒童神經退化及神經發育疾病特別感興趣。這也是我那時候的興趣之一，我曾寫過一篇論文，提到同卵雙胞胎的「軸突海綿狀退化」（spongy degeneration）。

神經病理學系每星期安排一次「切腦」研習會，☆我剛去愛因斯坦醫學院工作沒多久，

☆ 切腦（brain cutting）研習會很受歡迎，與會者除了急於知道診斷是否成立的臨床醫師，還有其他人。在一次令人難忘的場合中，我們檢視了五名病人的大腦，他們在生前都被診斷為患有多發性硬化症。然而，切腦結果顯示，他們竟統統遭到誤診。

就在其中一次研習會時遇見羅蘋。我們兩人湊在一塊純屬意外——羅蘋一絲不苟、心思細密；而我卻是不修邊幅、魯莽草率，老是胡思亂想、心不在焉。不過，我們從一開始就一拍即合，始終是非常要好的朋友。

羅蘋絕不容許我有任何不嚴謹、誇大或未經證實的陳述，對自己也絕不寬待。她總是說：「給我證據。」如此一來，她算是我的科學良心，而且曾多次挽救我的失誤。但是，當她覺得我言之成理，便堅持要我發表觀察到的東西，務必簡單而明確，這樣才能適當的讓大家了解和討論。由此看來，她一直是我的書和文章的幕後功臣。

羅蘋在哈德遜河畔有個週末度假屋，我常常騎摩托車去那裡。羅蘋和她先生哈洛德，以及他們的四個孩子，都把我當成他們家的一份子。我會去那裡和他們一起度週末，跟羅蘋、哈洛德聊天，偶爾騎摩托車載孩子們去兜風、或去河邊游泳。一九七七年夏天，我在他們的穀倉裡住了整整一個月，為盧力亞寫訃文。☆

幾年後，當我開始閱讀和思考有關耳聾及手語的題材時，我連續三天週末都和羅蘋待在一起。她花了好幾個小時，教我有關手語及聾人的特殊文化，那是她研究失聰兒童多年來所觀察到的。

她灌輸我盧力亞的恩師維高斯基（Lev Vygotsky）所寫的話：

如果失明或失聰兒童達到與正常兒童相同的發展程度，則有缺陷的兒童達到這樣的程度，用的是另一種方式、經由另一種過程、藉由其他手段。而且，對於教育者來說，尤其重要的是了解此過程的獨特性，在過程中必須一路帶領兒童。獨特性的關鍵，在於將生理缺陷的劣勢轉化成補償作用的優勢。

學習語言的偉大成就，對聽力正常的兒童來說易如反掌（幾乎是不假思索）；但對失聰兒童來說，卻可能是很大的問題，尤其是如果他們不接觸視覺語言。

使用手語的聾人父母，會用手語教他們的嬰兒「牙牙學語」，猶如聽力正常的父母用口語來教，這正是兒童如何以對話方式來學習語言。嬰兒的大腦在三、四歲之前學習語言特別靈敏，無論是口語或手語都一樣。但是，如果兒童在關鍵期什麼語言也不學，則未來的語言學習可能會非常困難。因此，聾人父母生的聾人小孩，長大後會「說」手語，而聽力正常的父母生的聾人小孩，長大後往往沒學會真正的語言，除非早年曾接觸使用手語的社區環境。

在布朗克斯的一所啟聰學校，我和羅蘋看到許多失聰兒童，對於他們來說，學習唇讀

✲ 在一九七七年九月的信中，倫妮阿姨感謝我發去的生日電報，「溫暖了我八十五歲的心底深處，」但接著又說：「盧力亞教授過世了，我們都很震驚。這對你來說必然是極大的打擊。我知道你多麼重視他的友誼。《泰晤士報》上的訃文是你寫的嗎？」（是我寫的。）

和口語需要付出極大的認知心力，要下很多年的苦功。即便如此，他們的語言理解能力及運用，往往遠不如正常人。我了解到，若無法學會恰當、流利的語言，對於認知及社交的影響將會是多麼的悲慘。（羅蘋曾發表一篇相關的詳細研究報告。）

由於我對「知覺系統」特別感興趣，我很想知道，天生聾人的大腦是怎麼回事，尤其是如果他的母語是視覺語言。據我所知，最新的研究結果顯示，在聽人的大腦中，通常是聽覺皮質的部分，在先天耳聾的「手語人」大腦中，此部分卻被「重新分配」去擔綱視覺任務，而且是特別用來處理視覺語言。與聽人相較之下，聾人傾向於「超視覺化」（即使在一歲前也顯而易見），而隨著手語的習得，這種情形會更加顯著。

我們對「大腦皮質」的傳統觀念是，它的每一部分，都專門預留給特定的感官或特定的功能。而現在，這種「部分皮質可能重新分配給其他功能」的概念，認為皮質的「後天可塑性」可能比從前的看法還要大得多，「先天規劃性」則小得多。聾人的特殊情況已讓我們明白，個人經驗確實可以塑造他自己的大腦的高階功能，這是藉由選擇（和增強）某區域的神經結構，來承擔起特定的功能。

在我看來，這件事極為重要，需要以全新的眼光來看待大腦才行。

第九章　星光燦爛

為了深入了解即將刻畫的故事，為了詳盡揣摩劇情，勞勃·狄尼洛的投入簡直太傳奇了。

我以前從未親眼目睹演員對於飾演的對象所下的功夫，這些功夫的極致表現，就是到最後，演員果真變成他所飾演的對象。

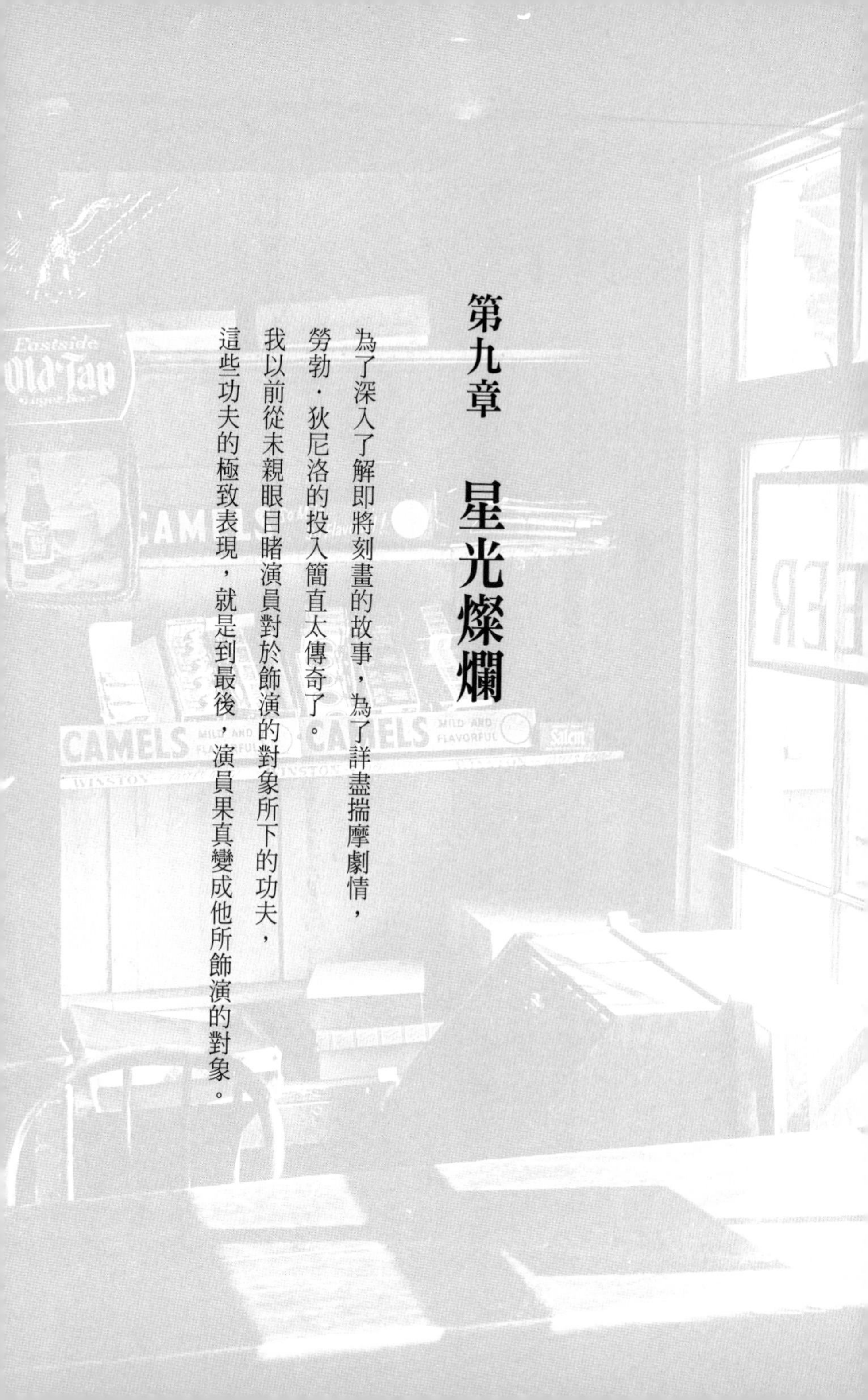

雖然我一九六五年便離開西岸、搬到紐約，但我和岡恩（見第91頁）一直保持密切聯繫，每次去舊金山都會拜訪他。他和奇泰（Mike Kitay）同住在一棟老房子裡，據我判斷，還有其他四、五個人。不用說也知道，屋裡有成千上萬的書（岡恩讀起書來非常認真投入、沒完沒了），還有一大堆啤酒廣告（最早可追溯至一八八〇年代）、大量的唱片，以及瀰漫誘人香料氣味的廚房。岡恩和奇泰都喜歡做菜，房子本身有一股甜甜的氣息，充滿個人風格與獨特氣質，人來人往熱鬧滾滾。一向獨來獨往的我，很喜歡這些群居生活的匆匆一瞥，在我看來充滿情意與歸屬感（無疑也有衝突，但我察覺不太出來）。

岡恩向來是很厲害的步行族，在舊金山上坡下坡健步如飛。我從來沒看過他開車或騎自行車，他是典型的步行族，是狄更斯的同類，他觀察一切，吸收一切，然後遲早把這一切運用在他的作品當中。他也喜歡在紐約到處亂逛，他來紐約時，我們會去搭史泰登島渡輪，或搭火車到一些偏遠的地方，或只是在市區附近走走。最後我們通常會去餐廳吃飯，不過，有一次我試著在家裡做飯。那時岡恩吃了抗組織胺，覺得過於「鎮靜」，不想出去。我不是好廚師，每樣東西都出錯，咖哩煮到爆開，害我全身都是黃色粉末。他對這場小意外肯定念念不忘，因為一九八四年他寄來詩作〈黃色豬籠草〉，還特地在手稿上題字：

昏昏欲睡的岡恩

獻給滿手番紅花的薩克斯

他在附函中寫道：✩

見到你真是太好了——滿手番紅花的你！我吃了抗組織胺，也許顯得昏昏欲睡，可我興致勃勃，心頭雪亮得很。我考慮過你所謂的軼事與敘事。我想我們都生活在軼事的旋渦裡……我們（大多數的人）把自己的生活撰寫成敘事……我很想知道，「撰寫」自己的衝動從何而來。

我們從來不知道聊起天來會聊到哪裡去。那天，我唸了一段尚未發表的文章給岡恩聽，文章寫的是「湯普森先生」的故事，這位失憶症病人隨時都在瞎掰自己的身分。我寫道，我們每個人都在編造、過著一段「敘事」，並且以這段敘事來定義自己。岡恩對這些病人的故事很著迷，常常拉著我問東問西（不過我需要一點鼓勵才能繼續）。翻翻我們的通信，在他最早寫給我的其中一封信上，我發現這段話：「上週末真高興見到你，在那之

✩ 岡恩知道我對植物的喜好，他寫的所有跟「植物」相關的詩都會寄給我。收到他的〈金蓮花〉之後，我寫道：「但願你多寫些類似的詩，頌讚英勇無畏的植物，生長於空地上、溝渠裡、石縫中之類的。你該記得，當托爾斯泰看到路邊被壓扁、卻仍奮力生長的薊草時，哈吉穆拉德（Hadji Murad，托爾斯泰筆下的反抗軍領袖）的身影如何浮現在他腦海。」

後，奇泰和我便一直想著幻肢。」另一封信上寫著：「我記得你對於疼痛的論述。這也會是一本好書。」（唉，根本寫不出來。）

雖然岡恩從一九六〇年代就開始寄給我所有他寫的書，而且總會附上美妙且獨特的題字，卻要等到一九七一年初《偏頭痛》出版之後，我才得以贈書回報。此後的贈書交流有來有往，我們經常寫信給對方。我的信動輒好幾頁，他的信卻是言簡意賅，往往寫在明信片上。我們偶爾談到寫作的過程：趕稿與停工、光明面與黑暗面，這些似乎都是創作過程中的重要部分。

一九八二年，我曾向他提到，為了寫我那本《腿》書，這八年來幾乎快讓人受不了的種種延遲、中斷、喪失熱情，似乎終於要告一段落了。岡恩回信說：

> 我總覺得很挫折，因為你不讓我們看《單腿站立》，雖然修訂後的版本說不定還是看得到……此刻的我有點懶散。我的模式似乎是：任何具連貫性的寫作，在完成手稿之後，先暫停一大段時間，再試探性的開始動筆修改。在接下來的幾年裡，會有好幾波分別獨立的創作衝動，末了則會有一種新書的整體感，在此過程中，我又會發現意想不到的題材。當作家的心態真是奇怪。但我認為，最好不要「得來全不費工夫」——我覺得停頓也好，情感麻痺也好，語言本身顯得死氣沉沉的時刻也好，到最後，這些對我都很有幫助，因為當「胎動」的感覺一來，文字反而會更有活力。

對岡恩來說最關鍵的是，他的時間是他自己的，他的詩急也急不來，詩自己想出現就會出現。因此，雖然他很愛教書（而且很受學生喜愛），但他限制自己在柏克萊的教學，一年只教一學期。除了偶爾寫書評或受邀寫作之外，這基本上是他唯一的收入來源。「我的收入，」岡恩寫道：「平均大約只有本地公車司機或清道夫的一半而已，但這是我自己的選擇，因為比起全職工作，我寧可悠閒。」但我並不覺得岡恩因自己微薄的錢財而感到拮据，他沒有奢侈品，而且似乎天性節儉——雖然他對別人很慷慨。一九九二年，他因為獲得麥克阿瑟獎而手頭寬裕不少，此後他有能力更常旅行，可以放縱一下自己，享受財務上的無憂無慮。

我們經常寫信給對方，談到讓我們興奮的書、或是覺得對方會喜歡的書。他曾寫道：「這幾年來，我發現的最好的詩人是泰勒（Rod Taylor）……很脫俗的作家，你讀過他了嗎？」還沒有，但我馬上去買了泰勒的《佛羅里達東岸冠軍號列車》。我們的品味並不總是一致，有一本我很激賞的書，卻惹來他的鄙視、憤怒、批評。他罵得太兇了，幸好是寫在私人信件裡。如同奧登，岡恩很少評論他不喜歡的東西，他寫的評論以讚賞居多。我很喜歡這些評論作品的大方、平衡，尤其是《詩歌之場合》書中的作品。

在評論彼此的作品時，岡恩遠比我更善於表達。他所有的詩，我幾乎都很欣賞，卻很少嘗試分析。然而，不管我寄給他什麼作品，岡恩一看到，總是煞費苦心想要闡明這些作品的特殊優點與缺點。尤其在我們年輕時，有時我對他的直言不諱感到害怕，特別是害怕他會發現，我的寫作明明就是不知所云、不老實、沒天分，甚至更糟。起初我一直很不想知道他的批評，但自從一九七一年寄給他《偏頭痛》之後，反而很急於知道他的反應，很依賴他的反應，比其他任何人的反應都還要重視。☆

一九八〇年代，我把幾篇文章的初稿寄給岡恩，那些是為了完成《錯把太太當帽子的人》而寫的。其中有幾篇他非常喜歡，尤其是〈自閉畫家的心路歷程〉與〈數字天才寶一對〉。但是有一篇〈聖誕節〉，他卻稱之為「一場災難」。到最後，我同意他的看法，於是把這篇〈聖誕節〉送進垃圾桶了。

但影響我最深的回應，是在一九七三年我寄給他《睡人》之後，他寫給我的信上所提到的，因為他在信中將「脫胎換骨的我」與「第一次見到岡恩時的我」兩相對照。他寫道：

反正，《睡人》就是非比尋常。我記得六〇年代末，有一度你曾描述你想寫的那種書，既是好的科學書，也是寫得很好、值得一讀的書，此刻你絕對是做到了……我也一直在思考你給我看過的「偉大日記」。我發現你太有天分，卻又太欠缺某種特質（那正是最重要的特質），說它是人情味也好，同情心也好，或之類的什麼也好。而且，坦白說，我本來不太相信你會成為好作家，因為我看不出這種特質如何教得來……你的缺乏同情心，局限了你的觀察力……

可我不知道的是，同情心這種東西，往往拖到三十幾歲才會有所增長。過去這些作品中所欠缺的，現在卻成了《睡人》的最高構織原則，而且構織得極為精采。說真的，那種特質也是你的風格的構織原則，是它讓你的風格如此包羅萬象、如此易於接受、如此多采多姿……我很懷疑你知不知道發生了什麼事。單純是因為和病人在一起工作太久，還是因為迷幻藥有助於敞開心扉，還是因為真正愛上了某個人（而不是被愛沖昏了頭）。或三者皆是……

這封信讓我激動不已，也有點飄飄然。我不知道如何回答岡恩的問題。我戀愛過，也失戀過，而且，就某種程度來說，我愛上我的病人（這種愛或同情令人神清目明）。我不認為迷幻藥對於打開我的心扉有真正的影響，畢竟我做過的實驗夠多了。（然而，看到腦炎後

✫ 一九七〇年初，當時岡恩即將來紐約，我告訴他奧登要辦生日宴會，和以前一樣是在二月二十一日，我問他要不要一起去。他婉拒了。等到一九七三年奧登去世之後，他才提到這個話題（在一九七三年十月二日的信上）：「除了莎士比亞，他大概是影響我最深的詩人，是他讓我有機會寫出自我。我不認為他很喜歡我，或據說是這樣。但這一點也不重要，就像如果我發現濟慈（Keats）不喜歡我，那也無關緊要。」

型病人服用左旋多巴所產生的藥效，有時很類似我自己服用ＬＳＤ及其他藥物的經驗，這倒是令我很好奇。）不過我知道，對岡恩來說，迷幻藥至關重要。☆

另一方面，我覺得精神分析反而扮演了關鍵角色，讓我得以成長。因為我從一九六六年以來，一直在接受密集的精神分析。

當岡恩提到，同情心的增長是在三十幾歲時，我不由得懷疑，他是不是也想到自己，特別是他自己的改變，以及他的詩作的改變，如《我悲傷的船長》書中所見。《我悲傷的船長》出版時，他三十二歲。

對於這件事，岡恩後來寫道：「作品集分為兩個部分。第一部分是我的舊風格的巔峰——格律嚴謹、理性，但也許開始多了一點人情味。第二部分的組成，則是延續那種『人的脈動』……以一種新的形式，而這幾乎必然會迎來新的題材。」

我二十五歲第一次讀岡恩的《律動感》詩集，那時吸引我的，除了意象之美與形式之完美，正是那種幾近尼采式的強調意志。到了著手寫《睡人》的時候，快要四十歲的我已經徹底改變，岡恩也一樣。現在比較吸引我的，是他新寫的詩集，具有極為廣泛的題材與豐富的情感，我們都樂於將尼采那一套拋諸腦後。到了一九八〇年代，隨著我們都邁入五十大關，儘管岡恩的詩從未失去其形式上的完美，卻變得更自由、更溫柔。誠然，朋友的逝去在此發揮了作用，當岡恩寄給我〈輓歌〉時，我認為這是他寫過最雄渾、最淒美的詩了。

我偏愛岡恩多首詩中的歷史意識、前人意識。有時候這是顯性的，例如他的〈題喬叟詩後〉（他把這首詩當成一九七一年的新年賀卡寄給我），更多時候則是隱性的。這讓我不時感覺到，岡恩正是喬叟、多恩、赫伯特（Lord Herbert）等人的化身，發現自己置身於二十世紀末的美國舊金山。這種先人、前輩的意識，是他作品中不可或缺的部分，他經常暗指、或借用自其他詩人的詩作及其他來源。對於「獨創性」，他並沒有無謂的堅持，但他所運用的一切，在過程中當然已有所蛻變。

岡恩後來在一篇自傳體散文中，曾反省這一點：

在面對生活的各種方式當中，我必然視寫作為不可或缺的一部分。然而，我算是缺乏獨創性的詩人。從可學之人，學可學之事。我從我閱讀的東西裡大量借用，因為我把我的閱讀當一回事。這是我所有經驗的一部分，而我大部分的詩都以我的經驗為基礎。我不為「衍生自他人」道歉……最主要的興趣，並非在於發展獨特的詩化人格。艾略特（T. S. Eliot）這句話深得我意：藝術是人格的掙脫。

✰ 岡恩曾在他的自傳體散文〈我這輩子活到現在〉中詳述這件事：「讚美ＬＳＤ已經不時髦了，但我一點都不懷疑，它對我來說向來是無比重要。身為男人也好，身為詩人也好……迷幻藥之旅毫無條理可言，它開啟你無窮的可能性，你一心嚮往那種無限。」

老朋友相聚時有一種危險，他們老愛提起陳年往事。岡恩和我都在西北倫敦長大、曾在第二次世界大戰中撤離到鄉下、曾在漢普斯特荒野公園玩、沉醉於傑克史卓城堡。我們都是家庭、學校、時代、文化的產物。這在我們之間形成某種鏈結，讓我們不時分享共同的回憶。但更重要的是，我們倆都被吸引到新大陸，到一九六〇年代的加州，擺脫了過去。我們展開旅程、演化、發展，那都是完全無法預料或控制的，我們始終停不下來。在〈閒不住〉詩中，二十幾歲的岡恩寫道：

再怎麼糟，人在動著，而再怎麼好，
也達不到絕對，可就此停歇，
人只要不保持靜止，總會更近一些。

七十歲的岡恩依然閒不住，依然精力充沛。二〇〇三年十一月，我最後一次見到他時，他似乎更熱切激昂，絲毫不比四十年前的那個年輕人遜色。回想一九七〇年代，他曾寫信給我：「我剛出版《傑克史卓城堡》。我猜想不出我的下一本書會成什麼樣子。」《老闆丘比特》於二〇〇〇年出版，而現在，岡恩說他正準備要寫另一本書，但還不知道會是什麼樣的書。據我判斷，他沒有慢下來或停下來的想法。我覺得他正不斷向前邁進，一刻不得閒，至死方休。

馬尼圖林島是休倫湖上的一座大島嶼，一九七九年夏天，我一去便愛上那裡。那時我還在努力寫那本氣死人的《腿》書，決定好好休個長假，找個可以游泳、思考、寫作、聽音樂的地方。（我只有兩卷錄音帶，一卷是莫札特的C小調彌撒曲，另一卷是他的安魂曲。有時我迷上一、兩首音樂，往往會一遍一遍又一遍的播放。五年前，當我拖著「不管用的一條腿」慢慢爬下山時，在我腦海裡播放的便是這兩首曲子。）

我在戈爾灣鎮四處閒逛，那裡是馬尼圖林島的主要城鎮。通常我滿害羞的，但我發現自己竟主動與陌生人交談，星期天甚至還去教堂，因為我很喜歡社區的感覺。優哉游哉、成果不怎麼豐碩的六個星期過去了，當我正準備離開時，戈爾灣鎮的一些老人家來找我，提出頗令人驚訝的建議。他們說：「你在這裡似乎過得很開心，你好像很喜歡這座島。我們的醫生剛退休，他待在島上四十年了。你有沒有興趣當他的接班人？」我還在猶豫時，他們說，安大略省會給我一棟房子，而且，如我所見，住在島上的生活會很愜意。

這讓我十分感動，考慮了好幾天，幻想自己成為一名「小島醫師」。可是後來，帶著些許遺憾，我想這是行不通的。我不適合當全科醫師，我需要城市（儘管鬧哄哄的），以及城市裡為數眾多、各式各樣的神經科病人。我不得不對馬尼圖林島的老人家說：「謝謝你們的好意，但是我不行。」

這是三十多年前的往事了，但我偶爾還是會想，如果我跟馬尼圖林島的老人家說

「好」，這一生不知會是什麼樣子。

一九七九年底，在一座與眾不同的小島上，我總算找到一個「家」。一九六五年秋天，我在愛因斯坦醫學院開始工作沒多久，便聽說過城市島，那裡是紐約市的一部分，大小只有二點多公里長、不到一公里寬。感覺像是新英格蘭地區的小漁村，恍如布朗克斯區以外的另一個世界，即便它離愛因斯坦醫學院只有十分鐘車程，而且我有好幾位同事都住在那裡。島上四面八方都有宜人的海景，海鮮餐廳很多，隨便去哪一家吃午餐，都能讓人在忙碌的白天裡偷閒一下——如果研究工作頗具挑戰性的話，「白天」可能長達十八小時。

城市島有自己的特色、慣例與傳統，而島上土生土長的「挖蛤蠣人」，似乎特別能包容特異份子，無論是夏姆伯格醫師（自幼得了小兒痲痺症的神經學家，經常緩緩騎著他的大三輪車，在城市島大道上上下下），還是瘋狂瑪麗（不時瘋瘋癲癲的女子，會站在她的小貨車的車斗上，宣揚地獄之火）。在大家的眼裡，瑪麗只不過是一位鄰居。事實上，她扮演的似乎是「神婆」的特殊角色，她那堅定不移的信念與幽默，早已歷經「精神錯亂之火」的試煉。

我被趕出貝斯亞伯拉罕醫院的公寓當時，曾在弗農山莊租過一棟房子的頂樓，房東是一對和善的夫婦；但我常開車或騎自行車到城市島及果園海灘。夏天一早上班前，我會騎自行車去海邊游泳，週末會去游長泳，偶爾在城市島周圍游一圈，大約要游上六個小時。

一九七九年，我正在游泳環島時，發現小島的尾端附近有個涼亭，看起來很漂亮。我爬上岸去看，之後在街上閒逛，看到一棟小屋前有「出售」的牌子。身上滴著水的我，敲了門，見到屋主，原來是愛因斯坦醫學院的一位眼科研究員。他剛完成研究工作，正要和家人搬到太平洋岸、美國西北部。他帶我參觀屋子（我借了條毛巾，免得在屋子裡到處滴水），我就捨不得走了。還穿著泳褲的我，光著腳丫，走到城市島大道上的房屋仲介辦公室，跟一位女士說，我想買那棟房子。

我一直渴望有一棟自己的房子，像是從前我在UCLA醫學中心那時、在托潘加峽谷租過的那種房子。而且我想要傍水的房子，這樣就能穿著泳褲、涼鞋，直接走到海邊。所以，霍頓街那棟紅色隔板小屋，距離海灘僅僅一個街區，簡直是太理想了。

我毫無擁有房子的經驗，災難很快便接踵而至。第一年冬天，我出門去倫敦一星期，我不知道暖氣必須開著，以免水管結冰。等我從倫敦回到家，大門一打開，迎面而來的景象差點把我嚇死。樓上的一條水管爆裂，水到處淹，餐廳的整片天花板支離破碎、懸在餐桌上。桌椅全毀了，底下的地毯也是。

既然我有了房子，這次回倫敦，父親曾建議我把他的鋼琴搬走，那是一架美麗的貝希斯坦舊三角鋼琴，製造於一八九五年，父親出生的那一年。他擁有這架鋼琴五十幾年了，每天都會彈，但如今八十幾歲的他，雙手因關節炎而愈來愈不靈活。

當我看到屋內那滿目瘡痍的景象，一陣恐懼傳遍我全身：如果今年房子更早買的話，那不正是鋼琴原本要擺的地方嗎？這麼一想，恐懼感又更強了。

城市島的很多鄰居都是船員。隔壁的屋主是連恩（Skip Lane）與他的妻子多麗絲。連恩大半輩子都在指揮大商船，他們家擺滿指南針和舵輪、羅盤櫃和提燈，整個屋子愈看愈像是一艘船。牆壁上掛滿照片，全是他指揮過的船。

連恩有無數的海上生活奇聞，但他現在退休了，早已不玩大船，改玩單人小帆船。他經常駕船橫越東徹斯特灣，一路航行到曼哈頓也算不了什麼。

雖說連恩的體重肯定接近一百一十公斤，但他強壯不打緊，還敏捷得不得了。我常看他在屋頂上修東西；我想，他應該很喜歡身在高處的感覺。有一次，人家質疑他的能耐，他老兄竟爬上城市島大橋那九公尺高的橋塔，光靠一身肌肉就把自己拽上去，然後穩穩的站在其中一根大樑上。

連恩和多麗絲是完美的鄰居，從不打擾人家，但人家如果需要幫忙就會幫到底。日子過得生龍活虎、有滋有味。霍頓街上只有十幾棟房子，總共三十人左右，這當中如果需要一位領袖、一位拿主意的人，那肯定是連恩。

一九九〇年代早期，有一回，氣象報告說強烈颶風正朝我們的方向撲來，警察用擴音器叫我們撤離。連恩對風暴及大海的變幻莫測瞭如指掌，而且嗓門比什麼警察擴音器都還要洪亮，他卻不同意。「停住！」他大吼：「留在原地不動！」他邀請我們所有的人，中午去他家門廊上開颶風派對，看颶風眼通過。正如連恩所料，就在中午之前，風勢漸漸平息，轉瞬間一片靜謐無聲。現下，在颶風眼當中，陽光普照，天空清澈——簡直是寧靜幸福到極點，太神奇了。連恩告訴我們，有時暴風眼當中的小鳥或蝴蝶，會跟著被帶到幾千公里遠，甚至遠從非洲而來。

霍頓街的人都不鎖門，我們彼此守望相助，還會留意我們共同擁有的小海灘。或許只有幾公尺寬，但那是我們的海灘！每年勞動節，我們都會在那一小片沙灘上開派對，用炙叉串著一整隻豬，慢慢的烤熟。

另一位鄰居名叫大衛，我常跟他一起去海灣游長泳。他的謹慎與海泳常識是我所欠缺的，大體上，他會讓我遠離麻煩。但有時我游得太過頭了，有一次，我一路游到窄頸大橋，差點被一艘船切成兩半。大衛聽我說起這件事，大吃一驚，他說，如果我「像個白痴似的」堅持在航道上游泳，至少後面要拖個鮮豔的橘色浮筒才醒目。

有時我會在城市島外海碰見小水母。我不太在乎牠們擦身而過所產生的微微灼熱。但是一九九〇年代中期，更大隻的水母開始出現，稱為獅鬃水母（*Cyanea capillata*）。福爾摩斯偵探故事最後一集中，神祕死亡事件的元凶正是這種水母。萬一遭這些水母擦身而過，可就大事不妙了。牠們會在皮膚上留下痛苦不堪的螫痕，而且對心跳和血壓都有可怕的影響。有一回，一位鄰居的十歲兒子被水母螫了之後，出現危險的過敏性反應，他的臉和舌頭腫到不行，害他幾乎無法呼吸，及時注射腎上腺素才救了一命。

水母之災愈演愈烈，我去游泳時都得全副潛水裝備，包括面罩，全身只有嘴唇露出來，而且還塗上凡士林。即便如此，有一天我游到一半，發現腋下某側有一隻足球大小的獅鬃水母，把我嚇壞了。以後我再也不能無憂無慮的游泳了。

每年五、六月的滿月期間，我們的海灘，如同美國東北地區各地的海灘，都會上演一場古老而奇妙的儀式：馬蹄蟹（即鱟）這種自從古生代以來沒什麼改變的動物，會慢慢攀爬到岸邊，進行一年一度的交配。這場儀式，四億年來每年都會發生，看著看著，讓我對深邃時間（deep time）的真相，有了生動的感受。

城市島是個適合慢慢閒逛遛達的好地方。在城市島大道走上走下，走進橫跨的街道，每條街都只有一、兩個街區長。這裡有很多精緻的三角牆老房子，可追溯至維多利亞時代，還有一些船廠，從遊艇製造中心的鼎盛時期遺留到現在。城市島大道上海鮮餐館林立，從歷史悠久、精緻講究的斯維特酒店，到賣炸魚薯條的露天強尼礁餐廳，各有千秋。我個人偏愛安靜樸實的捕鯨船酒店，店裡牆上掛著捕鯨照片，每逢星期四供應碗豆湯。這也是瘋狂瑪麗最喜歡的地方。

在這小鎮的氣氛中，我的羞赧消失了一大半。我和捕鯨船酒店經理、加油站老闆、郵局職員都互相直呼其名。郵局職員說，記憶中沒有人寄過或收過這麼多信件，當《帽》書出版時，信件量更增加了十倍之多。

有時候，房子空蕩蕩、靜悄悄的，讓我有壓迫感，我會去霍頓街尾的海王星餐廳，坐在那裡寫作幾個小時，說也奇怪，這家餐廳沒什麼人，生意不太好。我想，他們應該挺喜歡這位安靜的作家，他每半小時左右就會點一道不同的菜，因為他不想為了自己的緣故，害餐廳賠錢。

一九九四年夏初，我被一隻流浪貓馴服了。有天晚上我從市區回來，看見她靜靜的坐在我家門廊上。我走進屋子，拿了一碟牛奶出來，她渴得拚命舔，然後看著我，樣子像是在說：「謝了，大哥，可是我也餓了。」

我把碟子重新加滿，順便拿一片魚肉回來給她，這成了我們心照不宣卻又明明白白的約定：她會留下來陪我，如果我們能安排某種方式一起生活的話。我給她找來一個籃子，放在房前門廊的桌子上，第二天早上，看到她還在那裡，我很開心。我給她更多魚肉，留了一碗牛奶，就去上班了。我向她揮手告別，我想，她應該明白我會回來。

那天晚上，她在那裡等我，說真的，她拱起背咪嗚咪嗚跟我打招呼，用身體磨蹭我的腿。她這麼跟我撒嬌，讓我感動莫名。等貓咪吃飽，我也坐在靠門廊窗戶的沙發上吃我的晚餐，我向來喜歡這樣。貓咪跳到她屋外的桌子上，看著我吃東西。

隔天晚上回到家，我又把她的魚肉放在地上，但這次不知何故，她沒有吃。我把魚肉放在桌上，她跳到桌子上，我在窗口的沙發上坐好，貓咪也和我平行方向蹲伏著，等我一開動，她這才開始吃她的晚餐。所以我們一起吃東西，同步進行。這個儀式每晚都會重複，我覺得很奇妙。我想我們都感覺到一種伙伴關係——人跟狗比較可能有這種關係，跟貓倒是比較罕見。貓咪喜歡跟我在一起，幾天之後，她甚至會跟我一起走到海灘，陪我坐在那裡的長椅上。

我不知道她白天都在做什麼，不過有一次，她給我帶來一隻小鳥，我才意識到，她肯定在找獵物，貓都會這樣。但只要我在屋裡，她就會待在門廊上。物種之間的這層關係令我深深著迷。幾萬年前，人和狗就是這樣相遇的嗎？

九月下旬，天氣轉涼，我把貓咪（我一直都叫她「貓咪」，她也都會回應）送給朋友，接下來的七年，貓咪跟他們一起過得很快樂。

我運氣很好，找到瓊絲（Helen Jones）這位很棒的廚師及管家，她就住在附近，一星期會來家裡一次。每星期四早上她一來，我們就會一起去布朗克斯區採買，我們的第一站是萊迪大道上的魚店，老闆兩兄弟來自西西里島，長得簡直像雙胞胎似的。

小時候，魚販每星期五都會來我們家，背著水桶，裡頭有活跳跳的鯉魚和其他種類的魚。我母親會把魚煮熟，加點調味料，把魚肉統統碾碎，做成一大碗猶太魚丸凍，這道菜加上沙拉、水果和辮子麵包，讓我們得以填飽肚子、度過安息日，因為安息日不可以煮東西。

萊迪大道上的西西里魚販很樂意賣給我們鯉魚、白鮭和梭子魚。瓊絲是個上教堂的虔誠基督徒，不知道她怎麼有辦法做出如此美味的猶太佳餚，但她的即興做菜能力太強了，我不得不承認，她做的魚丸凍實在很棒，跟我母親做的一樣好吃。瓊絲每次做魚丸凍都會稍加改良，我的朋友和鄰居也吃得津津有味。瓊絲的教會朋友也一樣，我喜歡想像她的浸信會教友在教會聚餐時大啖魚丸凍的樣子。

一九九〇年代的某個夏日，我下班回來，在我家門廊上遇見一位怪客，滿臉大黑鬍、一頭亂髮——「瘋子流浪漢」是我的第一眼印象。等流浪漢開口說話，我才明白他是誰，原來是我的老朋友賴瑞。我已經很多年沒見過他，本以為他可能死了，我們很多人都這麼以為。

我早在一九六六年就認識賴瑞，當時的我正試圖彌補剛到紐約幾個月來的毒癮罪孽。我吃得很好、做運動、恢復了力氣、定期去西村的一間健身房。健身房星期六早上八點開門，我經常第一個報到。某個星期六，我開始用腿部推蹬機健身，從前我在加州曾是蹲舉高手，很想知道自己的力氣恢復了多少。我把重量加到三百六十公斤——小意思，四百五十公斤——有挑戰性，五百四十公斤——愚蠢。我知道這對我來說太重了，但我不肯承認失敗。才做了三、四下，第五下就沒力氣了。我無助的躺在那裡，五百四十公斤的重量壓在身上，膝蓋擠壓著我的胸口。我幾乎無法呼吸，更別說喊救命，而且開始懷疑自己還能支撐多久。我感覺血液一直往腦門灌上來，恐怕快要爆血管了。千鈞一髮之際，門打開了，一位很有力氣的小伙子走進來，看見我的窘境，趕快幫我把舉重棒拿走。我緊緊抱住他說：「你救了我的命。」

儘管行動敏捷，但賴瑞顯得非常害羞。他很難跟人家接觸，樣子看起來焦躁不安，眼睛總是轉個不停。但既然我們已經接觸了，他話匣子一打開便幾乎停不下來，我大概是幾星期以來第一個跟他說話的人。他告訴我，他十九歲，由於精神不穩定，前一年才從陸軍退伍。他靠政府發的一小筆退休金過活，據我判斷，他只靠牛奶麵包維生。他一天有十六個小時都在街上走（或跑，如果在鄉下的話），晚上高興睡哪裡就睡哪裡。

他告訴我，他從來不知道自己的父親是誰。他母親得了多發性硬化症，在他出生後惡化，這樣的身體根本沒有能力照顧他。他父親是個酒鬼，在他出生後不久便棄他們而去，於是賴瑞便由許多寄養父母陸續撫養長大。在我看來，他從來不知道真正的穩定是什麼。

我不介意幫賴瑞做「診斷」，即使那時候我對精神病術語還一知半解。所有我能想到的，只是他被剝奪了多少愛、關懷、穩定，他被剝奪了多少尊重。我很訝異，以精神上來說，他竟然可以活到現在。他非常聰明，了解的時事遠甚於我。他會找份舊報紙從頭讀到尾。對於他讀過的一切，他都有自己的定見，不為所動。他不輕易相信任何事情。

他從來沒有找工作的打算，我覺得這多少需要一點骨氣。賴瑞堅決避免毫無意義的忙碌，他很節儉，晚年的生活靠他那筆微薄的退休金還過得去，甚至還有辦法存錢。

賴瑞一天到晚都在走路。從他位於東村的公寓走三十公里到我位於城市島的家，對他來說，沒什麼稀奇。他偶爾會在我家客廳的沙發上過夜，有一天，我在冰箱底下發現一些很重的長方塊，原來是賴瑞多年來買下的金條。他把金條藏在我家，覺得這樣比放在他的公寓更安全。他說，在不安的世界裡，人們唯一可以信賴的財產就是黃金，股票、債券、土地、藝術品，都可能一夜之間失去價值，但黃金（「元素七九」，他曾這麼說來取悅我）始終都會保值。如果不工作就可以活下去、可以當個獨立自由的人，那他幹嘛要工作？幹嘛要擁有一份差事？我喜歡他說這些話的勇氣和直率，在某種程度上，我覺得他是我認識的最自由自在的人之一。

賴瑞天生直腸子，性情溫和，很多女人覺得他很迷人。他和東村一位大方闊綽的女子結婚多年，但發生了可怕的事情：有一天，她遭闖入他們公寓找毒品的歹徒殺害。歹徒沒有找到毒品，賴瑞卻找到了她的屍體。

賴瑞多半以牛奶和麵包維生，妻子的死讓他悲痛萬分，現在他什麼都不想吃，只想喝牛奶。他痴心妄想跟一個大胸脯的哺乳期女人一起環遊世界，她會把他像嬰兒一樣抱在懷裡，讓他吸吮她的乳房。我從來沒聽過比這還誇張的原初幻想（primal fantasy）。

有時我幾星期或幾個月都見不著賴瑞（我沒辦法聯繫他），但後來他又會突然現身。賴瑞跟他父親一樣酗酒，酒精在他大腦裡引起某些有害且自毀的作用。他知道這一點，通常會避免喝酒。一九六〇年代晚期，我們曾一起嗑藥好幾次，他喜歡坐在我的摩托車後座，跟我一起去探望我的表親凱西——她是阿爾・卡普（Al Capp）的女兒，住在巴克斯郡。凱西得了思覺失調症，但她和賴瑞彼此心意相通，兩人結下奇特的不解之緣。

瓊絲也很喜歡賴瑞，我所有的朋友都很喜歡他，他是個完全獨立自主的人，可說是現代城市裡的梭羅。

我在紐約認識了我的一些美國表親：卡普家族（他們原姓卡普林，認真說起來，其實是遠房表親）。最年長的是漫畫家阿爾．卡普。他有兩個弟弟：同是漫畫家的本斯．卡普，以及漫畫家兼劇作家艾略特．卡普，還有一個妹妹：瑪德琳．卡普。

一九六六年，我第一次參加卡普家族的逾越節家宴，至今記憶猶新。我那時三十二歲，瑪德琳的丈夫加德納四十八歲，年輕帥氣、非常耿直、有軍人的架式，他是後備部隊上校，也是建築師。加德納坐在主位指揮家宴，瑪德琳坐在另一頭，兩人中間坐的是卓越不凡的家族成員：本斯、艾略特、阿爾，以及他們的妻子。加德納和瑪德琳的小孩背誦完四個問題，找到藏起來當甜點的無酵餅（這是逾越節家宴的傳統），四處跑來跑去。

那時我們正值壯年。傑出的阿爾是著名漫畫人物小阿不納（Li'l Abner）的創作者，深受美國各地讀者的喜愛與崇拜。兄弟中最有想法的艾略特，則是因他的散文與劇本而受到推崇。本斯又名杰羅姆，是響噹噹的創作才子，瑪德琳則是兄弟們的寵兒、眾人的焦點。他們都很健談、才華洋溢、活力充沛，有時我覺得，瑪德琳才是所有人當中最聰明的，而害她失語的那場中風，還要等到幾年之後才會發生。☆

我常看到阿爾，當我一九六〇年代中期認識他時，他就是個怪人。一九三〇年代，阿爾的所有兄弟本來都是共產主義信徒或同路人，但阿爾在一九六〇年代經歷了一場政治大逆轉，成為當時正、副總統尼克森與阿格紐的友人（儘管並非完全受他們信任，我懷疑，這是因為他的機智與諷刺可能針對任何當權者所致）。

早在九歲時，阿爾因車禍而失去一條腿，他裝了一副很粗重的木腿，這讓我想起《白鯨記》主角亞哈船長的乳白色鯨骨腿。阿爾的某些咄咄逼人、某些爭強好勝、某些明目張膽的性事，很可能都與他的傷殘有關，因為他覺得必須證明自己不是瘸子，而是某種超人。但我從來沒見過阿爾的這一面，他對我一向很友善親切，我很喜歡他，覺得他充滿創意、活力與魅力。

一九七〇年代早期，除了畫漫畫，阿爾還去很多大學演講。他是傑出的演說家，是巡迴演講的熱門人物。不過，抹黑流言開始圍繞著他，謠傳他可能對一些女學生不太規矩。謠言愈來愈不堪，指責聲浪並起。有一則醜聞，使得阿爾遭數以百計的報社聯盟解雇，而他這輩子都在為這些報社工作。曾創造出狗塢（Dogpatch，漫畫場景）與什穆（Shmoo，漫畫角色）的阿爾，在某些方面可說是美國漫畫界的狄更斯。忽然間，這位深受喜愛的漫畫

✫ 瑪德琳中風時才五十歲左右，此後便無法言語，但她的失語卻是如此有智慧、如此獨具風格、如此別出心裁，使得失語症有了新的含義。

家發現，自己竟遭人唾罵，而且失去了工作。

他暫時躲到倫敦，住在旅館裡，偶爾發表文章及漫畫。但據說他成了落魄潦倒的失意人，他的不可一世、他的生氣勃勃，都棄他遠去。他終日鬱鬱寡歡，身體狀況逐漸走下坡，直到一九七九年離世。

另一位表親埃班（見第172頁）是家族裡的奇才，他是我父親的姊姊阿莉達的長子。埃班小時候便展現出過人的天分，後來在劍橋成就了一番輝煌事業，先是當上劍橋聯合會（即該校的辯論社）會長，獲得三冠王，繼而成為東方語言講師。儘管一九三〇年代的英國仍盛行反猶太主義，但他已經證明，不具財富或出身上流背景或社會關係優勢的猶太男孩，除了非凡的頭腦之外，一無所有，卻能在英國最古老的大學之一成為頂尖人物。

他那慷慨激昂的口才與過人的機智，在他二十歲時已發展成熟，但這會導致他的從政生涯、還是留在劍橋當學者，此時還不明朗。他母親（也就是我姑姑）曾在一九一七年將貝爾福宣言（Balfour Declaration，乃英國支持猶太人獨立建國的重大宣言）翻譯成法文及俄文，而且埃班從小就是堅定且充滿理想色彩的猶太復國主義者。巴勒斯坦的戰爭與發展，決定了他的未來走向。

埃班比我年長將近二十歲，直到一九七〇年代中期，我才和他有比較多的接觸。他的生活都在以色列，我則是在英國、後來在美國；他過的是外交家與政治家的生活，我過的則是醫師與科學家的生活。我們難得見到對方，都是在家人的婚禮及其他場合匆匆一見。而當埃班有機會造訪紐約時，身為以色列外交部長或副總理的他，似乎總是被安全人員包圍，我和他很少有機會多講幾句話。

但是一九七六年的某一天，瑪德琳同時邀請我們去吃午餐。埃班和我一見面，兩人及在座每一個人都明顯看得出來，我們的手勢和姿勢驚人的相似，譬如我們的坐相、粗手粗腳的動作、講話與思維的風格等等。有一度，坐在桌子兩端的我們突然同時起身，搶著吃甜菜果凍，我們兩人都很喜歡這道菜，但其他人都很討厭。這些相似之處與巧合，引得整桌人哈哈大笑，我對埃班說：「我幾乎沒見過你，我們的生活很不一樣，但我有種感覺，我們兩人之間的遺傳相似性，比我和我三個兄弟之間的還多。」他說他也有同感，覺得我在某些方面，比他的三個兄弟姊妹更像他。

「這是怎麼回事？」我問。

「返祖現象（atavism，即隔代遺傳），」他立刻回答。

「返祖現象？」我眨了眨眼。

「是的，atavus是祖父的意思，」埃班答道：「你不認識我們的外公埃里維瓦，雖然你的希伯來文與猶太文名字跟他一樣。他在你出生之前就過世了。但是，我們來到英國那時候，我是他撫養長大的。他是我第一位真正的老師。大家看見我們在一起都會笑，他們說，這一老一小實在像得離譜。他那一代的人當中，沒有人說話或動作或思考方式跟他一樣，我父母那一代完全沒有人像他，我以為我們這一代也沒有人像他，直到你走進這個門，我還以為我外公復活了。」

埃班身上存有一種悲劇或矛盾的成分，他曾獲譽為「以色列之聲」，贏得世人洗耳恭聽。他那熱情激昂的圓滑口才、他的劍橋口音，竟被新的一代視為浮誇、老派。他出版的第一本書翻譯自哈基姆（Tawfiq al-Hakim，埃及著名作家，人稱阿拉伯戲劇之父）的《司法迷宮》，而他流利的阿拉伯語，以及贊同阿拉伯文化的知識背景，致使他在日益高漲的黨爭氣氛下，幾乎成為嫌疑份子。因此，最終他失去權勢，回歸到學者與歷史學家的生活，同時也在書籍雜誌與電視上成為傑出的評論家。他告訴我，他個人的感受五味雜陳：沉浸於政治與外交界數十載，他覺得換來的是「一場空」，但也頓時感到前所未有的平和心境。一恢復自由身，他做的第一件事就是去游泳。

埃班在普林斯頓高等研究院擔任客座教授時，有一次我問他，學術生活怎麼會適合他？略顯傷感的他說道：「我渴望有個舞臺。」但隨著舞臺變得更險惡、更狹窄、更多黨派，具有廣泛文化認同與寬大心胸的埃班，對舞臺的戀棧也變少了。我曾經問過他，希望自己在世人的記憶中是什麼樣的人，他說：「老師。」

埃班喜歡講故事，他知道我的興趣在於自然科學，所以跟我說了幾個他與愛因斯坦接觸的故事。一九五二年，魏茨曼（Chaim Weizmann，以色列第一任總統）去世後，埃班曾受委派去邀請愛因斯坦擔任以色列的下一任總統；愛因斯坦當然拒絕了。

埃班笑著回憶說，還有一次，他和以色列領事館的一位同事，去愛因斯坦位於普林斯頓的家裡拜訪。愛因斯坦邀請他們進門，很客氣的問他們要不要喝咖啡，埃班說好（以為助理或管家會去煮咖啡）。當愛因斯坦本人快步走進廚房時，他「嚇了一大跳」（他是這麼說的）。這位偉大的人物竟親自幫他們煮咖啡！但他一片好意，樣子卻有點笨拙。不久，他們聽到杯子水壺噹啷作響，偶爾還有什麼鍋碗瓢盆掉下來。最重要的是，埃班說，這件事讓他看到世上最偉大的天才，也有凡人及可愛的一面。

一九九〇年代期間，埃班無官一身輕，來紐約自在方便多了，我更常有機會看到他。有時他與妻子蘇西同行，還經常跟他妹妹卡梅爾（Carmel Eban）一起回來，卡梅爾也住在紐約。埃班和我成了忘年之交，我們生活上的巨大差異，以及將近二十歲的年齡差距，愈來愈無所謂了。

可愛又可怕的卡梅爾！她把每個人氣得半死，至少是她所有的家人。但我對她卻頗有好感。

多年前的卡梅爾是個神祕人物，曾在肯亞某處當女演員，但一九五〇年代她來到紐約，嫁給名叫洛斯（David Ross）的導演，和他共同成立了一座小劇場，上演洛斯最喜歡的易卜生與契訶夫的戲劇（雖然她自己的最愛一直是莎士比亞）。

一九六一年五月，當我見到她時，我剛從舊金山半騎摩托車（在阿拉巴馬州拋錨的那輛二手摩托車）、半搭便車來到紐約。她住在第五大道的高級公寓，好心收留了全身髒兮兮且披頭散髮的我，她命令我去洗澡，還幫我買乾淨的衣服，幫我把髒衣服洗好。

洛斯那時候意氣風發，他的一系列劇場演出大受歡迎。卡梅爾告訴我，洛斯已經嶄露頭角，被視為紐約劇場界的重要人物。當我見到洛斯時，他正在賣弄炫耀、奢侈揮霍的興頭上，宛如獅子般鬼吼鬼叫。他帶我們去俄羅斯茶室吃六道菜的晚餐，價格貴得令人不敢置信，菜單上每道菜都叫了，還叫了半打各式各樣的伏特加酒。這絕不僅僅是盛情款待而已，我懷疑他是不是有點躁狂。

卡梅爾也自視甚高，她看不出自己為何無法掌握挪威文與俄文，她自認為對語言這麼敏銳，想必幾個星期就能搞定，於是親自翻譯易卜生與契訶夫的作品。洛斯的《約翰・加布里爾・博克曼》在倫敦開演時一敗塗地，而且賠了一大筆錢，部分原因可能來自她的翻譯。這筆錢大半是卡梅爾從娘家連哄帶騙借來的，娘家人負擔不起，她也從來不還。幾年後，洛斯在紐約必須住院治療（他經常嚴重抑鬱），沒多久就死了，死因究竟是意外服藥過量還是自殺，一直無法確認。深受打擊的卡梅爾回到倫敦，在那裡她還有家人和朋友。

一九六九年，卡梅爾和我再度碰面，當時我人在倫敦，正在寫《睡人》的第一篇病歷，《偏頭痛》還在費伯出版社印刷中。卡梅爾要求看我寫的東西，看完《偏頭痛》的校樣之後，她說：「哇，你是個作家耶！」

以前從來沒有人這樣對我說過。《偏頭痛》是費伯出版社的醫學部門出版的，他們視這本書為醫療書籍，是特別為偏頭痛而寫的專業著作，並非文學寫作。那時還沒有人看過《睡人》的第一篇病歷，除了費伯出版社，結果他們都覺得這種東西無法出版而拒絕了。卡梅爾認為《偏頭痛》不但會受到醫學界歡迎，還會受到一般讀者、甚至文學讀者的歡迎。有了她這一番話，我才得以振作起來。

費伯出版社一直拖延《偏頭痛》的出版，我愈來愈沮喪。

卡梅爾見狀，決定拔刀相助。

「你必須找個經紀人，」她說：「找個會維護你的人，讓你不受壓榨的人。」

把我介紹給經紀人羅斯（見第170頁）的，正是卡梅爾。羅斯對費伯出版社施壓，書才得以發行。要是沒有羅斯，沒有卡梅爾，《偏頭痛》可能永遠見不了天日。

一九七〇年代中期，卡梅爾在她母親過世後回到紐約，在東六十三街租了一間公寓。她算是我和埃班的經紀人，埃班當時參與了一系列有關猶太人歷史的書籍與電視節目製作。可是無論經紀或演戲，都是兼差工作，卡梅爾付不起紐約愈來愈昂貴的房租，所以埃班和我共同分擔這筆差額，往後的三十年都是如此。

那些年我和卡梅爾經常見面。我們常一起去看舞臺劇，其中一部是《翅膀》，康斯坦斯．卡明斯（Constance Cummings）在劇中飾演中風後無法言語的女飛行員。看到一半，卡梅爾轉身問我，會不會覺得她的表演感人至深，我說不會，她大吃一驚。

為什麼不會？她問道。我回答說，因為她講的話聽起來，一點也不像失語的人所講的話。

「哦，你這個神經學家！」卡梅爾說：「難道你就不能暫時忘掉你的神經學，讓自己投入劇情和表演嗎？」

「不行，」我說：「如果她的語言聽起來不像失語症，那整齣劇在我看來便顯得不真實。」我的思想狹隘與毫不妥協，讓她猛搖頭。☆

當《睡人》被好萊塢電影採用，我因此而認識潘妮．馬歇爾（Penny Marshall）及勞勃．狄尼洛時，卡梅爾很興奮。不過，在我五十五歲生日那天，她的直覺卻讓她出了糗。當天，勞勃來到城市島參加我的生日宴會，而且還大駕光臨寒舍（以他神不知鬼不覺的本事），自己悄悄的神隱在樓上，沒有人認出他。當我告訴卡梅爾，勞勃來了，她卻大著嗓門說：「那不是勞勃．狄尼洛。那是酷似他本人、電影公司找來的替身啦！我知道真正的演員長什麼樣子，他一分鐘都唬不了我的啦！」她知道如何讓自己的聲音投射出去，所有人都聽見她的高談闊論。

我自己也變得沒把握，於是走去街角的電話亭，從那裡打電話到勞勃的辦公室。一頭霧水的他們說，那當然是真正的勞勃。沒有人比勞勃本人覺得更好笑，卡梅爾的大吼大叫，他全聽見了。

在火車上，邊談天、邊寫作。　（Lowell Handler 提供）

2010 年於藍山中心，孤燈下，寫作中。　（Bill Hayes 提供）

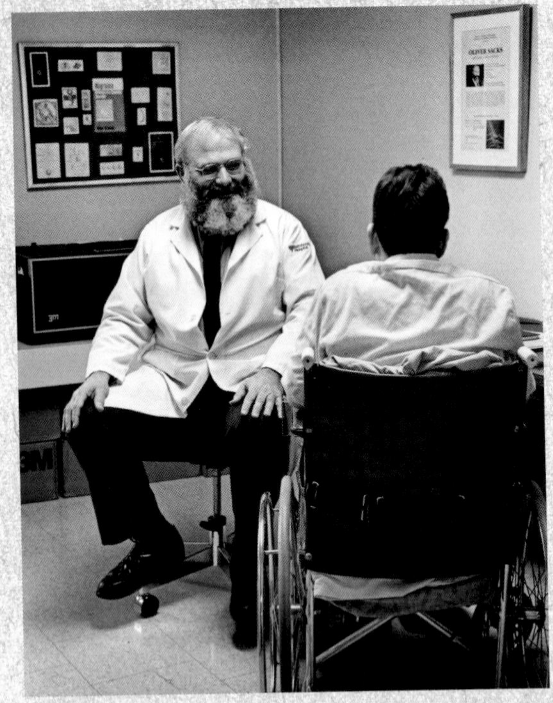

1988 年，我在貝斯亞伯拉罕醫院看診。

（下圖由 Lowell Handler 提供）

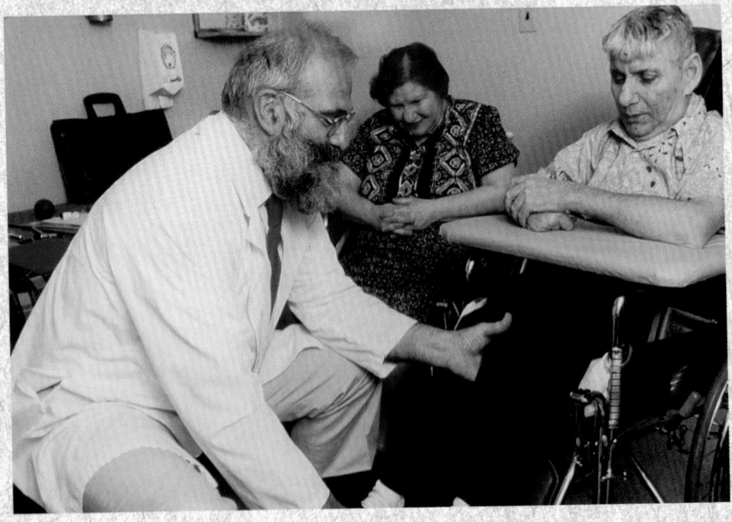

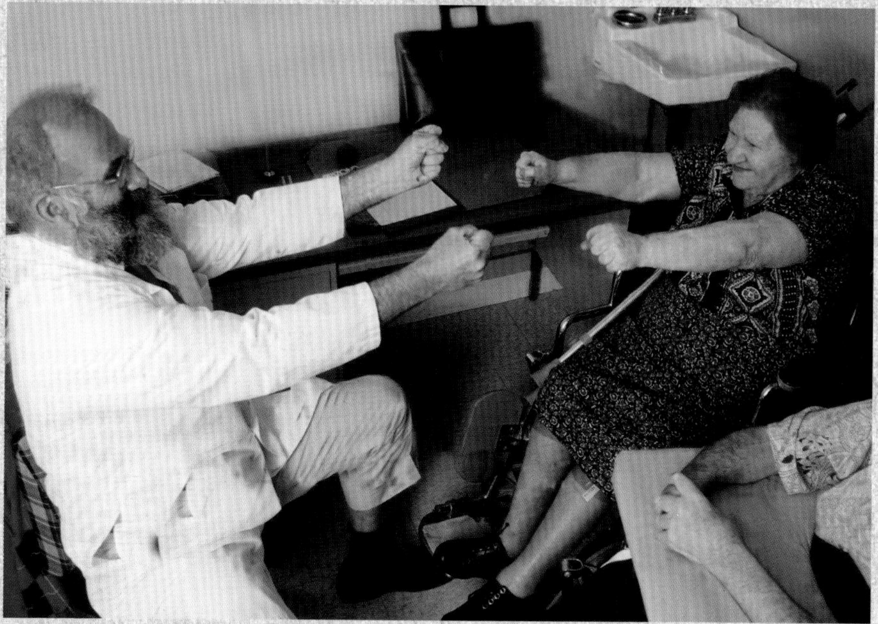

在貝斯亞伯拉罕醫院，我覺得我挺適合值夜班，所以心甘情願這麼做。（Lowell Handler 提供）

1994 年與葛蘭汀（Temple Grandin）合影，
她是患有高功能自閉症的天才科學家。
（Rosalie Winard 提供）

1995 年與著名的劇場導演布魯克（Peter Brook）
及妥瑞氏症好友菲斯泰爾（Shane Fistell）合影。
（Chris Rawlence 提供）

1998 年「睡人」拍攝期間，
與羅賓．威廉斯合影。

漢倫（Roger Hanlon）是
海洋生物學家，我們都很
喜歡烏賊、墨魚，及其他
頭足類動物。

1974 年「睡人」紀錄片
的一幅定格畫面。

我在城市島的家中釘了一張告示，提醒自己向各方邀約說「不！」
這樣才有時間寫作。

1972 年於父母親的金婚紀念日，我與三位哥哥大衛、馬可斯、邁可合影。

（Lowell Handler 提供）

1987 年父親九十二歲大壽，我和父親合影於馬普斯伯里路三十七號的老家。

1988 年於佛羅倫斯。（研討會後，我和諾貝爾生理醫學獎得主愛德曼共進晚餐，深受啟迪。）

幾年後在波隆納的另一場會議，我和愛德曼（右）正在討論。

1992 年的美國神經科學學會年度會議上，西格爾（左起）、華瑟曼、我和塞奇共同展示有關色盲畫家的海報。

1995 年，我和「安貧小姊妹會」的修女一起工作。

2010 年，我和從小到大的老朋友艾瑞克，在達爾文故居的「沙之小路」漫步。

（Kate Edgar 提供）

1987 年拜訪老朋友喬納森，在他位於倫敦的家裡。（Lowell Handler 提供）

1995 年，和我三十多年來的助理兼工作伙伴凱特合影。

（Joyce Ravid 提供）

與數學家兼神經科學家西格爾，合影於墨爾本附近的「鴨嘴獸飼養場」。

我在水裡比在陸地上快樂：古拉索島海邊浮潛、散步。

（Nicholas Naylor-Leland 提供）

於美國加州和內華達州邊界上的太浩湖，潛水後起身之際。
（Marsha Garces Williams 提供）

於太浩湖穿戴水肺潛水。
（Lorraine Newman, Pan Aqua 提供）

接受英國女王頒發「大英帝國司令勳章」。

2014 年於阿姆斯特丹的霍圖斯植物園，和我最喜歡的一棵蘇鐵合影。
（Bill Hayes 提供）

2014 年，我與忘年伴侶比利合影。（Henri Cole 提供）

2006 年，我在祕魯的馬丘比丘，寫日記。　（Kate Edgar 提供）

可愛又可怕的卡梅爾！我喜歡她跟我作伴——當她不惹我發脾氣的時候。她聰明、搞笑，是個鬼才模仿者；她衝動、天真、不負責任；但她也是個幻想家、歇斯底里的人、吸血鬼，總是不斷從身邊所有人身上榨取更多錢財。她是個危險的留宿客，會順手摸走屋主書房裡的藝術書籍，然後賣給二手書店（後來我才知道）。我常想起我們的麗娜姑姑，她勒索富人，要他們捐錢給希伯來大學。卡梅爾從不勒索任何人，但她跟麗娜姑姑有許多相似之處：她也是個女魔頭，被一些家人痛恨，卻是讓我心軟的人。這些相似處，卡梅爾並非不知情。

卡梅爾的父親過世時，把大多數的財產都留給她，因為他知道她是孩子裡頭最拮据的。如此一來，兄弟姊妹對她的怨恨抵消了一部分，因為他們覺得，現在她有了遺產，生活從此高枕無憂，只要乖乖過日子，避免做出什麼愚蠢或奢侈的事情，應該不會再向他們伸手要錢或靠他們支援了。我也很高興，今後不用再覺得有責任按月寄支票給她。

但她有別的想法，自從洛斯過世之後，她一直念念不忘自己是戲劇界的一份子。現在她擁有資金，總算可以製作、執導、演出自己最喜歡的戲劇了，她選的是《不可兒戲》，這樣她就可以飾演劇中的普里斯米小姐。她租了劇院，找來一組演員，並安排宣傳活動。結

✰ 散場後，我們去後臺看卡明斯，我問她有沒有見過失語症病人。「沒有，一個也沒有，」她回答。我什麼也沒說，但我心想：「看得出來。」

果如她所願，演出很成功。但事情的發展就是這麼奧妙，好運沒有第二次了。她那瘋狂愚蠢的手勢這麼一揮，便把遺產的每一分錢統統砸光。家人給氣得半死，而她呢，這下又破產了。

卡梅爾自己倒是欣然接受，即使這有點像是三十年前《約翰・加布里爾・博克曼》的舊事重演。但現在的她，沒那麼容易東山再起了。她年屆七十（雖然外表顯得較年輕），她有糖尿病（但她不太在乎），而且家人都跟她斷絕往來——除了埃班，不管她讓他多生氣，他總是挺她到底。

埃班和我又恢復按月寄支票給她，但卡梅爾心底深處的某個部分已然破碎。我猜想，她覺得這是她在百老匯發光發熱、成為閃耀巨星的最後機會了。她的健康狀況迅速惡化，迫使她住進養護機構。她時而妄想，不知是由於失智或糖尿病所致，或兩者都是。偶爾有人發現她披頭散髮、搞不清楚方向，在希伯來之家附近滿街遊蕩。有一回，她堅信自己正在跟湯姆・漢克（Tom Hanks）合演史蒂芬・史匹柏執導的電影。

不過，在其他不出差錯的日子裡，她喜歡去劇院走走（那是她最初與最後的愛），以及在希伯來之家附近、宜人的波丘園散步。這會兒，她決定寫自傳。她文筆很好，寫來頗輕鬆，何況又有如此不尋常、充滿奇趣的生平事蹟可以訴說。但她的「自傳式記憶」（情節記憶）能力已經開始失常，因為她的失智症悄悄的惡化了。

相反的，她的「表演」記憶、她的演員記憶卻是原封不動。任何莎士比亞的臺詞，只要我起個頭提示一下，她就可以繼續唸下去，把自己變成《奧賽羅》的苔絲狄蒙娜、《李爾王》的寇蒂莉亞、《羅密歐與茱麗葉》的茱麗葉、《哈姆雷特》的歐菲莉亞。無論是扮演哪個人物，她都全心投入、角色上身。護理師平常當她是精神錯亂的生病老太婆，一看到這些轉變，全都目瞪口呆。卡梅爾曾經對我說，她沒有自己的身分，她擁有的，只是她所扮演的那些人物的身分。

這話太誇張了，因為她年輕時根本是超有個性、唯我獨尊的大小姐。但現在，由於失智症洗去她自己的身分，情況真的差不多是這個樣子了。唯有化身為寇蒂莉亞或茱麗葉的那幾分鐘，她才能成為完整的人。

我最後一次去探望她時，她得了肺炎，呼吸急促而不規則、常發出粗啞的聲音。她眼睛睜開，但視而不見。我在她眼前揮手，她沒有眨眼睛，但我覺得她可能還聽得見、聽得出是誰的聲音。

我說：「再見了，卡梅爾。」幾分鐘後，她便過世了。當我打電話給她弟弟拉斐爾，告知她的死訊時，拉斐爾說：「願上帝保佑她靈魂安息——如果她有靈魂的話。」

一九八二年初，我收到從倫敦寄來的包裹，裡頭附有品特（Harold Pinter）寫的信，以及新劇作《另一種阿拉斯加》的文稿，他說，此劇作的靈感來自《睡人》。品特在信中寫道，一九七三年《睡人》原著一出版，他就拜讀過，當時即認為這本書「不同凡響」。他一直在想，有沒有可能把書改編成戲劇，但後來打消念頭，因為看不出明確的走向，直到八年後才又突然想起這回事。前一年夏天，有天早上他醒來，開場白清晰的印在他腦海裡：「有事情發生了。」然後，在接下來的幾天之內，這齣劇很快就「自己寫出來了，」他說。

《另一種阿拉斯加》說的是病人黛博拉的故事，二十九年來，她一直處於非常奇特、無法與外界溝通的某種冰封狀態。有一天她甦醒了，不知道自己的年齡，也不知道自己身上發生什麼事。她以為身旁頭髮花白的女子是她的某位表姊或「從來沒見過的阿姨」，結果卻是她的妹妹，真相大白令她深受打擊，這才認清自己的現實狀況。

品特從來沒見過我們的病人，也沒看過《睡人》紀錄片，不過他所描寫的黛博拉，活脫脫就是我的病人羅絲。我想像羅絲一邊讀這部劇作，一邊說：「我的天哪！他寫的就是我。」在某種程度上，我覺得品特領悟到的，比我寫出來的還多，該怎麼說呢？他參透了更深一層的道理。

一九八二年十月，我去倫敦國家劇院欣賞這齣劇的開幕演出。茱蒂．丹契（Judi Dench）把黛博拉演得出神入化。這讓我非常驚訝，正如我對品特的構思如此逼真，一直感到很不可思議，因為丹契跟品特一樣，從來沒見過腦炎後型病人。事實上，她說當她在揣摩這個角色時，品特不許她去看這些病人，他認為，她應該完全依照他的臺詞來塑造黛博拉的性格。她的演出十分扣人心弦。（然而，後來丹契果真看了紀錄片，也去高地醫院探視一些腦炎後型病人。但我覺得在此之後，她的演出也許更加逼真，卻反而不那麼揪心了。或許品特是對的。）

截至此刻為止，戲劇表演也好，「根據」、「改編自」、「啟發自」我個人作品的任何東西也好，我對這些向來有所保留。我覺得，《睡人》是真人真事，其他的任何作品肯定是「不真實的」。如果缺乏直接與病人接觸的第一手經驗，怎麼可能是真實的？然而，品特的劇作讓我看到，偉大的藝術家如何重新賦予、重新想像所謂的「真實」。我覺得品特給我的，並不亞於我給他的：我給他一則真人真事，他也還了一則給我。✫

一九八六年，我在倫敦的時候，作曲家尼曼（Michael Nyman）來找我，他想根據《錯把太太當帽子的人》的標題故事編寫一首室內歌劇，問我感覺如何。我說，這種事情我想像不出來，他回答說，我不用想像，他自己會想像。事實上，他已經這麼做了，因為第二天他就把樂譜拿給我看，還提到他心目中的劇作家：羅倫斯（Christopher Rawlence）。

我跟羅倫斯說了很多皮博士（見第272頁）的故事，最後我說，要是皮博士的遺孀不同

✫ 此後，對於受我個人作品啟發的其他作品，我也有同樣的感覺，尤其是布魯克（Peter Brook）的精采戲劇演出，例如一九九三年的《在……的男子》（*L'Homme Qui...*），以及二〇一四年的《驚奇谷》，還有靈感來自《睡人》、由皮克（Tobias Picker）擔綱作曲的一齣芭蕾舞劇。

意，這齣歌劇我就不能同意。我建議羅倫斯和她碰面，小心探詢她對這樣一部歌劇的感覺（她和皮博士本身都是歌劇演唱家）。

結果羅倫斯與皮夫人建立了非常溫馨、融洽的關係，她在這部歌劇中的戲份，比我在書上描寫的還要多。儘管如此，當歌劇在紐約首演時，我還是非常緊張。皮夫人來看開幕演出，我卻一直在偷看她，緊張兮兮的曲解她臉上的每一個表情。但演出結束後，她走向我們三人（尼曼、羅倫斯、我），說道：「你們為我丈夫增光了。」這句話讓我很高興，讓我感覺到，我們並沒有利用他，或是扭曲他的處境。

早在一九七九年，兩位年輕的電影製片人帕克斯（Walter Parkes）與拉斯克（Larry Lasker）即來找我。他們幾年前在耶魯大學修人類學時讀過《睡人》，希望把《睡人》變成劇情片。他們參觀過貝斯亞伯拉罕醫院，也見過很多位腦炎後型病人，我同意讓他們發展劇本。幾年過去了，在這段期間我什麼消息也沒聽說。

等他們八年後再度跟我連絡時，我幾乎已忘了這項計畫，他們說，彼得．威爾（Peter Weir，澳洲籍著名導演）已經讀過《睡人》以及靈感來自此書的劇本，他很有興趣執導這部電影。編劇是一位年輕作家，名為柴里安（Steve Zaillian），一九八七年萬聖節當天，我收到他們寄來的劇本，就在我預定與彼得．威爾碰面的前一天。我不喜歡那個劇本，尤其是杜撰的次要情節，說什麼醫師愛上一位病人，而且等威爾一來，我就直截了當跟他說這件事。他嚇了一跳，這可想而知，不過他理解我的立場。幾個月後，他退出這項計畫，說他看到各種「暗礁險灘」，覺得自己無法勝任。

在接下來的一年裡，劇本歷經多次修改，愈改愈好，柴里安、帕克斯、拉斯克努力創作出忠於原著、忠於病人經歷的劇情。一九八九年初，我接到通知：潘妮．馬歇爾將執導本片，而且她會跟勞勃．狄尼洛一起來拜訪我，勞勃將飾演病人李奧納德。

我不太確定我對此劇本的感想，因為，雖然某方面來說，它的主旨在於「幾近重現過去的事實」，但它也「加油添醋」，採用了一些完全虛構的次要情節。無論如何，我不得不放棄那是「我的」電影的想法：那不是我的劇本，那不是我的電影，大體上我什麼都掌握不了。對自己說這番話一點也不容易，但這同時也是一種解脫。我可以提供建議與諮詢，確保醫療及歷史方面的正確性，我會盡我所能，讓電影從真實的角度出發，但我不用覺得自己要對電影負起責任。☆

☆ 扮演腦炎後型病人的所有演員，都曾細緻入微的研究《睡人》紀錄片，這部紀錄片成了劇情片主要的影片參考來源，外加我於一九六九、七〇年錄製的超長八厘米影片，以及錄音帶。《睡人》紀錄片從未在英國以外播出，而好萊塢電影的發行，似乎正是我們把紀錄片提供給美國公共電視網的理想時間點。但哥倫比亞電影公司堅稱我們不能這麼做，電影公司認為，紀錄片可能會分散掉劇情片的「真實性」。這真是荒謬的想法。

為了深入了解即將刻畫的故事，為了詳盡揣摩劇情，勞勃．狄尼洛的投入簡直太傳奇了。我以前從未親眼目睹演員對於飾演的對象所下的功夫——這些功夫的極致表現，就是到最後，演員果真變成他所飾演的對象。

到了一九八九年，貝斯亞伯拉罕醫院的腦炎後型病人幾乎全都過世了，但倫敦的高地醫院還有九位。勞勃．狄尼洛覺得去探視他們很重要，於是我們便一起去看他們。他花了很多時間與病人交談，還製作和研究錄影帶，讓他可以充分學習。他的觀察與移情能力讓我大開眼界。我很感動，而且我覺得病人也很感動，因為他們以前很少遇到這樣的關注。「他真的在觀察你，看到你心坎裡去，」第二天，其中一位病人對我說：「自從馬丁醫師之後，沒有人會真的這麼做。他確實想搞清楚，你到底是怎麼了。」

我回到紐約時，認識了羅賓．威廉斯，他將飾演醫師——也就是我。羅賓想看我如何與病人互動——類似《睡人》書中和我一起工作、生活的那種病人。所以我們前往安貧小姊妹會，那裡有兩位服用左旋多巴的腦炎後型病人，我已經追蹤他們好幾年了。

幾天後，羅賓．威廉斯和我一起去布朗克斯州立醫院。我們在一間亂七八糟的老年病房待了幾分鐘，那裡的五、六位病人同時大喊大叫，說些奇奇怪怪的話。後來，當我們驅車離開時，羅賓突然迸出剛才病房的「重播」，把每個人的聲音與風格模仿得極為傳神，令人難以置信。他把所有不同的聲音與對話都吸收了，默記在腦海裡一字不差，此刻他正在複誦那些對話，簡直是讓病人給附身了。

這種瞬間領悟與重播的能力，在羅賓身上發揮到了爐火純青的地步，以「有樣學樣」來形容，實在遠遠不夠，因為這些模仿充滿感性、幽默、創意。但我心想，這應該只是他揣摩演技的第一個步驟。✫

我很快就發現，原來我自己正是他揣摩的對象。我們見過幾次面之後，羅賓．威廉斯開始模仿我的某些舉止、姿勢、步態、講話——各式各樣我至今渾然不覺的事情，簡直像面鏡子似的。在這面活生生的鏡子裡看到自己，令我啼笑皆非。但是我很喜歡跟羅賓在一起，開車亂逛、上館子，被他熱力四射、連珠炮似的幽默惹得哈哈大笑，他的博學令人印象深刻。

過了幾個星期，我們在街上閒聊時，我陷入沉思，據說那副沉思的樣子是我的招牌姿勢。我突然意識到，羅賓的姿勢跟我一模一樣。他並不是在模仿我；在某種程度上，他已

✫ 這讓我想起幾年前，達斯汀．霍夫曼（Dustin Hoffman）來訪的情景，當時他正在揣摩電影《雨人》中他所扮演的角色——自閉症病人。我們去布朗克斯州立醫院探視我的一位年輕自閉症病人，然後去植物園散步。我和霍夫曼的導演正在聊天，霍夫曼隔了幾公尺跟在後面。忽然間，我以為我聽到那位病人的聲音。我回頭一看，嚇了一大跳，原來是霍夫曼在自我思考，不過是用那位病人的聲音和身體在思考，用那位病人的動作在思考。

經變成我了，彷彿天上突然掉下來一個雙胞胎弟弟。我們兩人都覺得有點彆扭，於是決定彼此之間需要一些距離，這樣他才能塑造出屬於他自己的角色——也許是根據我的樣子，但具有角色本身的生命與個性。☆

我帶演員和劇組人員去過貝斯亞伯拉罕醫院好幾次，去感受那個地方的氣氛與情緒，最特別的是，去探望那些還記得二十年前往事的病人與醫護人員。有一次，我們辦了一場團圓聚會，邀請當年與腦炎後型病人一起工作過的所有醫師、護理師、治療師、社工來參加。其中有些人早就離開醫院，有些人已經好多年沒見過彼此。但九月的那一晚，我們花了幾個小時，互相交換病人帶給我們的回憶，每個人的回憶又觸動其他的回憶。我們再一次明白，那年夏天是多麼不得了，多麼具有歷史意義，發生的事情是多麼有趣，多麼有人情味。這是歡笑與淚水交織的一晚，既懷舊又清醒的一晚，因為當我們彼此相視，我們意識到，二十幾年過去了，而這些非比尋常的病人，如今幾乎全部過世了。

全部，除了碩果僅存的一位——泰伊（Lillian Tighe），她曾在紀錄片裡展現過人的口才。勞勃．狄尼洛、羅賓．威廉斯、潘妮和我一起去探望她，她的堅韌、她的幽默、她的不自憐、她的真誠，令大家讚歎不已。儘管病情逐漸惡化，而且對左旋多巴的反應難以捉摸，但泰伊完全保有她的幽默、她對生命的熱愛、她的勇敢堅定。

拍攝《睡人》那幾個月，我花很多時間待在片場。我向演員展示巴金森氏症病人怎麼坐、怎麼一動也不動、臉部有如面具、眼睛眨也不眨，頭可能向後倒或歪向一邊，嘴巴很容易開開的，可能有一點口水從雙唇流下來（流口水太難演了，而且對於電影來說可能有點醜，所以這點我們沒有堅持）。我向他們展示手腳肌張力失調的姿勢，還示範顫抖及抽搐。

我還向演員展示巴金森氏病人如何站立，或如何試著站立，示範他們如何彎著腰行走，不時匆匆忙忙愈走愈快，示範他們如何停下來、卡住、無法繼續走下去。我向他們演示巴金森氏症病人的各種講話聲音及雜音，還有巴金森氏症病人的筆跡。我建議他們想像自己被鎖在狹小的空間裡，或受困於一大桶膠水裡。

我們練習「反常運動」——透過音樂或自發性反應（例如接球），使病人突然從巴金森氏症解脫出來。（演員們很喜歡和羅賓練習接球，大家都覺得，如果他不是那麼愛演戲的

✡ 在接下來的二十五年裡，羅賓．威廉斯和我成了好朋友，我愈來愈欣賞他的博覽群書、他的睿智、他的人文關懷。這些並不亞於他的機敏，以及他突然迸出來的即興表演。

有一次我去舊金山演講，臺下一名男子問我奇怪的問題：『你是英國人還是猶太人？』

『兩者皆是，』我回答。

『你不能兩者皆是，』他說：『你只能兩者擇一。』

羅賓．威廉斯也在臺下當觀眾，後來他在晚餐時提到這件事，故意說一口超特別的英語（帶有猶太語及猶太格言的劍橋口音），示範怎樣才能兩者皆是，令人絕倒。這生花妙語的一刻，真希望當時我們有錄下來。

話，可能會成為很厲害的棒球選手。）我們練習肌肉僵直症病人和腦炎後型病人在玩紙牌遊戲：四名病人坐著，完全靜止不動，手上抓著一副紙牌，直到有人（可能是護理師）做出第一個動作，大家便稀里嘩啦跟著一陣狂動，原本癱瘓不動的遊戲，現在卻幾秒鐘之內便玩完了（我在一九六九年看過、也在影片裡捕捉到這樣的一場紙牌遊戲）。與這些加快、驟發狀態最類似的，正是妥瑞氏症，所以我帶了幾位年輕的妥瑞氏症病人來到片場。這些近乎禪修的練習（不動如山、放空自己、或讓自己加速，可能一連幾個小時），讓演員又愛又怕。如果永遠受困於這樣的狀態，實際上會是什麼樣子？他們開始感同身受，心裡直發毛。

神經系統與生理機能正常運作的演員，有可能把自己「變成」神經系統及行為舉止嚴重異常的人嗎？有一次，勞勃和羅賓扮演的場景，正好是醫師在測試病人的姿勢反射。在巴金森氏症病人身上，這些反射作用可能不存在或嚴重受損。我暫代羅賓的角色，展示醫師如何測試這些反射作用：醫師站在病人背後，然後很輕很輕的把病人往後拉（正常人會因應這個動作而做調適，但巴金森氏症或腦炎後型病人可能會整個人向後倒，像根棍子似的）。

當我把飾演病人的勞勃輕輕往後拉時，他整個人竟然往後倒在我身上，完全遲鈍而且被動，絲毫沒有反射作用的反應。我嚇了一跳，輕輕的把他往前推到直立的位置，他卻又開始往前倒，我沒辦法讓他保持平衡。我感到既困惑又恐慌。一時之間，我以為他突然發生什麼神經劇變，害他真的喪失所有的姿勢反射。我想不通，莫非演戲演到這種地步，真的連神經系統也跟著改變了？

第二天，在開拍之前，我和勞勃在他的更衣室講話。當我們交談時，我注意到他的右腳向內彎曲，跟他在片場飾演李奧納德時所保持的那種「肌張力失調彎曲」一模一樣。我提到這件事，勞勃顯得相當錯愕。「我都沒發現，」他說：「我猜這是潛意識作用。」他有時入戲太深，幾個小時或幾天都無法抽離。他吃晚餐的時候，說話的樣子像是李奧納德，不像是他自己，彷彿李奧納德的心靈與性格仍殘留在他身上。

到了一九九〇年二月，我們都筋疲力盡了：拍片長達四個月，更不用說之前還有幾個月的揣摩。可是，有一件事讓我們全都振奮起來：泰伊（貝斯亞伯拉罕醫院碩果僅存的腦炎後型病人）來到片場，她將飾演她自己，和勞勃．狄尼洛演出一場對手戲。泰伊對身邊那些假扮的腦炎後型病人會怎麼想？演員演得像不像？泰伊一走進片場，大家認出紀錄片裡的她，一股敬畏之情油然而生。

那晚，我在日記上寫著：

不管演員沉浸在角色中有多深，仔細辨認的話，會發現他們只不過是在扮演病人的角色，而泰伊在有生之日都必須是病人。演員可以脫離自己的角色，她不能。她對這件事有什麼感想？（羅賓．威廉斯扮演我，我有什麼感想？對他來說只是臨時的角色，對我來說卻是一輩子的角色。)

當勞勃．狄尼洛進入李奧納德的角色，裝作一副無法動彈、肌張力失調的姿態，坐在輪椅上被推進來時，本身也無法動彈的泰伊，瞪大眼睛警覺而挑剔的看著他。假裝無法動彈的勞勃，對近在咫尺、真正無法動彈的泰伊有什麼感覺？而真正無法動彈的泰伊，對假裝無法動彈的勞勃又有什麼感覺？泰伊剛才對我眨了眨眼，還豎起大拇指（幾乎難以察覺），意思是：「他沒問題，他做到了！他真的明白箇中滋味。」

第十章　人生旅程

這個人，他愛的是蘇鐵，但有朝一日自行車廣告可能由他主演……
單腿站立，偏頭痛，色盲島，火星上的睡人，一心想著帽
奧立佛·薩克斯，生活依然過到極致
游泳時將海豚往後頭遠遠一拋。

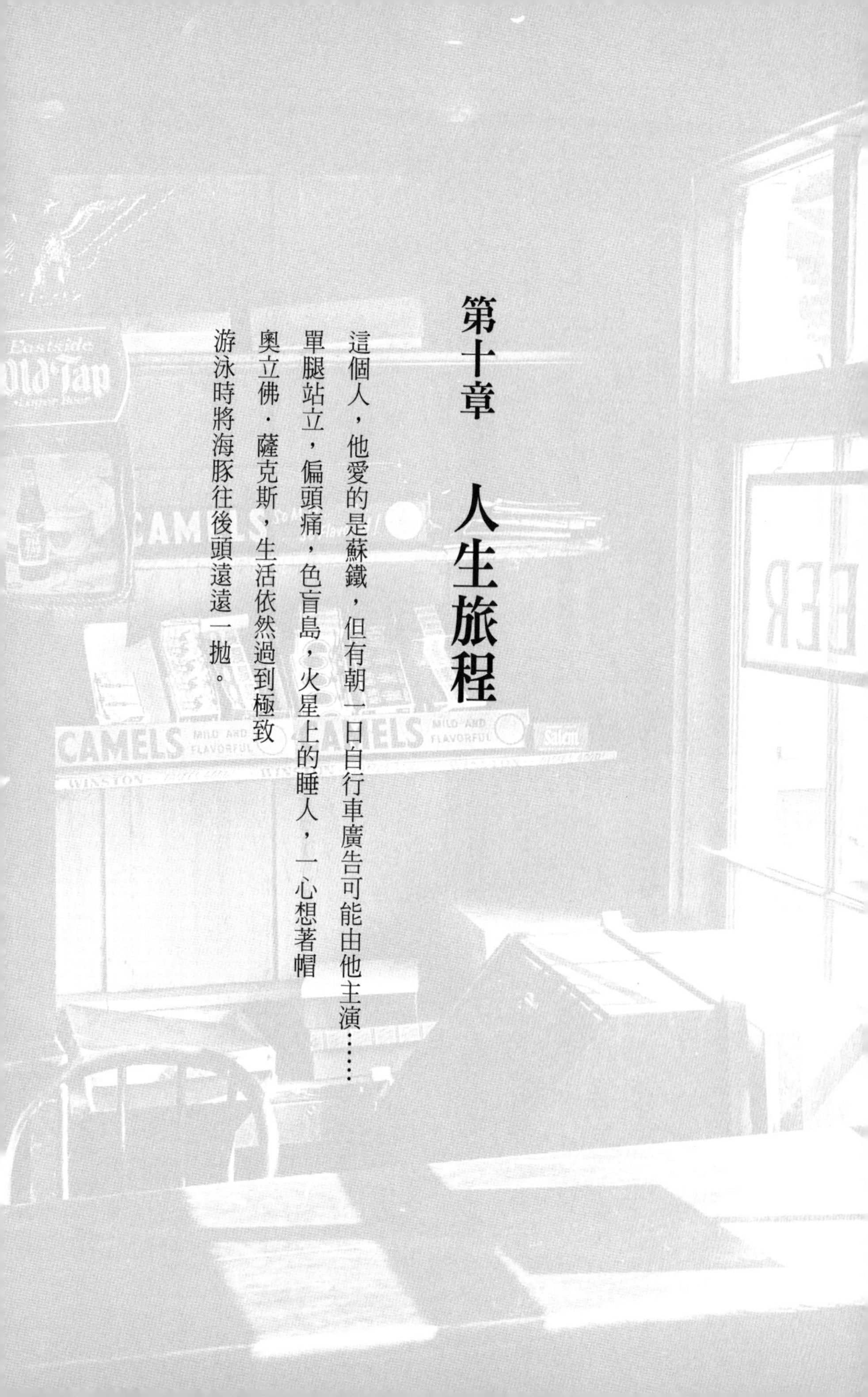

我父親有一度曾考慮往神經學方面發展，但後來認為全科醫師會更實際、更有趣，因為這可以讓他更深入接觸民眾及他們的生活。

他這種對於人的濃厚興趣，一直保有到最後：當他滿九十歲時，大衛和我懇求他退休或者至少不要再出診。他回答說，家訪是醫療服務的核心，反正他很快就什麼事也做不來了。從九十歲一直到將近九十四歲，他仍會包下一天的迷你出租車，持續進行他的家訪。有些家庭他已經治療好幾代了，有時他說的話會把年輕病人嚇一跳：「你曾祖父在一九一九年也得過非常類似的毛病。」他了解病人人性、內在的一面，不亞於了解他們的身體，而且覺得如果不了解其心，就無法治療其身。（事實上，常有人說，他知道病人身體的內在，也知道他們家冰箱的內在。）

他是病人的醫師，往往也成為他們的朋友。這種對於病人整個生活的濃厚興趣，使他成為講故事高手；我母親也是一樣。父親的那些醫學故事，令小時候的我們陶醉不已，對於馬可斯、大衛和我的「繼承衣缽」有一定的影響。

父親也畢生酷愛音樂，終其一生都有聽音樂會的習慣，特別喜歡去威格摩爾音樂廳，他第一次給帶去那裡時，還很年幼（當時稱為貝希斯坦音樂廳）。他每星期都會去聽兩、三場音樂會，直到生命的最後幾個月。他去威格摩爾音樂廳非常久了，比任何人記得的還要久，跟某些表演者一樣，這項紀錄在他晚年已成為傳奇。

母親過世後，當時四十五歲的邁可和爸爸變得更親近，偶爾會陪他一起去聽音樂會，這是父親以前從來沒做過的事。步入八十大關的父親，關節炎日益嚴重，因此他很高興有邁可跟他作伴。而邁可或許發現這樣比以往更自在，因為能為年事已高、關節不好的父親效勞，而不再感覺自己是依賴「醫師父親」、病懨懨的「病人兒子」；過去的他肯定常有這種感覺。

接下來的十年裡，邁可過著相當穩定的生活，儘管稱不上是幸福。一定程度的鎮定劑可以控制住他的精神病，而且沒有太多副作用。他持續擔任信差的工作（傳遞世俗訊息，也傳遞他再次感覺到的「神祕訊息」），他很高興又能邁開大步在倫敦四處走來走去；不過《每日工人報》，以及如他所說的「那一切」，都已是過眼雲煙。

邁可太在意自己的病情，在他情緒最低落的時候，他會說：「我命中注定了！」不過這話也有一絲絲救世主的意味：他的「命中注定」，正如所有的救世主都是命中注定。有一次，我的作家朋友韋施勒（Ren Weschler）來探望他，問他好不好，邁可回答說：「我在小牢籠裡。」韋施勒一頭霧水，邁可只好解釋說，小牢籠是倫敦塔的牢房，裡頭小到一個人既不能站立，也不能躺下，永遠不得自在舒適。

但命中注定也好，特別恩寵也好，母親去世後，邁可覺得愈來愈寂寞，我們的大房子現在空蕩蕩的，只剩下他和爸爸，連病人也沒了（爸爸早就把診療室搬出去了）。邁可從未交過任何朋友，他與同事的關係都很客客氣氣，即使是那些幾十年的老同事，一點也不溫暖。他的最愛是我們家的拳師狗「布奇」，但是愈來愈老的布奇也有關節炎，再也跟不上邁可的腳步了。

一九八四年，邁可工作了將近三十五年的公司，它的創始人退休，把公司賣給一家大型企業，後來的老闆一下子就開除所有的老員工。五十六歲的邁可發現自己失業了。他拚命學習有用的技能，努力學習打字、速記、記帳，卻發現這些傳統技能在瞬息萬變的世界裡已經愈來愈沒價值。他克服自己的尷尬（他從不曾為了找工作而接觸任何人），去過兩、三次面試，都遭拒絕了。我想，這時候的他對繼續工作已經不抱希望。他不再長時間走路，反而抽菸抽得很兇——他總是在起居室坐上好幾個小時，抽菸、發呆。當我一九八〇年代末造訪倫敦時，我發現他經常都是這個樣子。生平第一次（至少是他第一次承認），他開始「聽到聲音」。他跟我說，這些「節目主持人」利用某種超自然的無線電波，有辦法監控他的思想，把它們傳播出去，並且暗藏他們自己的想法。

這時候，邁可說他想要自己的家庭醫師，不想要父親再充當他的醫師。邁可的新醫師看他體重過輕、臉色蒼白，不像只是代償不全而已，於是幫他做一些簡單的醫學檢測，結果發現邁可有貧血、甲狀腺功能低下等毛病。一旦服用甲狀腺素、鐵劑、維生素B十二等藥物，邁可就恢復大半元氣，不到三個月，那些「節目主持人」就不見了。

爸爸於一九九〇年過世，享年九十四歲。住在倫敦的大衛一家人，雖然向來是邁可與爸爸晚年的一大支撐，但我們都覺得，邁可不太可能獨自一人住在馬普斯伯里路三十七號的大房子裡，也不太可能自己住在公寓裡。我們找了很久，看中一家專為猶太老年精神病人設立的居所，就在我們家這條路的上方：馬普斯伯里路七號。我們認為，身體恢復健康的邁可，在這裡會有人照顧，而且他對這一帶熟門熟路，走到猶太教堂、銀行，或熟悉的商店都很方便。

星期五晚上，大衛和麗麗會邀請邁可去他們家吃安息日大餐。我侄女麗茲會定期去探望他，看看他需要什麼東西。邁可和麗茲之間的親情，此時成了他的生活中、最緊密的家人關係。她可以讓他從陰鬱的執念中暫時抽身，偶爾他們還會笑鬧成一團。

邁可欣然同意所有的安排，後來還對他的搬遷開起玩笑，說他活到七十幾歲，唯一的旅行就是從馬普斯伯里路三十七號搬到七號。

邁可搬到「益隆之家」後，一切出奇的順利，他在那裡有了某種社交生活，還學會一些實用的技能。我去探望他時，他會在自己的房間裡幫我泡茶或泡咖啡，以前他從來沒有自己泡過茶或咖啡。他帶我去看地下室的洗衣機和烘乾機，以前他從來沒有自己洗過衣服，現在他不但洗自己的衣服，還幫年紀更大的住戶洗衣服。而且在這個小社區裡，他開始漸漸有了某種地位，承擔起某種角色。

雖然邁可現在幾乎不看書（有一回，他寫信跟我說：「不要再寄書給我了！」），但他生平看過的書全都記得清清楚楚，他變成大家的活百科全書，其他住戶都會來請教他。邁可大半輩子一直覺得遭到漠視，或者早已習以為常，如今成了「有知識的人、睿智的長者」，這種新的地位讓他非常開心。

邁可一輩子都不信任醫師，現在卻很信任赫爾曼（Cecil Helman），他是很優秀的醫師，邁可和其他住戶都是他在照顧。☆赫爾曼和我喜歡互相連絡，後來更成了好朋友，他經常寫信提到邁可。在一封信中，他寫道：

> 邁可目前處於良好狀態。工作人員以「好極了」來形容他的狀況。他每星期五晚上都會在益隆之家唸祝酒辭（猶太安息日的傳統），顯然對此非常擅長。在那個小社區裡，這幾乎賦予他「拉比」的角色，相信對他的自尊心有很大的幫助。

「我想，我有個神聖的使命，」邁可寫信跟我說。「神聖的使命」用書寫體，而且「我想」小心翼翼的加底線，顯示他還保有自我諷刺或嘲弄的意味。

一九九二年，大衛因肺癌過世，當時邁可極為哀痛。「我才是該死的人！」他說，並且喝下一整瓶濃烈的可待因止咳糖漿，這是他生平第一次做出自殺的舉動。結果他睡了很久很久，幸好沒有大礙。

除此之外，邁可生命中的最後十五年算是相當太平。他幫助別人，擁有在家裡從未有過的角色與身分，在益隆之家以外還有一點個人生活，他會去附近散步，去威爾斯登格林區的一家小餐館吃東西——他吃膩了益隆之家清淡的猶太食物，喜歡吃火腿蛋當晚餐。每星期五晚上，大衛的妻女麗麗、麗茲照樣邀他到家裡吃飯。我回倫敦都會住在附近的旅館（馬普斯伯里路三十七號的大房子賣掉了），邀邁可來旅館一起吃週日早午餐。有好幾次，邁可邀請我去他常光顧的小餐館，由他作東付賬單，這顯然帶給他極大的樂趣。

我去探望他時，他總是要我幫他帶煙燻鮭魚三明治和一條香菸。我很樂意帶三明治給他，因為燻鮭魚也是我最喜歡的食物，但香菸我就沒那麼樂意了。他現在菸不離口，一天要抽上近百支菸，這些菸的費用幾乎花掉他所有的零用錢。*

抽菸抽這麼兇，影響到邁可的健康，不僅害他老是咳嗽、患上支氣管炎，而且更嚴重的是，害他腿部的許多動脈長出動脈瘤。二〇〇二年，他的一條膕動脈阻塞，幾乎阻斷他腿部下方的血流，腿開始變冷，毫無血色，無疑也非常痛，缺血性疼痛可能會非常劇烈。

✣ 赫爾曼來自拉比與醫師世家，本身是醫學人類學家，因他對南非及巴西的民俗、醫藥、疾病等跨文化研究而聞名。他是一位極有想法的好老師，在他的回憶錄《郊區的薩滿》（*Suburban Shaman*）書中，曾講述他在南非種族隔離制度下所受的醫療訓練。

* 益隆之家有很多住戶都是老菸槍；一般來說，很多「慢性」思覺失調症病人都這樣。我不知道他們是因為無聊才抽菸（住在那裡沒有太多事情可做），還是因為尼古丁的藥理作用，不管這些作用是提神還是舒緩。我在布朗克斯州立醫院看過一名病人，他在大多數情況下都很冷漠、內向，但是一根菸只要抽幾口，就會先是變得活潑，接著極度亢奮、活蹦亂跳，簡直是妥瑞氏症上身。護理助理稱他為「尼古丁雙面人」。

然而，邁可卻沒有抱怨，等到人家發現他一拐一拐的，才被送去看醫生。幸好醫師還能保住他的腿。

雖然邁可會說：「我命中注定了！」以洪亮的嗓音向所有人大聲宣布，但他在一般社交場合很少表露情緒。然而，他那不苟言笑的態度，竟也有軟化的時候。有一次，我們的侄子喬納森帶他十歲的雙胞胎兒子來探望邁可，兩個小傢伙跳到這位從來沒見過的叔公身上，跟他撒嬌，滿頭滿臉親吻個不停。邁可起先還繃著臉，後來便軟化了，接著放聲大笑，熱情擁抱他的侄孫。他已經好多年不曾表現出（或感受到）這樣的熱情了。喬納森感動得要命，出生於一九五〇年代的他，從來沒看過邁可這麼「正常」。

二〇〇六年，邁可另一條腿的動脈瘤又堵住了，這次他還是沒有抱怨，儘管他很清楚危險性。他早已愈來愈行動不便，也知道如果失去腿、或支氣管炎惡化，益隆之家就沒有能力照顧他。如此一來，他就必須搬去養老院，在那裡就沒有自主權、身分或角色。他覺得在那樣的環境裡，生活將毫無意義、完全無法忍受。因此我懷疑，他是不是不想活了。

邁可此生的最後一幕，是在醫院的急診室上演。當時他正等著動手術，心想這次他的腿大概保不住了。他躺在擔架床上，突然用手肘把身體撐起來，說：「我要去外面抽根菸，」結果一倒下就死了。

一九八七年底，我在英國認識了自閉症男孩威爾夏（Stephen Wiltshire）。他從六歲就開始畫極為詳盡的建築繪畫，讓我看得目瞪口呆。一棟複雜的建築只要看一眼，或甚至整個城市景觀只要看幾秒鐘，他便能精確的畫出一切，純憑記憶。如今十三歲的他，已經出版了一本繪畫書，儘管他依然很內向，而且幾乎不出聲。

威爾夏瞬間「記錄」視覺場景，再將此場景巨細靡遺複製出來的超凡絕技，我很想知道，這背後到底是怎麼回事。我很想知道他的心智如何運作、他如何看待這世界。最重要的是，我很想知道他在情感與人際關係方面的能力。典型上，自閉症病人一向被認為極端孤獨，沒有人際關係能力，沒有理解他人感受或觀點的能力，沒有幽默、嬉戲、自發、創造的能力，以亞斯伯格（Hans Asperger）的話來說：單純只是「有智慧的自動機」而已。可是，即使我只匆匆見過威爾夏一面，他給我的印象卻溫暖得多。

接下來的幾年裡，我花了很多時間和威爾夏及他的老師兼心靈導師休森（Margaret Hewson）相處。威爾夏的繪畫出版後大獲好評，他展開數次旅行，到世界各地繪製當地的建築物。我們一起去了阿姆斯特丹、莫斯科、美國加州及亞利桑納州。

我會見了幾位自閉症專家，包括倫敦的費莉絲（Uta Frith）。我們談的大多是關於威爾夏與其他天才專家，但臨走時，她建議我去見見葛蘭汀（Temple Grandin），她是患有高功能自閉症的天才科學家，在那個年代，這種症狀才剛開始被稱為「亞斯伯格症候群」。費莉絲說，葛蘭汀很聰明，和我在醫院及診所看到的自閉症病人完全不一樣，葛蘭汀擁有博士學位，專長是動物行為，寫過一本自傳。☆費莉絲說，愈來愈明顯的是：自閉症未必意味著智力嚴重受損及缺乏溝通能力。有些自閉症病人也許在發育上較遲緩，讀取「社交暗示」的能力有些不足，但他們在其他很多方面完全有能力，甚至可能有過人的天賦。

於是我去葛蘭汀位於科羅拉多州的家，打算待一個週末和她相處。當時我正在寫有關威爾夏的文章，我想這也許可以做為有趣的注腳。

葛蘭汀煞費苦心想要表示禮貌，可是從很多方面都明顯看得出來，她不太了解別人心裡可能在想什麼。她曾強調，她本人並不是以語言的方式在思考，而是以非常具體的視覺方式在思考。她很同情牛這種動物，覺得自己是「以牛的角度在看待事情」。這一點，再加上她的工程師才華，讓她為牛群及其他動物設計出更人性化的圈養設施，因而成為世界知名的專家。她那顯而易見的才智，以及對於溝通的渴望（大大不同於威爾夏的被動、對別人漠不關心），讓我十分感動。當她跟我擁別時，我就知道，我一定會寫一篇和她有關的長文。

我把描寫葛蘭汀的文章寄給《紐約客》雜誌，過了幾個星期，我碰巧遇見雜誌的新主編布朗（Tina Brown），她對我說：「葛蘭汀將成為美國英雄。」她果然是對的。在世界各地的自閉症圈子裡，葛蘭汀成了許多人心目中的英雄，廣受推崇，是她促使我們所有人不再以「神經功能缺損」來看待自閉症與亞斯伯格症候群，而是以「不同的存在方式、具有本身獨特的性格與需求」來看待。

在前幾本書裡，我呈現的是努力求生存、努力適應各種神經疾病或「缺陷」的病人，但對於葛蘭汀、以及我在《火星上的人類學家》書上所寫的其他人來說，他們的「症狀」正是他們生活的根本，而且往往是原創性或創意的來源。我將這本書的副標題取名為「七則違反常理的故事」，因為所有故事的主角都針對自己的障礙，找出或創造出意想不到的適應方式，每位主角都擁有不同種類的特殊天賦。

一九九一年，我接到一通電話，對方提到一名男子（在《火星上的人類學家》書上，我稱他為維吉），從小因為視網膜受損及白內障而幾近失明。現年五十歲的他正準備要結婚，他的未婚妻一直催他去做白內障手術——有什麼好損失的呢？她希望他可以展開新生活，成為看得見的人。

可是手術後，一除去繃帶，維吉的雙唇並未迸出奇蹟似的大叫：「我看見了！」他顯得一臉茫然，彷若視而不見，焦點並不在他眼前的醫師身上。等到醫師開口說：「怎麼

✰ 葛蘭汀的第一本書《星星的孩子》（*Emergence: Labeled Autistic*）於一九八六年出版。亞斯伯格症候群在當時還鮮為人知。在書中，葛蘭汀談到本身自閉症的「康復」，那時人們普遍認為，自閉症病人不可能過著豐富的生活。到了一九九三年我認識她的時候，葛蘭汀不再說「治療」自閉症，而是說自閉症病人可能展現的優點與缺點。

樣？」維吉的臉上才閃過一絲「似曾相識」的表情。他知道聲音來自臉孔，因此推斷，他看到的那些亂七八糟的光影和動作，一定是他醫師的臉。

維吉的經歷與SB的幾乎一模一樣，SB是心理學家桂葛瑞（見第218頁）三十年前描述過的病人，我花了很多時間和桂葛瑞討論維吉的病例。

早在一九七二年，桂葛瑞和我就在海卡夫的辦公室見過面，當時海卡夫正準備要出版的書除了《睡人》，還有桂葛瑞的《自然界與藝術裡的錯覺》。桂葛瑞身材高大，比我高一個頭，渾身是勁，腦筋動得很快，加上天真爛漫又愛講笑話，讓我把他當成熱情奔放、滑稽詼諧的十二歲大男孩來看待。我對他早期的書《眼睛、大腦與智慧之眼》一直深深著迷，字裡行間展現強健熱情的心智運作，既輕鬆又耐人尋味，嬉笑間流露深厚底蘊，風格獨具。人們可以輕易辨識桂葛瑞的句子，如同辨認布拉姆斯的一小節曲子。

我們兩人都對大腦的視覺系統特別有興趣，以及視覺辨識能力如何因受傷、疾病、視錯覺的欺騙而破壞。☆他強烈認為，「感知」並不光是複製來自眼睛或耳朵的感官資訊，而是必須由大腦來「建構」，此建構涉及大腦許多子系統的共同合作，並且不斷接受記憶、機率、期望等資訊的照會。

在漫長而成果豐碩的職業生涯中，桂葛瑞證明：視錯覺為各種神經功能的理解，提供了一種主要方式。「玩遊戲」對他來說很重要，智力遊戲也好（他酷愛說雙關語），當成一種科學方法也好。他認為大腦在操弄思想，我們所謂的「感知」，其實是大腦建構操弄的「感知假設」。

我住在城市島時，經常半夜爬起來，在空蕩蕩的街上騎自行車。有一天晚上，我注意到一個奇怪的現象：如果我看著前輪不斷旋轉的輻條，有可能某一刻，這些輻條會看似不動，如同靜止的照片。

這讓我很著迷，於是立刻打電話給桂葛瑞，完全忘了那時是他們英國的一大早。但他不以為意，當場給了我三種假設：一、「靜止不動」是不是因為我的腳踏車發電套件發出振盪電流而引起的頻閃效應？二、是不是因為我眼皮抽搐而造成「眼瞬動」？或是三、這表示大腦其實是利用一連串的「視覺暫留」來「建構」動作感？✳

我們也都對「立體視覺」有強烈的愛好，桂葛瑞有時會寄立體聖誕卡給朋友，他那位於布里斯托郡的家，簡直像博物館似的，擺滿了古老的立體鏡，以及其他各種類型的古

✩ 桂葛瑞家族中，有很多代都對視覺及光學特別感興趣。高爾頓（Francis Galton）在他所寫的《遺傳的天才》書中，將桂葛瑞家族的卓越才智，追溯至與牛頓同時代的詹姆斯．桂葛瑞（James Gregory），他為牛頓的反射望遠鏡做了重大的改善。桂葛瑞本人的父親曾擔任皇家天文學家。

✳ 後來我曾和克里克（Francis Crick）討論這種「快照式」視覺，並且在二〇〇四年刊登於《紐約書評》雜誌的〈在意識之河〉（In the River of Consciousness）一文中，寫到這件事。

老光學儀器。我在寫有關蘇（Susan Barry）的文章〈立體世界〉✩時，經常請教桂葛瑞，蘇從小顯然是立體盲，儘管如此，她卻在年屆半百時有了立體視覺。這被認為是不可能達成的，因為當前流行的觀點是：幼兒的立體經驗發展只有短短的一段關鍵期，如果在兩、三歲前還沒有達成立體視覺，那就太晚了。

〈立體世界〉才寫完，緊接著，我的一隻眼睛開始視力變差，到最後視力完全喪失。我寫信給桂葛瑞，提到我的視力有時會發生很可怕的事情，而且，這輩子本來都以豐富、美麗的立體深度來看世界，現在卻發現世界好平好扁好混亂，有時似乎失去距離感與深度感。對於我的疑問，桂葛瑞有用不完的耐心，而且他的見解極為珍貴。我覺得他幫了我很大的忙，讓我了解我所經歷的事情，甚於任何人。

一九九三年初，我的編輯凱特把電話遞給我，說：「史提爾（John Steele）從關島打來的。」

關島？我從來沒接過從關島打來的電話。我連關島在哪裡都不知道。二十年前，我曾經跟某位史提爾有一點往來，他是多倫多的神經學家，和別人合寫過有關兒童偏頭痛幻覺的文章。那位史提爾因為發現Steele-Richardson-Olszewski症候群而聞名，那是一種腦部退化疾病，現在稱為「進行性上眼神經核麻痺症」（progressive supranuclear palsy）。

我接過電話，果然是同一位史提爾。他告訴我，他一直都住在密克羅尼西亞（太平洋三大島群之一）、過得如何如何，先是住在加羅林群島的某些小島上，現在住在關島。打電話給我有何貴事？他說，有一種很不尋常的疾病，稱為lytico-bodig（查莫洛語），在關島土著查莫洛族人之間流行。其中很多人的症狀，非常類似我曾描述及拍攝的腦炎後型病人症狀。因為我是目前極少數見過這種腦炎後型病人的其中一人，史提爾想知道我能不能去見見他的一些病人，然後把我的想法告訴他。

我記得從前當住院醫師時，聽過這種關島疾病，它有時被認為是神經退化疾病的「羅塞塔石碑」，因為得了這種病的病人，往往表現出類似巴金森氏症、或漸凍人症、或失智症的症狀，可能對所有這些疾病的了解有所啟發。幾十年來，神經學家紛紛前往關島，試圖破解這種疾病的病因，但大多無功而返。

幾個星期後，我來到關島，在機場見到史提爾，他的樣子一下子就認得出來。天氣熱到快中暑，大家都穿著五顏六色的襯衫和短褲，除了史提爾，他整整齊齊一身熱帶西裝，打領帶，還戴著草帽。「奧立佛！」他大喊：「你能來真是太好了！」

他一面開著紅色敞篷車載我們離開機場，一面灌輸我關島的歷史，他還指給我看整排的蘇鐵，這種非常原始的樹原本覆蓋整個關島，他知道我對蘇鐵及其他原始植物形態很感

✡ 譯注：〈立體世界〉後來收錄為《看得見的盲人：七個故事，讓你看見大腦、心靈與視覺的奇妙世界》這本書的第五章。

興趣。事實上，他在電話裡曾建議我來關島當「蘇鐵神經學家」或「神經蘇鐵學家」，因為用這些蘇鐵種子製成的麵粉，是查莫洛族人的流行食物，很多人認為那裡的怪病是這種食物引起的。

接下來那幾天，我和史提爾一起出診。這讓我想起小時候陪父親出診的情景。我見到許多史提爾的病人，其中有些確實讓我想起《睡人》書上的病人。我決定要再來關島待久一點──這次要帶錄影機，好拍攝其中一些獨特的病人。

我發現，以「人」的層面來看，關島之行也非常重要。腦炎後型病人幾十年來無人聞問，住在醫院裡，往往遭家人拋棄，而lytico-bodig病人卻自始至終都是家裡的一份子、社區的一份子。我不禁想到，在我們的「文明」世界裡，我們本身的醫學與本身的習俗是多麼野蠻，我們竟然把生病或失智的人扔在一旁，一心想忘掉他們。

在關島的某一天，我和史提爾聊到我的另一項興趣：色盲。多年來我一直對這個主題深感興趣。我最近為一位畫家（艾先生）看診，他看了一輩子的彩色世界，如今卻突然喪失感知顏色的能力。他知道自己喪失的是什麼，但如果某人天生沒有看見顏色的能力，那他根本不知道顏色是什麼樣子。色盲的人其實大多是「色缺」：他們對某些顏色的辨別有困難，卻可以輕易看到其他顏色。但是，無法看見任何顏色的「先天性全色盲」相當罕見，大約三萬人當中會有一人。在這樣一個對其他人（及鳥類、哺乳類）而言、充滿信息性與暗示性色彩的世界裡，具有這種症狀的人該怎麼辦？這樣的「色盲人」會不會像聾人一樣，發展出特殊的補償技能與策略？他們會不會像聾人一樣，形成一整個社群和文化？

我向史提爾提到，我聽過一則傳聞，也許是浪漫的傳說：據說有一座山谷與世隔絕，裡頭住的人統統是全色盲。史提爾說：「沒錯，我知道那個地方。其實不是山谷，而是非常孤立的珊瑚環礁小島，距離關島還算近，不到兩千公里。」這個小島稱為平格拉普島（Pingelap），位於澎貝島附近，澎貝島是個較大的火山島，史提爾曾在那裡工作多年。他說，他在澎貝島上看過一些平格拉普島的病人。據他了解，平格拉普島上大約有百分之十的人口是全色盲。

幾個月後，曾為尼曼的歌劇《錯把太太當帽子的人》寫劇本的羅倫斯，向BBC提案，和我共同製作一系列的紀錄片。☆因此我們於一九九四年回到密克羅尼西亞，隨行的還有我的眼科醫師好友華瑟曼（Bob Wasserman），以及本身是全色盲的挪威心理學家諾德比（Knut Nordby）。羅倫斯和他的工作小組安排了一架搖搖晃晃的小飛機，把我們載到平格拉普島，

☆ 此系列的紀錄片稱為「心靈旅行者」，探索的是我長期以來一直感興趣的幾個主題，包括妥瑞氏症與自閉症。它也帶給我一些新的體驗，例如：認識威廉氏症候群病人（後來我把他寫在《腦袋裝了二千齣歌劇的人》書中）、造訪卡津族（Cajun）盲聾社區，以及接觸到幾位不會任何語言的聾人。

華瑟曼、諾德比和我便一頭栽進這些島嶼的獨特文化生活與歷史。我們看了病人，跟醫師、植物學家、科學家對談，我們在熱帶雨林裡漫步，在珊瑚礁四周浮潛，還品嘗令人酩酊大醉的卡瓦胡椒。

直到一九九五年夏天，我才定下心來寫這些島嶼經歷。事實上，我將《色盲島》這本書設想成兩部敘事遊記：第一部〈色盲島〉寫的是平格拉普島，第二部〈蘇鐵島〉寫的則是關島的怪病；我還添加了一篇尾聲，提到深邃的地質時間，以及我最喜歡的古老植物：蘇鐵。

除了神經學方面的主題，我也盡情探索許多非神經學的主題，《色盲島》這本書包括六十幾頁的書末附記，其中很多都是與植物學或數學或歷史有關的小品文。因此，《色盲島》和我先前的任何一本書都不一樣：更抒情、更具有個人色彩。就某些方面而言，它一直是我最喜歡的著作。

一九九三年，我不僅在密克羅尼西亞與其他地方展開新的探險及旅行，也展開另一段旅程——心靈時空穿梭之旅，追憶並重溫自己早年的某些愛好。

《紐約書評》雜誌的西爾弗斯問我，願不願意為戴維的新傳記寫書評。這讓我非常興奮，因為戴維是我小時候的偶像，我很喜歡閱讀他那些十九世紀初的化學實驗，並且在我的小小實驗室重做這些實驗。我再度浸淫於化學史當中，還結識了化學家霍夫曼（Roald

Hoffmann，一九八一年諾貝爾化學獎得主）。

幾年後，由於知道我年少時對化學的熱愛，霍夫曼寄給我一個包裹，裡頭裝了一張附有各項元素照片的週期表大海報，一本化學目錄，以及一小條非常沉的灰色金屬棒，我一看就認出那是鎢。霍夫曼沒猜錯，這立刻激起我對舅舅的回憶，他的工廠曾生產鎢棒，還利用鎢絲來製造燈泡。那條鎢棒可以說是「瑪德蓮蛋糕」，讓我回想起童年。

我開始寫我的童年：我成長於第二次世界大戰前的英國，戰爭期間被放逐到一所虐待成性的寄宿學校，並且發現始終不移的愛好，例如對於數字、後來對於元素，以及可以表達任何化學反應的方程式之美。這對我來說是一種新類型的書，結合了回憶錄與某種化學史。到了一九九九年底，我已經寫了幾十萬字，但我總覺得這本書還沒有完全到位。

從前我很喜歡看十九世紀的自然史日誌，它們全都融合了個人回憶與科學觀察，尤其是華萊士（Alfred Russel Wallace）的《馬來群島自然科學考察記》、貝茲（Henry Walter Bates）的《亞馬遜河的博物學家》、斯普魯斯（Richard Spruce）的《植物學家筆記》，以及啟發所有這些人（包括達爾文）的作品：洪保德（Alexander von Humboldt）的《個人記述》。華萊士、貝茲、斯普魯斯等人，在一八四九年同樣的那幾個月期間，全都在彼此的路徑上互相穿梭，前前後後跨越亞馬遜河的同一河段，而且他們都是很好的朋友（他們終其一生持續魚雁往返，而且華萊士在斯普魯斯死後還幫他出版《植物學家筆記》），一想到這些就讓我很開心。

某種程度上，他們都是業餘愛好者，自學自修、自動自發，不屬於任何機構。有時在我看來，他們生活在太平盛世，生活在某種伊甸園，尚未被殺氣騰騰的競爭給搞得灰頭土臉，這樣的競爭，很快便成為日益專業化的世界之象徵（威爾斯在〈飛蛾〉故事中，對此描寫得極為生動）。

這種未受汙染、未成專業的甜美氛圍，乃冒險精神與好奇心使然，並非利己主義與急功好利。在我看來，這樣的氛圍仍零零星星倖存於某些自然史社團，它們默默無聞、卻極其重要，一般大眾幾乎不知道它們的存在。美國蕨類學會正是這樣的社團，他們舉辦月會，三不五時還舉辦「蕨類探險之旅」，實地考察各式各樣的蕨類。

二〇〇〇年一月，仍在苦思如何完成《鎢絲舅舅》的我，和大約二十位蕨類學會成員一起去墨西哥的瓦哈卡（Oaxaca）旅行，那裡有七百多種已知的蕨類。我本來沒有計畫要寫詳細的日記，但這次經歷太有冒險精神、太豐富了，以致整整十天旅途中，我寫到幾乎停不下來。☆

我一直覺得《鎢絲舅舅》有什麼地方卡卡的，結果在瓦哈卡市中心，當我在城市廣場坐上回旅館的區間公車時，卡住的地方頓時解開。公車上，一位抽著雪茄菸的男子與他的妻子坐在我對面，兩人都講瑞士德語。區間公車、再加上語言，瞬間把我帶回到一九四六年，正如我在《蕨樂園》中所寫的：

戰爭剛結束，我父母決定造訪歐洲唯一「未遭破壞」的國家：瑞士。琉森的施威霍夫酒店有一輛高大、無聲的電動蓬車，自從四十年前出廠後，就一直在那裡安靜優雅的載客。半甜美半淒楚的回憶乍現，十三歲的自己，青春期的邊上。當時所感受到的一切，清新又鮮明。而我的父母——年輕、朝氣蓬勃，才五十歲。

等我回到紐約，年少記憶不斷湧現，《鎢絲舅舅》剩下的部分隨之而來，個人往事彷彿自行與歷史、化學記憶交織纏繞。就這樣，一本「混種書」誕生了：兩段大異其趣的故事、兩種截然不同的語氣，不知怎的，竟緊密的揉合在一起。

有人跟我一樣，深深喜愛自然史與科學史，這位同好就是古爾德（見第118頁）。我拜讀過他的《個體發生和種系發生》，以及他每個月發表於《自然史》雜誌的許多文章。我特別喜歡他一九八九年出版的《奇妙的生命》，這本書給人一種強烈的感覺：純粹

✰ 回來以後，我將日記改寫，沒多久即受邀發表，成為《國家地理》雜誌旅行系列的其中一本書。書上很多內容來自己出版的《蕨樂園》，這本《蕨樂園》與手寫日記一模一樣。但我在《國家地理》雜誌的版本裡還「加油添醋」其他研究，例如：巧克力及辣椒、龍舌蘭及胭脂紅染料、中美洲文化及新世界迷幻藥等等，在旅行期間，這些事物頗令我驚訝。

的運氣（好運或厄運）可能會降臨在任何種類的動物或植物身上，而那樣的運氣在演化過程中發揮了巨大的作用。正如他所寫的，如果演化過程可以「重來」，每次的結果無疑將會完全不同。智人是「特定的偶發事件組合」的結果，最終產生了我們。這就是他所謂的「美好的意外」。

古爾德對於演化的真知灼見，令我大為興奮，以致當英國一家報紙問我、一九九〇年最喜歡什麼書時，我選的就是《奇妙的生命》。五億多年前，「寒武紀大爆發」產生的範圍驚人的生命形式（這些都完好保存於加拿大洛磯山脈的伯吉斯頁岩中），在他筆下宛如起死回生，而多少生命形式早已屈服於競爭、災難，或只是運氣不好。

古爾德看到這篇短短的書評，寄了一本不吝題字的書給我，他在題字中所說的話，彷彿是我描述腦炎後型病人那種「偶然性、固有之不可預測性」的地質學版本。我向他致謝，他回了一封信，字裡行間劈啪有聲，充滿他獨特的活力、熱情洋溢及風格。信的開頭：

親愛的薩克斯醫師：

真高興收到你的來信。一生中難得有更大的榮幸，得知一位知識精英，因為某人的辛勞有所回報而感到欣喜。我真心以為，在某種集體意識上，但顯然在沒有任何聯繫的情況下，我們這幾個人正努力朝向根植於「偶然性理論」的共同目標。在神經學上，您的病例研究工作肯定與愛德曼（Gerald Edelman，因發現抗體的化學結構，獲一九七二年諾貝爾生理醫學獎）並駕齊驅。麥佛森（James M. McPherson）對於美國南北戰爭的論述，以及我本人所探討的生命史題材，大體上都是混沌理論。當然，「偶然性」本身並不是什麼新鮮事。反而，此主題往往要不就被視為科學以外的東西（「只不過是歷史」），要不就更慘：被視為一種替代品，或甚至是不科學的唯心論之聚集地。重點並非強調偶然性，而是將它認定為基於「個體不可化約」之真正科學的中心思想；並不是要和科學唱反調，而是對於我們所謂「自然律」的期望，因此可視為科學本身的主要基準。

討論其他幾個話題之後，信的結尾：

真是有趣，一旦你接觸了多年來很想認識的人，你開始發現，到處都有你想要跟他討論的事情。

衷心祝福

史蒂芬．傑．古爾德

事實上，我們直到好幾年後才見到面，那時荷蘭一位電視記者來找我們做一系列訪談。當製作人問我認不認識古爾德，我回答說：「我從來沒見過他，不過我們一直通信。

儘管如此，我卻把他當兄弟看待。」

那頭的古爾德也寫信給製作人：「我想見奧立佛．薩克斯想得要命。我視他如兄弟，但我們從來沒見過面。」

我們總共有六個人——物理學家戴森（Freeman Dyson）、哲學教育家圖爾明（Stephen Toulmin）、哲學家丹尼特（Daniel Dennett）、生物學家謝德瑞克（Rupert Sheldrake）、古爾德、以及我本人。我們分別接受採訪，幾個月後，我們飛往阿姆斯特丹，分別住在不同的旅館。我們彼此都還沒見過面，大家都期待當我們六人一起現身時，會碰撞出某種精采的、也可能是驚人的火花。這部長達十三小時的電視節目稱為「美好的意外」（*Glorious Accident*），在荷蘭轟動一時，節目的全文紀錄成了暢銷書。

古爾德本人對於節目的反應，倒是不改他的調皮本色。他寫道：「看到我們荷蘭系列這麼受歡迎，讓我大吃一驚。見到你，我當然是高興得要命。但我很懷疑，我怎麼會這麼輕易就花幾個小時，在電視機前面觀看這樣一群人的談話，而這群人在如今的電腦時代，往往被說成是死歐洲白人男子。」

古爾德在哈佛大學任教，但他住在紐約市區，所以我們算是鄰居。古爾德有太多不同面貌，太多愛好。他喜歡散步，對於紐約市的建築、以及它在一個世紀前的樣貌知之甚詳。（只有像他這種對建築極度敏感的人，才會把建築物的拱肩拿來當成演化隱喻。）他極有音樂天分——他在波士頓某個合唱團唱歌，他超愛吉爾伯特與蘇利文（Gilbert and Sullivan）

的喜歌劇作品，我想，他把吉爾伯特與蘇利文的作品統統背得滾瓜爛熟。有一次，我們一起去長島拜訪朋友，古爾德在熱水浴池裡泡了三個小時，一邊唱著吉爾伯特與蘇利文的歌劇，毫無重複。他也熟知兩次世界大戰期間的大量歌曲。

古爾德和他的妻子朗達，都是出手大方的朋友，而且他們喜歡辦生日派對。古爾德會遵照他母親的食譜來烤生日蛋糕，而且總是會寫一首詩來朗誦。他非常善於此道，有一年，他寫出一首妙不可言的〈無聊詩〉，在另一年的生日派對，他朗誦了這首詩：

為奧立佛祝壽，一九九七年

這個人，他愛的是蘇鐵
但有朝一日自行車廣告可能由他主演
多才多藝天王
快樂快樂！生日真快樂
佛洛伊德，從前那個心理學頭頭，他擁有的你全超越。
單腿站立，偏頭痛，色盲島
火星上的睡人，一心想著帽

奧立佛・薩克斯
生活依然過到極致
游泳時將海豚往後頭遠遠一拋。

另一年生日，古爾德和朗達知道我很愛元素週期表，於是邀請大家打扮成特定的元素。我對於記名字與臉孔很不擅長，但我絕不會忘記元素。有一名男子陪我的老朋友柏奈特來參加派對。我不記得他的名字，我記不住他的臉，但我永遠記得他是「氬」。古爾德則是「氙」，元素五十四，另一種惰性氣體。

我迫不及待拜讀古爾德每個月刊登在《自然史》雜誌上的文章，經常寫信給他、談到他提出的主題。我們討論各式各樣的事情，從病人反應的偶然之處，到我們共同熱愛的博物館——尤其是那種古老珍奇室之類的，我們都對費城馬特博物館的保存狀況讚不絕口。

我還有一種渴望，想要更加了解較原始的神經系統與行為，這可回溯至我著迷於海洋生物學的時代。就這部分而言，我一生中受到古爾德很大的影響，是他不斷提醒我，生物學沒什麼意義，除非是根據演化、運氣、偶然性來看。他把一切事物都擺在深邃的演化時間背景底下。

古爾德一直都在研究百慕達與荷屬安地列斯的陸生蝸牛演化，對他來說，種類繁多的無脊椎動物比脊椎動物更能解釋，在為非常早期的各種演化結構與機制尋找新用途時，大自然的創造力與巧思的範圍——這些正是他所謂的「延伸適應」（exaptation）。因此我們都對「低等」生命形式頗為欣賞。

一九九三年，我寫信給古爾德，提到結合特殊性與一般性的方法，舉我本身的例子來說，即結合臨床敘事與神經科學。他回覆道：「這也正是我長期以來體會到的矛盾，我想要透過我的散文來滿足我對個別事物的樂趣，透過較專業的寫作來滿足我對一般事物的興趣。我之所以這麼喜歡伯吉斯頁岩的研究工作，正是因為它讓我結合了兩者。」

他很好心幫我檢閱《色盲島》的原稿，看得非常仔細，避免我捅出一大堆漏子。

最後，我們對自閉症有共同的興趣，正如他寫給我的信上說：「我之所以重視，部分是出於個人因素。我有一個自閉症兒子，他是很厲害的『日期計算家』，可以瞬間算出上下幾千年的日期。你的作品〈數字天才寶一對〉是我讀過最感人的文章。」

他曾在文章裡寫到自己的兒子傑西，極為感人，後來發表於《千禧年——古爾德三問》：

人類是很會說故事的生物，我們將世界組織成一套故事。那麼，人怎樣才能理解他周遭令人困惑的環境，如果他無法領略故事或臆測其他人的意圖？在人類英雄事蹟的所有史冊上，我找不到比「失之東隅，收之桑榆」更崇高的主題了：當生命的不幸，將我們人類共同天性的若干基本特質，從某些人身上奪走時，他們卻能努力發現和發展出其他的新技能，並且奮鬥不懈。

在我認識古爾德之前，他曾與死神擦肩而過，當時他才四十歲左右。他長了一種非常罕見的惡性腫瘤：間皮瘤（mesothelioma），但他堅決克服萬難，竟然捱過了這種特別致命的癌症。他是得益於放射療法與化學療法的幸運兒之一。他本來就是勁頭十足的人，而在這次面對死亡的經歷後，他變得比以往更有勁，一分鐘都不能浪費——誰知道下一分鐘會發生什麼事？

二十年後，六十歲的他罹患看似不相干的癌症——胸部肺癌轉移到肝臟及腦部。但他對病痛唯一的讓步，是把站著講課改成坐著。他下定決心要完成他的巨著：《演化論結構》，這本書在二〇〇二年問世，正好是他出版《個體發生和種系發生》二十五週年。

過了幾個月，就在上完哈佛的最後一堂課，古爾德陷入昏迷，過世了。他似乎純憑本身的意志力才能一路撐過來，然後，完成他最後一學期的教學，看到他最後一本書的出版，他才準備好放手。他在家中的書房過世，身旁圍繞著他心愛的書。

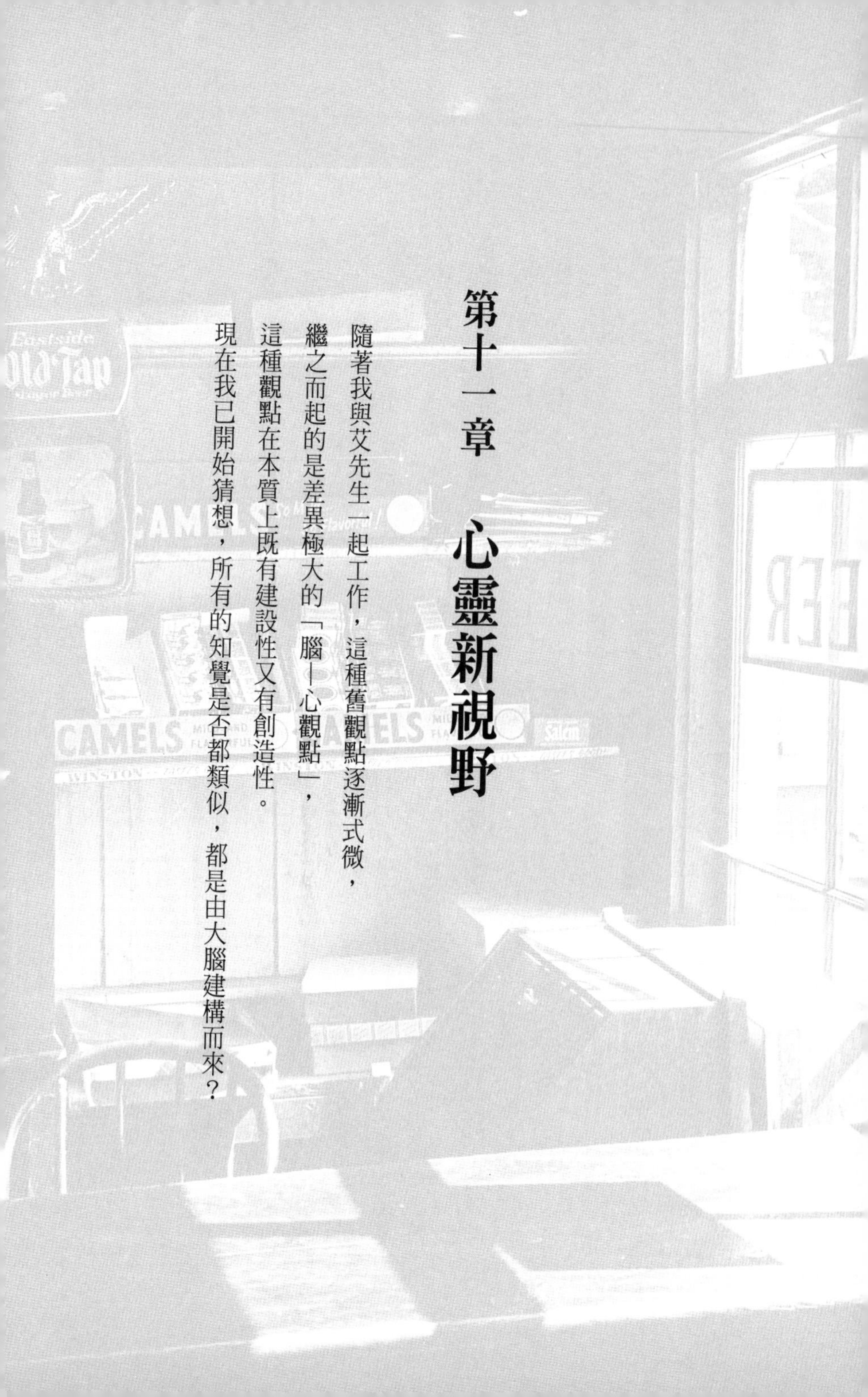

第十一章　心靈新視野

隨著我與艾先生一起工作，這種舊觀點逐漸式微，
繼之而起的是差異極大的「腦—心觀點」，
這種觀點在本質上既有建設性又有創造性。
現在我已開始猜想，所有的知覺是否都類似，都是由大腦建構而來？

一九八六年三月初，《帽》書出版後不久，我收到艾先生的來信，他是住在長島的一位藝術家。信上寫著（譯注：以下引用「天下文化」《火星上的人類學家》中文版的文字）：

我剛過六十五歲，是個頗成功的畫家。今年一月二日，我開車出去，被一輛小卡車撞到我車子的右側。我來到當地一家醫院的急診室，當時醫師告訴我說，我有腦震盪。在做眼部檢查的時候，發現我無法分辨出字母與顏色。那些字母看來就像希臘文字。我看每樣東西的感覺，就像在看黑白電視螢幕一樣。過了幾天，我認出字母來了，我的視覺變得跟老鷹一樣，能把一條街以外一隻扭動的蟲看得清清楚楚，視力簡直銳利無比。然而，我竟是徹底的色盲。我去看過許多眼科專家，他們對這種色盲病情毫不了解。我求診於神經科醫師，也是無功而返，催眠中的我仍然分辨不出顏色，我曾做過各式各樣的測驗，隨便你說個名稱，我都做過。我那隻棕色的狗變成暗灰色，番茄汁是黑色，彩色電視成了一堆亂糟糟的東西……

艾先生抱怨，如今他住在既沉悶且「灰濛濛」的黑白世界裡，人們看起來醜死了，他也根本不可能畫畫了。我以前遇過這樣的狀況嗎？我能不能查一查發生什麼事情？我能不能幫幫他？

我的回覆是：我聽說過這種後天色盲的例子，但從未親眼見過。我不知道能不能幫上忙，但我請艾先生來讓我看一下。

艾先生看了六十五載的繽紛世界，一夕之間變成色盲，而且是全色盲，彷彿「在看黑白電視螢幕」。事出突然，與視網膜錐狀細胞可能遭遇的慢慢惡化，一點都不相符，程度嚴重多了。看來，問題可能出在大腦專門感知顏色的部分。

此外，艾先生喪失的顯然不只是看到顏色的能力，還有想像顏色的能力。他現在做夢都是黑白的，連他的偏頭痛先兆也毫無顏色。

先前幾個月，我為了《帽》書的出版飛了一趟倫敦，當時有位同事邀我去皇后廣場的國家醫院參加一場會議。「塞奇（Semir Zeki）會來演講，」他說：「他是色覺方面的泰斗。」

塞奇一直都在從事色覺的神經生理學研究，方法是記錄植入猴子視覺皮質的電極，他已證實，色彩的建構由單一區域（第四視覺區，V4）負責。他認為，人的大腦可能也有類似的區域。塞奇的演講令我深感興趣，尤其是他提到色覺時所用的字眼：「建構」。

塞奇的研究似乎閃現一種全新的思維，讓我用前所未有的思考方式來考慮「意識的神經基礎可能是什麼」，並且讓我明白，有了「大腦成像」的新武器，加上最近發展出「記錄有意識的大腦中，個別神經元之活動」的能力，我們也許可以劃分各式各樣的經驗是如何建構的、在哪裡建構的。這個想法頗令人振奮。我這才明白，自從一九五〇年代、我的學生時代至今，神經生理學早已突飛猛進，可以在動物有意識、正在感知與活動時，記錄大腦個別神經元的活動。這件事超乎我們當時的能力，簡直是超乎想像。

大約在這時候，我去卡內基音樂廳欣賞了一場音樂會。曲目包括莫札特偉大的C小調彌撒曲，中場過後則是他的安魂曲。年輕的神經生理學家西格爾（見第171頁），恰巧坐在我的後方幾排，前一年我造訪沙克生物研究中心時，我們曾匆匆見過一面，西格爾在那裡工作，他是克里克（見第84頁）的得意門生之一。西格爾看到我大腿上的筆記本，且整場音樂會洋洋灑灑寫個不停，就知道那個大塊頭肯定是我。音樂會一結束，他走過來自我介紹，我馬上認出是他——不是認得他的臉（大部分的臉孔在我看來都一樣），而是他那一頭火焰似的紅髮，以及大刺刺的舉止。

西格爾很好奇：整場音樂會我到底在寫些什麼？我對音樂完全沒感覺嗎？那可不，我說，我對音樂很有感覺，而且不僅是當成背景音樂。我引用尼采的話——尼采也習慣在聽音樂會時寫作，他很喜歡法國作曲家比才（Georges Bizet）的音樂；尼采曾寫道：「比才讓我成為更好的哲學家。」

我說，我覺得莫札特讓我成為更好的神經學家，我寫的是我一直在看的病人：那位色盲藝術家。西格爾很興奮，他聽說過艾先生，因為我今年稍早曾向克里克描述過他。西格爾本身的工作是研究猴子的視覺系統，但他說他很樂意見見艾先生，因為艾先生可以一五一十說出他看到什麼（或看不到什麼），不像他之前研究的猴子。他列舉出五、六種簡單卻很關鍵的測試，有助於精確指出，在那位色盲畫家的大腦裡，色彩建構究竟是在哪個階段出問題。

西格爾總是以高深的生理學字眼來思考，神經科醫師（包括我在內）往往滿足於腦部疾病或損傷的現象學，很少考慮到涉及的確切機制，更完全沒考慮到最根本的問題：經驗與意識如何從大腦活動中湧現。對於西格爾來說，他在猴子大腦裡探究的所有問題，他這麼有耐心、逐一累積而來的見解，總是指向那最根本的大哉問——大腦與心智的關係。

每當我向他訴說病人的故事、他們經歷了什麼樣的事情，西格爾就會立刻把我扯進一場生理學的討論：牽涉到大腦的哪些部分？發生了什麼事？可以用電腦來模擬嗎？西格爾天生是個很棒的數學家，擁有物理學位，他在「計算神經科學」方面如魚得水，喜歡做神經系統的模型或模擬。☆

接下來的二十年，西格爾和我成為很要好的朋友。他夏天都待在沙克生物研究中心，我經常去那裡拜訪他。身為科學家的他，永不妥協，有什麼說什麼；身為人的他，天性快

☆ 我把人在偏頭痛先兆時可能會看到的複雜圖案，秀給西格爾看——六邊形及許多形狀的幾何圖案，包括碎形（fractal）圖案，他對此深感著迷。他可以利用神經網路模型來模擬其中一些基本圖案。一九九二年，我們將此成果包含在《偏頭痛》修訂版中，當成附錄。西格爾的數學與物理直覺也讓他感覺到，混沌與自我組織可能對所有的自然過程都非常重要，適用於每一種科學範疇，從量子力學到神經科學。這導致一九九九年、我們之間的另一項合作，即《睡人》修訂版中的附錄〈混沌與睡人〉。

活、自然不做作、俏皮可愛。他很享受當人夫，當一對雙胞胎小孩的父親——在他的家庭生活中，我經常參一腳，扮演乾爹之類的角色。我們都很喜歡拉霍亞社區，常在那裡散步或騎自行車、看滑翔傘盤旋於斷崖邊，或在海灣裡游泳。到了一九九五年，拉霍亞已成為全世界的神經科學重鎮，因為愛德曼的神經科學研究所也加入了沙克生物研究中心、斯克里普斯研究所、加州大學聖地牙哥分校的行列，落腳於拉霍亞。西格爾介紹我認識了沙克生物研究中心的幾位神經學家。在這個獨具一格、極為豐富多樣的學界裡，我開始覺得自己也是其中的一份子。

二〇一一年，西格爾得了腦癌，英年早逝，享年僅五十二歲。我非常想念他。他的心聲，如同我的眾多良師益友的心聲，已成為我思想上不可或缺的一部分。

一九五三年，當我還在牛津念書時，我拜讀了華森與克里克發表於《自然》期刊的著名「雙螺旋」書函。我很想說「我一眼就看出重大意義」，但對我來說，實情並非如此，對當時的大多數人來說，實情也並非如此。

直到一九六二年，當克里克來舊金山、在錫安山醫院演講時，我才領悟雙螺旋所蘊含的深遠意義。克里克的演講並不是關於DNA的雙螺旋結構，而是他和分子生物學家布瑞納（Sydney Brenner，二〇〇二年諾貝爾生理醫學獎得主）一直在做的研究工作：確認DNA鹼基序列如何具體描述蛋白質中的胺基酸序列。經過四年緊鑼密鼓的研究，他們才指出，此轉譯過程牽涉到「三核苷酸密碼」。這件事本身就是一項極為重大的發現，不亞於雙螺旋的發現。

但克里克的研究顯然已轉移到其他事情上。他在演講中暗示，放眼未來，還有兩大偉業有待探索：一是了解生命的起源與性質，二是了解大腦與心智的關係，尤其是「意識」的生物學基礎。他在一九六二年對我們說這番話時，已暗藏玄機了嗎？等到他「搞定」分子生物學，或至少將它帶到可以交代給其他人的階段之後，這兩大偉業，將會是他本人未來幾年專心致力的主題嗎？

一九七九年，克里克在《科學美國人》雜誌發表〈關於大腦的聯想〉一文，某種意義上，此文一出，以神經科學的觀點來研究意識遂成正統。在此之前，有關意識的問題被認為是無可救藥的主觀，因而難登科學探索之殿堂。

幾年後，我在一九八六年的一場聖地牙哥會議中遇見他。與會者人數眾多，神經科學專家雲集，但是到了晚餐時間，克里克把我單獨找去，抓住我的肩膀，要我待在他身旁，說：「講故事給我聽！」他特別想聽的故事，是視力如何因腦部損傷或疾病而改變。

我不記得我們吃了些什麼，或有關晚餐的任何事情，只記得，我講了很多我的病人的故事，每個故事都在他的腦海裡掀起一陣假設，以及進一步的研究建議。幾天後，我寫信跟他說，這次的經驗「有點像是坐在『知識份子核反應器』旁邊……如此白熱化的感覺，前所未有。」克里克對艾先生的故事很感興趣，對我幾位病人的經驗也很感興趣：在偏頭痛先兆的那幾分鐘裡，他們的正常連續視覺會被某種忽隱忽現的靜止、「凍結」影像給取代。克里克問我，我所稱的這種「電影化的視力」是永久的現象嗎？或者，能不能用什麼可預測的方式誘發產生，這樣才能做研究？我說我不知道。

一九八六年間，我花了很多時間與艾先生相處。一九八七年一月，我寫信給克里克：「目前我已針對我的病人寫了很長的報告……只有在真正寫作時，我才看得出，顏色可能真的是一種（腦—心）建構。」

在我的職業生涯裡，我頗拘泥於素樸實在論（naive realism）的概念，比方說，我認為視覺只不過是視網膜影像的「譯本」而已，這種實證主義者的觀點，是我在牛津念書那個年代的主流觀點。

但如今，隨著我與艾先生一起工作，這種觀點逐漸式微，繼之而起的是差異極大的「腦—心觀點」，這種觀點在本質上既有建設性又有創造性。我還補充說，現在我已經開始猜想，所有的知覺（包括動作的感知）是否都類似，都是由大腦建構而來。

我在信中提到，我和我的眼科醫師好友華瑟曼、西格爾正在研究艾先生的案例，他們和我們的病人共同設計、進行了各式各樣的心理物理實驗。我提到，塞奇也見過艾先生，幫他做過測試。☆

一九八七年十月底，我總算得以將〈失去色彩的畫家〉寄給克里克，那是我和華瑟曼為《紐約書評》雜誌合寫的文章。一九八八年一月初，我收到克里克的回音——這封信堪稱驚世之作：五大頁、單行間距打字、詳細提出主張、充滿點子與建議，他說，其中有些是「異想天開」。他寫道：

非常感謝您寄來色盲藝術家的相關文章，非常引人入勝……如您在信中所強調，此文嚴格來說不算是科學文章；即便如此，在我的同事與這裡的科學界、哲學界朋友之間，此文卻引起眾人極大的興趣。我們開了幾次小組會議來討論此文，而且我還分別和好幾個人進一步交談。

✰ 幾天後，我收到回信。對於我的那些偏頭痛病人，以及齊爾（Josef Zihl）與同事在一九八三年論文中描述的某位不尋常的病人，克里克在信中更詳細探討兩者之間的差別。比方說，齊爾的病人無法倒茶，她看到的是動也不動的「茶冰川」，從壺嘴垂下來。我的偏頭痛病人當中，有些人經歷過這種快速連續的靜止畫面，而對於齊爾的病人來說，她是在中風後才變成「動作盲症」（motion blindness），她眼中的靜止畫面顯然持續較長的時間，每幅畫面也許長達幾秒鐘。克里克特別想知道，我那些偏頭痛病人的連續靜止畫面，是發生在連續眼球運動之間的間隔裡，還是只發生在這種間隔之間。「我非常樂意跟你一起討論這些話題，」他寫道：「包括你提到的，色彩乃是腦—心建構的論述。」我回信給克里克，詳述我那些偏頭痛病人與齊爾的「動作盲」女病人之間的巨大差異。

他補充說，他已將文章複本與他寫的一封信寄給休伯爾（見第84頁），他跟威澤爾在視覺皮質機制上曾做出開創性的研究。想到克里克以這種方式公開討論我們的文章、我們的「病例」，讓我非常興奮。這件事讓我深深感受到：科學是公共事業，科學家是情同手足的國際社群，共享並思考彼此的研究工作。克里克本人如同某種樞紐，將神經科學世界裡的每一個人聯繫在一起。

「當然，最有趣的特色，」克里克寫道：

是艾先生喪失了色彩的主觀意識，再加上，此意識在他極為逼真的想像力與他的夢中也不見了。這明確指出，後面這兩種現象所需要之器官的某個關鍵部分，也是色覺所需要的。在此同時，他對於色彩名稱與色彩聯想的記憶仍完好無損。

克里克又仔細歸納了幾篇李文斯頓（Margaret Livingstone）與休伯爾的論文，概述他們的「早期視覺處理三階層理論」，並且推測，艾先生可能是其中某個階層（第一視覺區的「色塊系統」）持續受損，那裡的細胞對於缺氧（可能由小中風、甚至一氧化碳中毒引起）特別敏感。

「請原諒這封信寫得這麼長，」克里克總結道：「等你有時間消化完這一切之後，我們還可以在電話上討論。」

克里克的信，讓華瑟曼、西格爾和我全都如痴如醉。我們每讀一次，似乎都會愈陷愈深、獲得更多的聯想。我們也感覺到，若要遵循克里克滔滔不絕的一連串建議，恐怕還得再投入十年或更長時間的苦工。

幾個星期後，克里克再度聯繫，他提到達馬西歐（Antonio Damasio）的兩個病例，其中一個病例的病人喪失色彩心像，但做夢仍是彩色的。（後來她恢復了色覺。）克里克寫道：

> 非常高興……得知您打算對艾先生進行更多的研究。所有您提到的事情都很重要，尤其是掃描……這類皮質性色盲的病人到底有什麼樣的損傷，我的朋友們尚未達成共識。我認為（非常初步）是第一視覺區的色塊，加上更高階層的某種後續退化作用，但這實際上取決於掃描看到的一點點東西（如果第四視覺區大多失效，你應該會看到一些東西）。休伯爾告訴我，他也贊成是第四視覺區的損傷，不過這也是初步的意見。范埃森（David van Essen）跟我說，他懷疑是更上游的某些區域。

「我覺得這一切的寓意是，」克里克總結道：「對這樣的病人，只有謹慎且廣泛的心理物理學、加上對於損傷的精確定位，才幫得了我們。（到目前為止，我們還看不出來，在猴子身上如何研究視覺心像及夢境。）」

一九八九年八月，克里克寫信給我：「此刻，我正試圖掌握視覺認知，但到目前為止仍是大惑不解，一如既往。」他隨函附上一篇論文的原稿：〈意識之神經生物學理論初探〉，這是他和加州理工學院的柯霍（Christof Koch）共同發表的最早幾篇綜觀論文之一。看到這篇原稿，我感到非常榮幸，尤其是看到他們精心鋪陳的論據證明：若想進入這個看似不得其門而入的主題，透過「視覺障礙的探索」將會是一種理想的方式。

克里克與柯霍的論文針對神經科學家而寫，短短幾頁便涵蓋極廣的範圍，有時很難懂，而且極度專業。但我知道，克里克也能用非常深入淺出、妙趣橫生、平易近人的方式來寫作，這尤其體現於他早期的兩本書：《生命本身》以及《分子與人》。因此我懷抱希望，但願他能用更通俗、更容易理解的形式，來介紹他的意識神經生物學理論，並且拿臨床及日常實例來加以充實。在他一九九四年出版的《驚異的假說》（*Astonishing Hypothesis*）一書，他真的辦到了。

一九九四年六月，西格爾和我在紐約與克里克餐敘，我們天南地北開講。西格爾談到近來在猴子身上所做的視覺研究，以及他對於「混沌在神經層面之基本角色」的看法。克里克談到他和柯霍的延伸工作，以及他們對於意識相關神經區（NCC）的最新理論。我則談到即將前往平格拉普島，以及島上將近百分之十的人口天生就是全色盲。我準備和華瑟曼以及挪威的知覺心理學家諾德比一同前往，諾德比跟平格拉普島民一樣，視網膜生來就少了色彩接受器。

一九九五年二月，我寄給克里克一本剛出爐的《火星上的人類學家》，書上包含〈失去色彩的畫家〉的擴充版本，內容比以前更詳實，有些部分是我跟克里克討論而來的。我還說了我在平格拉普島上的一些經歷，以及諾德比和我如何試圖想像、他的大腦裡可能發生了什麼樣的變化，好因應他的色盲。由於他的視網膜不存在任何色彩接受器，他大腦裡的色彩建構中樞會不會已經萎縮？此中樞會不會被重新分配給其他的視覺功能？還是，它們仍在等待輸入，此輸入可能來自直接的電刺激或磁刺激？如果能夠做到這一點，會不會讓他有生以來第一次看到顏色？他知不知道那是顏色？還是這樣的視覺經驗太新奇、太讓他驚慌失措，以致無法分類？類似這樣的問題，我知道，克里克也會很有興趣。

克里克和我持續書信往返，討論各式各樣的話題。我寫了一封長信給他，提到一位病人（我稱他為維吉），維吉失明了一輩子，如今視力卻恢復了。我還寫信提到我對手語的看法，以及使用手語的聾人的聽覺皮質重新分配。每當我遇到視覺感知或認知的問題想不通，往往會在腦海裡跟克里克對話。我會琢磨著，克里克對這問題會怎麼想？他會如何試圖解釋？他會如何加以研究？

克里克永不止息的創意（一九八六年我第一次見到他時，就被他的「白熱化」給電到了），結合他那總是往前看的作風，讓他預見自己與其他人未來幾年、甚至未來幾十年要從事的研究，令人視他為不朽人物。事實上，年屆八十的他，仍不斷湧出一連串卓越而大膽的論文，絲毫不顯年老之疲態、衰微或反反覆覆。因此，二〇〇三年初得知他遭遇嚴重的健康問題，對我來說頗為震驚。二〇〇三年五月，我寫信給他時，這件事也許隱伏在我的心底深處，卻不是我想再度聯繫他的主要原因。

我發覺自己在思考時間——時間與知覺、時間與意識、時間與記憶、時間與音樂、時間與動作。尤其是，我回過頭來想到一個問題：看似連續不斷的時間推移與動作，由我們的眼睛給予我們的，是不是一種假象？我們的視覺體驗，實際上是不是由一系列無時間性的「瞬間」組成、再由大腦裡的某些高等機制將這些「瞬間」緊密的結合起來？我發覺自己再度提到偏頭痛病人對我描述的靜止畫面，像是電影式的連續鏡頭，我自己偶爾也有這種經驗。（另一種知覺混亂的經歷就十分嚇人了，當時我在密克羅尼西亞，因為吃了卡瓦胡椒而迷醉到渾然忘我。）

當我向西格爾提到，我已經開始寫下這一切時，他說：「你一定要閱讀克里克和柯霍的最新論文。他們在論文中提出，視覺意識其實是由一連串的『快照畫面』組成的。你們都沿著同樣的思路在思考。」

我寫信給克里克，附上我那篇關於時間的文章草稿。我順手插進一本剛出版的新書《鎢絲舅舅》，以及最近的一些文章，都是和我們最喜歡的視覺話題有關。

二〇〇三年六月五日，克里克寄來一封長信，信中充滿知性的火花與喜悅，對他自己的病痛卻一字不提。他寫道：

我很喜歡閱讀你少年時代的記述。我也有一位幫了我很多的叔叔，他教我基本的化學以及玻璃吹製，但我對金屬不如你那麼入迷。跟你一樣，我對週期表和原子結構的觀念印象深刻。事實上，我在母校磨坊山最後一年，曾經演講談到如何以「波耳原子」加上量子力學來解釋週期表，雖然我不太確定我對這一切真正懂了多少。

克里克對《鎢絲舅舅》的反應激起我的好奇心，於是我回信問他：磨坊山演講波耳原子時的少年的他、成為物理學家的他、後來發現雙螺旋的他、以及現在的他，在這些不同時期的「他」之間，他看到了多少「連續性」？我引用佛洛伊德在一九二四年寫給學生亞伯拉罕（Karl Abraham）的信（當時佛洛伊德六十八歲），他在信中寫道：「我試圖以八目鰻（*Petromyzon*）脊神經節的論文作者來表明自己的身分，這對『人格統一』來說算是嚴峻的要求。然而，似乎果真是如此。」

以克里克的例子而言，他的不連續性看來更甚於佛洛伊德，因為佛洛伊德從一開始就是生物學家，儘管他最早的興趣在於原始神經系統的解剖結構。相比之下，克里克在大學拿的是物理學位，戰爭期間曾研究磁性水雷，後來攻讀博士時又跑去做物理化學。一直要到三十幾歲（在這年紀，大多數的研究人員已經深陷於他們的專業之中），他才轉而研究生物學。這麼大的轉變有如「脫胎換骨」（就像他後來所說的）。在他的自傳《狂熱的探索》書中，他談到物理學與生物學之間的差異：

天擇幾乎總是以過去發生的事情為基礎……正是天擇所導致的複雜性，使生物如此難以解讀。物理學的基本定律，通常可用簡單的數學形式來表示，而且這些定律很可能放諸整個宇宙皆準。反之，生物學的定律，往往只是概括說法，因為它們所描述的是相當巧妙的（化學）機制，乃歷經幾百萬年來的天擇演化……我本身對生物學知之甚少，略懂些皮毛而已，直到我過了而立之年……我的第一個學位是物理學。我花了一點時間來適應生物學上必要的思考方式，那和物理學的思考方式差異頗大。這簡直就像是：你一定得脫胎換骨才行。

到了二〇〇三年中，克里克的病情告急，我開始收到柯霍的來信，他那時候每星期會陪克里克好幾天。他們變得非常親近，以致他們的想法似乎有很多都是對話式的，湧現自他們之間的互動。不過柯霍寫給我的信，會將他們兩人的想法加以濃縮。他的很多句子開頭都是：「對於你本身的經歷，克里克和我確實還有幾個疑問……克里克認為這樣……而我呢，不是很確定，」之類的。

克里克回應了我那篇探討時間的文章（文章的某個版本，後來以〈在意識之河〉為名，刊登於《紐約書評》雜誌），他仔細質問「偏頭痛先兆期所經歷的視覺閃爍率」。這些都是十五年前、我們第一次見面時討論過的問題，但顯然我們早已忘了這回事，我們當然誰也不會去參考先前的任何信件。彷彿這問題在一九八六年解決不了，於是我們兩人用各自不同的方式擱置它、「遺忘」它，把它放進我們的潛意識裡，在那裡孵育了十五年之後，它才再度現身。以前曾經打敗我們的那個問題，克里克和我正在收斂中，如今我們愈來愈逼近答案。二〇〇三年八月，我的這種感覺非常強烈，以致我覺得必須去拉霍亞探望克里克。

我在拉霍亞待了一星期，經常去探望西格爾，他又回到沙克生物研究中心工作。那地方有一種非常甜美、不帶競爭的氛圍（或者在我看來是如此，身為局外人的我，只是來短期訪問而已）。這種氛圍讓一九七〇年代中期首度來到沙克的克里克覺得很開心，而且從那時以來，由於他一直待在那裡，更加深了這種氛圍。儘管年紀大了，他依然是那裡的核心人物。西格爾把克里克的車指給我看，車子的車牌號碼只有四個字母ATGC（DNA的四種鹼基）。有一天我很開心，因為我看見他高大的身影走進實驗室，依然直挺挺的，雖然走路很慢，還拄著枴杖。

某天下午我有一場演講，剛講完開場白，我看見克里克進門，悄悄的坐在後方的座位上。我注意到，他大部分時間都緊閉雙眼，還以為他睡著了。可是等我一講完，他問了一些非常尖銳的問題，我才知道他聽得一字不漏。有人告訴我，他那副閉上眼睛的樣子騙過許多訪問學者，但他們後來可能會發現（得付出一些代價），他那緊閉的雙眼掩飾著最銳利的注意力、最清晰最深沉的心靈，他們以後可能再也遇不到了。

我在拉霍亞的最後一天，柯霍特地從帕薩迪納來找我們，克里克和他的妻子奧黛兒邀請我們上來他們家吃午飯。「上來」可不是隨便說說的，西格爾和我開著車，似乎不停的往山上開，繞過一個又一個急轉彎，直到抵達克里克的家。那天陽光燦爛，一派加州好天氣，我們圍坐在游泳池前的桌子旁邊。游泳池水藍得很誇張——克里克說，那不是因為池子塗了什麼東西、或池子上方的天空，而是因為當地的水含有微小顆粒，如塵埃般使光線繞射。

奧黛兒為我們準備了各種美食，有鮭魚、蝦、蘆筍，還有一些很特別的菜色——目前在做化療的克里克只能吃這些東西。雖然奧黛兒沒有加入談話，但我知道，身為藝術家的她多麼了解克里克的研究。僅僅從這件事便可見一斑：在著名的一九五三年論文中，那個雙螺旋就是奧黛兒畫的，而且五十年後，在二〇〇三年的論文中，為了解釋「快照假說」（snapshot hypothesis），那幅讓我十分興奮的「靜止的跑者」也是她畫的。

坐在克里克身旁，我看得出來，他那濃密的眉毛，已變得比以往任何時候都要更白、更濃密，使他看起來更像一位聖賢之士。但這副令人敬畏的形象，總是被他那明亮有神的雙眼、淘氣調皮的幽默感給掩蓋。西格爾急於告訴克里克他最新的研究成果：光學造影的一種新技術，這種造影新方式顯現出來的結構，幾乎可到達活生生的大腦的細胞層次。在過去，大腦結構與活動的視覺化，從來不可能達到這樣的尺度，幸虧有這種「中」尺度的造影技術，克里克和愛德曼才得以定位大腦的功能結構，無論他們倆人之間有什麼差異。

對於西格爾的新技術以及他所描述的景象，克里克感到非常興奮，但同時他也問了排炮似的尖銳問題來「烤問」西格爾，非常細微，卻也很有建設性。

除了奧黛兒，跟克里克關係最密切的人顯然是柯霍——他的「科學兒子」。看到這兩個男人，年紀相差四十幾歲，性情與背景天差地遠，卻深深的互相尊重、互相欣賞，著實令人動容。柯霍是浪漫、幾近誇張的「物質派」，熱中於危險的攀岩及色彩鮮豔的襯衫。克里克看起來簡直是苦行僧似的「精神派」，他的思維絲毫不為「情緒化的偏見及理由」所動，有時柯霍會將他比喻成福爾摩斯。

說到柯霍即將出版的新書《意識探祕》，克里克滿懷驕傲（父親般的驕傲），然後又說到「等書出版之後，我們要做的所有工作」，也是同樣滿懷驕傲。他概略提到未來幾年要做的幾十項研究工作，特別是衍生自「分子生物學與系統神經科學之結合」的工作。

我不知道柯霍是怎麼想的，西格爾也一樣，因為對我們來說，太明顯了（對克里克自己來說，肯定也很明顯），他的健康狀況正迅速衰退，如此龐大的研究計畫，他本人恐怕連開頭都看不到。我覺得，克里克對死亡並不畏懼，但他的「接受死亡」略帶憂傷，因為他無法活著看到二十一世紀美妙的、簡直難以想像的科學成就。他相信，意識的核心問題，以及其神經生物學的基礎，在二〇三〇年之前將完全可以理解、「被解開」。「你會看得到，」他經常對西格爾說。

「你可能也看得到，奧立佛，如果你活到我這個歲數。」

二〇〇四年一月，我收到克里克的最後一封信。他已經讀完〈在意識之河〉。「讀來甚好，」他寫道：「不過我認為，題目叫〈意識是河嗎？〉會更好，因為文章的要旨在於，它很可能不是。」（我同意他的觀點。）

「一定要再過來一起吃午飯，」信的結尾這麼說。

一九五〇年代中期，我還在念醫學院那時候，神經生理學和「病人如何經歷神經疾病」的實際情況之間，似乎有一道不可逾越的鴻溝。神經學持續遵循法國醫師布洛卡（Pierre Paul Broca）在一個世紀前樹立的臨床—解剖學方法，著重在找出大腦裡的損傷區域，找出這些區域與症狀的關聯；因此，言語障礙與布洛卡區的損傷有關、癱瘓與運動區的損傷有關，依此類推。大腦被視為一群小器官的集合體或嵌合體（馬賽克），每個小器官具有特定的功能，彼此間以某種方式互相連結，但整個大腦如何運作，卻知之甚少。一九八〇年代早期，當我寫作《錯把太太當帽子的人》時，我的思考依然植根於這種模式，神經系統多半被設想成固定不變，每一種功能都有「預設專屬」的區域。

這樣的模式在某些方面很有用，比方說：找出失語症病人的損傷區域。但此模式如何解釋「學習與練習的效果」？如何解釋「我們對畢生記憶所做的重建與修改」？如何解釋「神經可塑性的適應過程」？如何解釋「意識」——其豐富性、整體性、千變萬化的意識流，以及那麼多的障礙？如何解釋「個性或自我」？

一九七〇、八〇年代的神經科學領域，儘管一直都有長足的進展，實際上卻存在概念危機或概念真空。沒有任何通論可以拿來解釋這麼豐富的臨床資料、這麼多種不同研究領域的觀察，例如神經學、兒童發展、語言學、心理分析等等。

一九八六年，我拜讀了羅森菲爾德（Israel Rosenfield）發表於《紐約書評》雜誌的優秀文章，文中探討愛德曼的革命性研究與觀點。愛德曼要是不大膽，就沒什麼了不起。「我們正逢神經科學革命的開端，」羅森菲爾德寫道：「革命結束時，我們將會知道心靈如何運作、是什麼東西主宰我們的本性、以及我們如何通曉世界。」

幾個月後，我安排與羅森菲爾德一同會見愛德曼本人，地點在洛克菲勒大學附近的會議室，愛德曼的神經科學研究所當時位於這所大學裡。

愛德曼跨進會議室，簡單寒暄幾句，便滔滔不絕講了二、三十分鐘，概述他的理論，我們兩人都不敢打斷他。他一講完，突然轉身離去。我望著窗外，見他正快步走向約克大道，不顧左右、直視前方。「那正是天才、偏執狂走路的樣子，」我心想：「這人似乎著魔了。」我不由得感到敬畏與羨慕——我好想要有這麼強、這麼猛的專注力！但後來我又想到，擁有這樣的頭腦，生活可能不見得輕鬆，事實上，我發現愛德曼從不放假，睡眠很少，而且被不停的思考推著走（簡直是一種虐待），他常常三更半夜打電話給羅森菲爾德。像我這樣天資平庸，或許日子會好過一點。

一九八七年，愛德曼發表《神經達爾文主義》（*Neural Darwinism*），此乃一系列書籍的第一卷，極具開創性，書中提出他所謂的神經元群組選擇論（theory of neuronal group selection），並探討其衍生出來的結果。這是非常激進的想法，為了更容易引起聯想，也稱為神經達爾文主義。我讀這本書讀得很累，有時候根本看不懂他在寫什麼，部分是因為愛德曼的想法太新了，部分則是因為這本書既抽象又缺乏具體的實例。達爾文曾說《物種原始論》是「一長串的論證」，但他用無數的天擇（與人擇）實例，以及堪稱小說家的寫作天賦撐起了整本書。相較之下，《神經達爾文主義》純粹是論點，從頭到尾就是一篇激烈、充滿知識的報告。我並不是唯一看不懂《神經達爾文主義》的人，愛德曼作品之強度、大膽、獨創，超越了語言的極限，令人望而生畏。

我在自己的《神經達爾文主義》書上注記了臨床實例。愛德曼身為訓練有素的神經學家與精神病學家，真希望他也能這麼做。

一九八八年，我又遇見愛德曼，當時我們都在佛羅倫斯參加有關記憶術的會議，並在會中發表演說。☆會後，我們一起吃晚飯。我發現他變了很多，跟我最初認識的那位「獨白者」很不一樣。昔日的他試圖將十年來的激進思想濃縮，好在幾分鐘內講完；現在的他則比較放鬆，對我的遲鈍比較有耐心，大家聊起來頗為輕鬆自在。愛德曼渴望了解我跟病人相處的經驗，例如：和他的思想有關的經驗、和他的「大腦如何運作」及意識理論有關的臨床故事。在洛克菲勒大學工作的他，與臨床生活有點脫節，如同在沙克生物研究中心工作的克里克，兩人都渴望找到臨床數據。

我們的餐桌上鋪著紙桌巾，一有什麼論點說不清楚，就把圖表畫在桌巾上，直到探討個一清二楚才罷休。等我們吃完晚餐，我覺得我弄懂了他的神經元群組選擇論，或者算是弄懂了一些。他的理論似乎照亮了神經學與心理學的廣闊知識領域，似乎是可信且禁得起考驗的「感知、記憶、學習模式」，此模式似乎可解釋：人如何藉由「具選擇性與互動性的大腦機制」來達成意識，因而成為獨特的個體。

雖然克里克和華森破解了遺傳密碼——概括而言，那就是一組用來建構身體的指令；但愛德曼很早就發現，遺傳密碼無法指定或控制體內每個細胞的命運，細胞的發育過程受

✰ 愛德曼演講時，臺下有一群全神貫注卻大惑不解的觀眾。當他說「人腦不是電腦，世界不是一塊膠布（tape）」時，臺下的義大利觀眾把這話錯聽成「世界不是一塊蛋糕（cake）」。大家在走廊上議論紛紛，不明白偉大的美國教授說這句深奧的格言是什麼意思。

制於各式各樣的偶發事件，尤其是神經系統裡的細胞。例如：神經元可能會死亡、可能會遷移（愛德曼說這種遷移如同吉卜賽人）、可能會以不可預測的方式彼此連結，以致同卵雙胞胎即使在出生時，他們大腦裡的細微神經迴路也完全不同。他們已經是不同的個體，對於經驗的回應各有各的方式。

達爾文研究藤壺的形態學，比克里克或愛德曼早了一個世紀，他觀察到，同一品種的藤壺，從來沒有兩個完全一模一樣，生物族群並非由完全相同的複製品組成，而是由不同且獨特的個體組成。正是在這樣充斥變異個體的族群中，天擇才能發揮作用，為後代保留某些血統、讓其他的血統滅絕——愛德曼喜歡把天擇稱為「龐大的死亡機器」。幾乎從職業生涯一開始，愛德曼便設想，類似天擇的過程可能對個別生物極為重要（尤其是高等動物），在牠們的生命過程中，某些生活經驗會強化某些神經元的連結或神經系統的布局，削弱或消滅其他的連結或布局。☆

愛德曼認為，選擇與變化的基本單位並非單一的神經元，而是由五十至一千個神經元相互連結而成的群組，因此他的假說才會稱為「神經元群組」選擇論。他把「單一個體生命期裡、細胞層面的選擇」，補充加進「世世代代以來的天擇」當中，他認為，有了他的研究成果，達爾文的任務才算是大功告成。

有些先天的傾向或特質，顯然是我們的遺傳編程的一部分，否則的話，嬰兒就不會有任何偏好，也不會為了活命而想要做任何事情、尋求任何事物。這些基本的傾向，例如趨向食物、溫暖、接觸別人，指引了生物最初的舉動與奮鬥。

而且，在基本的生理層面上，有各種與生俱來的感覺與動作，從自然而發的反射作用（例如對疼痛的反應），到大腦裡頭的某些本能機制（例如控制呼吸及自主功能等）。

但以愛德曼的觀點來看，除此之外，很少有什麼是設計好或生來就有的。烏龜寶寶一孵出來便一切就緒。人類寶寶什麼都還沒準備好，人類寶寶必須建立各種感知分類與其他分類，並利用這些分類來理解世界。也就是說，人類寶寶必須創造屬於自己的個人世界，並且設法在那個世界裡找到自己的出路。經驗與實驗在此極為重要——本質上，神經達爾文主義就是經驗式選擇。

對於愛德曼來說，大腦裡真正發揮功能的「機器」，是由數以百萬計的「神經元群組」所構成，這些群組又組織成更大的單位或「映射網路」（map）。這些映射網路可能幾分鐘或幾秒鐘之內就會改變，利用千變萬化、難以想像的複雜模式在不斷的「對話」，而這些錯綜複雜的模式卻總是有其意義。這令人想起謝靈頓（C. S. Sherrington，英國神經學家，一九三二年諾貝爾獎得主）極富詩意的說法，他將大腦想像成魔法織布機，在織布機裡，「千百

✿ 愛德曼原本是將天擇理論應用在免疫系統的先驅（他以這項研究榮獲諾貝爾獎），後來，一九七〇年代中期，他開始將類似的概念應用在神經系統上。

萬個閃光梭子編織成不斷消溶的圖樣，這些圖樣都有意義，卻絕不是持久不變的圖樣，是子圖樣的移位和聲。」

映射網路的形成，選擇性的反映在某些基本分類上，例如反映在視覺世界的動作或顏色），可能涉及成千上萬神經元群組的同步化。有些映射（mapping）發生在大腦皮質各不相連、結構固定且預設專屬的部位，例如以顏色來說：顏色的建構，主要是在所謂的第四視覺區。但皮質大多是可塑的、多潛能的「不動產」，在一定範圍內可以擔當任何需要的功能，因此，「聽人」身上本來是聽覺皮質的部位，在先天的聾人身上，可能會拿來重新分配給視覺使用，正如一般是視覺皮質的部位，在先天的盲人身上，可能會拿來用在其他的感官功能。

西格爾觀察猴子進行特定視覺工作的神經活動，非常清楚微觀方法與巨觀方法之間的鴻溝：前者是將電極插入單一的神經元來記錄細胞的活動，後者則是整體顯示大腦的反應區，例如功能性磁振造影（ｆＭＲＩ）、正子斷層掃描（ＰＥＴ）等。西格爾意識到，兩者之間還少了某種東西，於是率先開發最早的光學「中觀」方法，讓他可以即時觀察幾十個或幾百個神經元彼此之間的互動與同步化。他的發現之一：神經元的布局或映射網路，在動物學習或適應不同的感官輸入時，可能幾秒之間就改變了（頗出乎意料，一開始也想不通）。這點非常符合愛德曼的神經元群組選擇論，西格爾和我花了很多時間與其他人、以及愛德曼本人討論他的理論意涵。跟克里克一樣，愛德曼也對西格爾的研究深感興趣。

說到「對物體的感知」，愛德曼喜歡說：世界並沒有「貼標籤」，感知並不是「一來就已經解析好」、加在物體身上。我們必須透過自身的分類，才能產生自身的感知。「每一次感知，都是一次創造的行為，」愛德曼如是說。當我們四處活動，我們的感官從世界取得樣本，有了這些樣本，在我們的大腦裡便產生映射網路。然後，這些符合「成功」感知的映射網路，很有經驗的發生選擇性的加強——「成功」是因為，對於建立「事實」來說，這樣的感知被證實是最有用、最有力的。

愛德曼所說的是進一步的綜合活動，乃是更複雜的神經系統特有的，他稱之為「再回返傳信」（reentrant signaling）。依照愛德曼的說法，以大腦如何感知椅子為例：首先要有活化的神經元群組的同步化，以便形成映射網路，接下來，整個視覺皮質有好幾個分散的映射網路，形成更進一步的同步化——這些映射網路與感知椅子的眾多不同特徵有關，例如大小、形狀、顏色、椅腿的樣式、與其他種類椅子的關連（扶手椅、搖椅、嬰兒椅等等）。大腦藉由這種方式，對椅子有了豐富的認知，讓我們一眼就能辨認，各式各樣數不清的椅子都是椅子。這種感知的歸納是動態的，因此會不斷更新，並且有賴於無數細節不斷的積極調和。

大腦裡相隔甚遠的區域的神經元觸發（firing），是藉由大腦眾多映射網路之間的充分連結，才可能達到這樣的互相關連與同步，那些連結是互相對等的，而且可能包含數百萬個神經元。「觸摸椅子」所產生的刺激信號，可能會影響到某一組映射網路，而「看到椅子」所產生的刺激信號，可能又會影響到另一組。再回返傳信便發生在這幾組映射網路之間，成為「感知椅子的過程」的一部分。

分類是大腦的主要任務，再回返傳信可讓大腦來分類信號本身的類別，然後又重新分類這些信號，依此類推。這樣的過程，乃是龐大的向上路徑之開端，從而進入更高階層的思考與意識。

再回返傳信好比是某種「神經聯合國」，其中有幾十個聲音在一起交談，從外界不斷輸入的各種報導也加進它們的談話中。隨著新資訊的交互關連，將它們一起帶入更大的局面，於是產生了新的見解。

愛德曼曾想當音樂會的小提琴手，他也拿音樂來做比喻。在一次BBC電臺的採訪中，他說：

試想：如果你將十萬條線，隨機連接在弦樂四重奏的四位樂手身上，即使他們不說話，信號仍然會以各種隱蔽的方式來回傳遞（就如同藉由樂手間非言語的微妙互動而獲得的那種信號），使整個聲音的組合成為一體的合奏。大腦的映射網路藉由再回返傳信來運作，就是這個樣子。

樂手們彼此相連。每位樂手各自詮釋音樂，不斷的調節、也被其他人調節。沒有所謂的最終詮釋或「主」詮釋，音樂是集體產生的，每一次的演出都是獨一無二。這就是愛德曼心目中的大腦全貌：如同一個樂團，但沒有指揮，就像是一個自己演奏出音樂的樂團。

那天晚上和愛德曼一起吃完晚餐後，當我走回下榻的旅館時，我發覺自己處於一種狂喜的狀態。在我眼中，阿諾河上空的月亮是我見過最美麗的景物。我感覺到，自己終於擺脫幾十年來對知識論的絕望——從淺薄、無關緊要、有如電腦般的世界，進入到充滿豐富生物學意義的世界，進入到符合大腦與心智真相的世界。愛德曼的理論，是第一個真正放諸四海皆準的「心智與意識」理論，也是第一個「個性與自主性」生物學理論。

我心想：「感謝上帝，讓我能活著聽到這個理論。」一八五九年《物種原始論》問世時，我猜很多人一定會有感覺，而那種感覺，正是我現在的感覺。天擇的概念一鳴驚人，可是，一旦仔細想想，實在是顯而易見。同樣的，那天晚上，當我領悟愛德曼的論點時，我心想：「我真是太笨了，這件事自己竟然沒想過！」這也正是赫胥黎讀完《物種原始論》之後說過的話。一切頓時顯得再清楚不過。

從佛羅倫斯回來後，過了幾個星期，我又有了另一番頓悟，說來相當荒謬可笑。我開車去傑佛遜湖，途中經過沙利文郡鬱鬱蔥蔥的鄉間，正陶醉在寧靜的田野與樹籬時，我看見了——嗯，一頭牛！但這頭牛，已被我全新的動物生命「愛德曼觀點」給改觀了。牛的大腦正不停的映射所有的感知與動作，牛的腦裡一直都在進行分類與映射，神經元群組正以極快的速度閃動、交談，這是一頭「愛德曼牛」，全身上下充滿「初階意識」的奇蹟。「多麼奇妙的動物！」我心想：「以前的我，從不曾以這種角度來看待一頭牛。」

天擇可以告訴我，牛大致上是怎麼來的，但要理解「這頭牛之所以是這頭牛」，勢必得搬出神經達爾文主義才行。這頭牛藉由每一次的「經驗」，選擇了大腦裡的特定神經元群組，並且強化這些群組的活動，才得以成為這頭特定的牛。

愛德曼推測：哺乳類、鳥類、某些爬蟲類具有「初階意識」，這種能力可用來產生心智場景，有助於牠們適應複雜且變動的環境。對於愛德曼來說，若要達成這一點，有賴於演化過程中、某些「超凡時刻」突然出現的新型神經元迴路，此新型迴路容許神經元映射網路之間大規模、平行、相互的連結，也容許更大區域的映射網路之間同樣不斷在進行相互的連結——這可以整合新的經驗、劃分新的類別。

愛德曼主張：在演化過程中的某些「更超凡時刻」，人類（或許還有一些別的物種，例如猿類及海豚）之所以能發展出「高階意識」，是由於更高階層的再回返傳信。高階意識帶來前所未有的歸納與反思的能力，還有認清過去與未來的能力，以臻於最終的「自我意識」，也就是說，達到「成為世上的一個自我」的認知。

一九九二年，我和愛德曼在劍橋的耶穌學院參加一場有關意識的會議。雖然愛德曼的書往往讀起來很艱澀，但看他演講、聽他演講，很多觀眾都有深受啟發之感。

在同一場會議上（我忘了是什麼原因引起我們的交流），愛德曼對我說：「你不是理論家。」

「我知道，」我說：「但我是實地研究者，對於你建立的那些理論來說，你需要我做的那種實地研究。」愛德曼也贊同。

我在日常的神經科看診時，經常遇到狀況，完全打敗典型的神經學解釋，於是渴望能有一種完全不同的解釋。而以愛德曼的觀點來看，許多這樣的現象都可解釋成：由於神經損傷或疾病，破壞了局部或更高階層的映射網路。

當初我在挪威發生意外而受傷、無法動彈之後，左腿成了「外來的腿」，我的神經學知識根本幫不上忙。知覺與知識的關係、知覺與自身的關係，肢體如何因「神經信息流」出了毛病而無法被自身意識到（亦即肢體變得「沒人要」），以及身體其餘部分後來如何很快的重新映射（除了那個肢體以外），舉凡以上種種，典型的神經學都毫無用武之地。

如果大腦右半邊的感覺區（頂葉）嚴重受損，病人可能會出現「病覺缺失」，亦即對發生的事情毫無意識，即使他們的左半身已毫無感覺或癱瘓。有時他們可能會堅稱自己的左半身是「別人的」。對於這樣的病人來說，他們主觀上認為空間及世界是完整的，儘管他們其實是生活在「半個世界」裡。

多年來，病覺缺失遭人誤解為古怪的神經質症狀，因為典型的神經學觀點無法理解這種狀況。但愛德曼將這樣的症狀視為「意識生病了」，由於大腦某半邊的高階層再回返傳信及映射網路出了毛病，因而造成意識的徹底重組。

有時繼神經病變之後，記憶與意識之間發生分裂，只剩下內隱知識或記憶。因此，我的病人吉米（那位失憶的水手）對於美國前總統甘迺迪遇刺沒什麼記憶。當我問他，二十世紀有沒有任何總統被暗殺時，他會說：「沒有，據我所知沒有。」但如果我問他：「假設來說好了，如果總統被暗殺，而你卻不知道這件事，你猜可能會發生在哪個地方：紐約、芝加哥、達拉斯、紐奧良、還是舊金山？」他總是會「猜」對：達拉斯。

同樣的，皮質性全盲的病人由於大腦主要視覺區嚴重損傷，會堅稱他們什麼也看不見，但他們也可能神奇的「猜」對面前的東西是什麼，這就是所謂的盲視（blindsight）。在所有的這些病例中，感知與感知分類被保存下來，但卻已經與高階意識分道揚鑣。

「個性」從一開始就深深的灌注在我們身上，深達神經元的層面。

即使在運動層面，研究人員也已經證實，嬰兒在學習走路、或學習如何伸手拿東西的時候，並非遵循固定的模式。每個小寶寶都會嘗試用不同的方式伸手拿東西，在幾個月的學習過程中，找到或選擇自己的運動方式。當我們試著想像這種個別學習的神經基礎時，我們可以想像「一大票」動作（以及與動作相關的神經迴路），正在被經驗強化或刪剪。

關於中風及其他損傷之後的痊癒與復健，我也有類似的想法。沒有規則，沒有既定的康復之路，每一位病人都必須找到或創造自己的運動模式與感知模式，找到自己的解決方法，來克服自己所面對的挑戰。而細心善解的治療師所發揮的功能，就在於幫助病人走過這場難關。

最廣義來說，神經達爾文主義意味著：不管我們願不願意，我們都注定要過著獨特且自我發展的生活，走出自己獨一無二的生命之路。

當我拜讀《神經達爾文主義》時，我很想知道，它會不會改變神經科學的面貌，一如達爾文的理論改變了生物學的面貌。簡短但不充分的答案是：「還沒有。」即便現在有無數的科學家將愛德曼的許多想法視為理所當然，但他們並不承認，或甚至不知道，這些想法正是愛德曼的想法。就這層意義來看，愛德曼的思想雖然不算是眾所公認，卻已經動搖了神經科學最根本的基礎。

在一九八〇年代，愛德曼的理論太新潮了，以致不易融入神經科學的任何既有模式或典範。我認為，正因如此，才妨礙了它的普遍接受度。再說，愛德曼的文筆也實在太沉重艱澀了。

愛德曼的理論苦於「時機尚未成熟」、太超越時代、太複雜、太需要新的思維方式，以致在一九八〇年代遭到抗拒或忽視；但是接下來的二、三十年，有了新的技術，我們將會有很好的條件來驗證（或推翻）其終極理念。

我們人類，以及我們人類的大腦，如何建構獨一無二的自我？如何建構個人獨一無二的世界？對我來說，愛德曼的理論，依然是最有力、最美妙的解釋。

第十二章 家

我們聊正在看的書，我們看電視上的老電影，
我們一起看夕陽、分享午餐三明治。
我們分享寧靜、多方面都很契合的生活……
在我這把歲數，這真是意想不到的最佳恩賜。

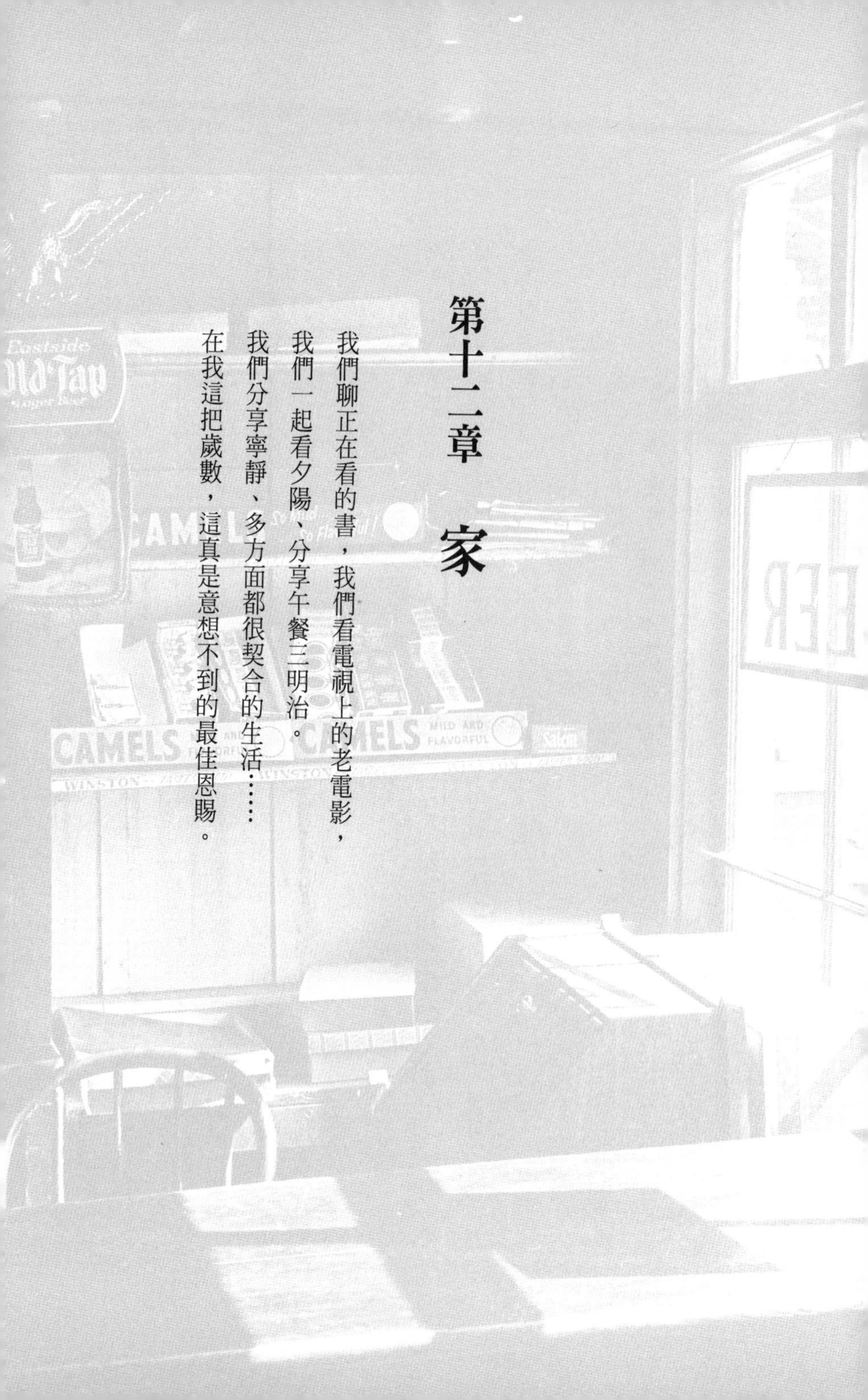

有時我覺得，當初我離開英國的方式實在很不堪。我受過最好的英國教育，飽讀最優秀的英文詩書，融會千年來的風俗傳統；而那時的我，帶著如此珍貴的精神資產，帶著家人投資在我身上的一切，遠離國門一走了之，竟連一句「謝謝」或「再見」都沒有。

儘管如此，我依然把英國當成家鄉，盡可能經常回去看看。每當我的雙腳踏踏實實的踩在家鄉的土地上，這種感覺尤為強烈。我和英國的親朋好友、同事保持密切聯繫，心中深信，這十年、二十年、三十年在美國的日子，只不過是長期出訪而已，我遲早會回到家鄉。

一九九〇年，我那「英國是家鄉」的概念受到衝擊，因為我父親去世了，馬普斯伯里路的老家也賣掉了，我在那裡出世、成長，回英國時都會回去看看，也經常住在那裡，對我來說，房子的每一寸角落都泛著回憶與情感。我不再感覺「有家可歸」，從那之後，我去英國的感覺就是「去英國」，而不像是回到自己的國家、國人的懷抱。

然而，奇怪的是，我以我的英國護照為傲。二〇〇〇年之前的英國護照很漂亮，很大一本，上頭印了壓花燙金字，和多數國家發放的輕薄小護照很不一樣。我沒有申請美國公民身分，安於擁有綠卡，被當成「外國居民」也怡然自得。這很符合我感受到的（至少大部分時間都是如此）：一個友善、敏銳的外國人，注意周遭的一切，卻不必承擔諸如投票或出任陪審團等公民責任，也沒必要和美國的政策或政治扯上關係。我常常覺得自己是「火星上的人類學家」（葛蘭汀也這麼稱自己）。但是住在加州的那段日子，我卻很少有這種感覺，當時的我，感覺自己與西部的山林、沙漠合為一體。

二〇〇八年六月，聽說女王壽辰授勳名單上有我的名字，我將被授予「大英帝國司令勳章」（CBE），令我大吃一驚。「司令」這字眼讓我覺得很好笑，我實在無法想像自己成為驅逐艦或戰鬥艦艦橋上的司令官，但這項榮譽讓我既好奇又深受感動。

雖然我不喜歡穿正式的服裝，或遵守什麼繁文縟節（通常我的衣服都很邋遢破舊，而且我只有一套西裝），但我很喜歡白金漢宮的禮儀：人家教我如何鞠躬、如何在女王面前向後退、如何等候她拉你的手或向你致意。（人們不得擅自碰觸皇室人員，或與他們交談。）我懸著半顆心，生怕會鬧出什麼笑話，比如昏倒、在女王面前放屁之類的，幸好一切都很順利。

在典禮上，伊莉莎白二世女王的耐力讓我印象非常深刻：叫到我的名字的時候，她已經直挺挺的站了兩個多小時（當天有兩百位受勳者），沒有人扶著她。她只對我說了短短幾句話，但很熱情，問我正在做什麼研究。我感覺得到，她是一位非常正派、有幽默感的大好人。她（以及全英國）彷彿在說：「你已經做了很有用、很光榮的事情。回家吧。一切都沒事了。」

我的醫學生涯、看診，並沒有因為寫作《看見聲音》、《色盲島》或《鎢絲舅舅》而改變。我一直都在貝斯亞伯拉罕醫院、安貧小姊妹會、以及其他地方看診。

二〇〇五年夏天，我去英國探視失憶症音樂家韋靈（Clive Wearing），他相當與眾不同，一九八六年喬納森拍攝的影片「意識之囚」，就是以他為主角。我和韋靈的妻子黛博拉通信多年，她剛出版了有關韋靈的書，頗引人矚目。她希望我能去探望韋靈，看看二十多年前不幸得了腦炎的他，現在變成什麼樣子。雖然韋靈幾乎記不得任何成年後的事情，最近發生的事情也只記得幾秒鐘，但韋靈還能彈奏風琴、指揮合唱團，就像以前曾是專業音樂家的他所能做的一樣。他的例子，說明了音樂及音樂記憶的特殊力量，這是我很想寫的東西。想到這點，又想到其他很多「神經音樂學」的題材，我覺得自己應該試試看，寫一本有關「音樂與大腦」的書。

這本書最後稱為《腦袋裝了二千齣歌劇的人》，本來沒想要寫那麼多，我以為應該是一本輕薄短小的書，大概寫個三章就夠了。但是當我開始想到某些人，例如有音樂聯覺（musical synesthesia）的人，患有音樂失認症（無法認知任何音樂）、額顳葉型失智症（可能會突然冒出意想不到的音樂天分與熱情）、音樂性癲癇（音樂誘使癲癇發作）的人，以及因為「腦蟲」或不斷重複的音樂心像或音樂幻覺而不得安寧的人，這本書便愈寫愈厚了。

而且，自從四十年前看到音樂對於我那些腦炎後型病人的療效，甚至早在他們因服用左旋多巴而「甦醒」之前，我就一直對音樂的療效很感興趣。從那時起，音樂的超能力向來令我非常驚訝，它還能幫助患有以下症狀的病人：健忘症、失語症、抑鬱症、失智症。

自從一九八五年《帽》書出版之後，我收到的讀者來信愈來愈多，信中往往道出讀者本身的經歷。我的看診觸角因而大為延伸，可以說遠遠超出診所的範圍。某些來信與報導大大充實了《腦袋裝了二千齣歌劇的人》以及後來的《幻覺》的內容，不亞於我和醫師、研究人員之間的書信往返與互訪。

雖然我在《腦袋裝了二千齣歌劇的人》書中寫了很多新的病人和題材，但我也再度探視先前寫過的幾位病人。這回我特別留意他們對音樂的反應，根據新型的腦部造影術，以及「腦—心如何形成建構與分類」的概念來看待他們。

當我邁入七十大關，我的健康狀況甚佳，雖說骨頭有一點問題，其他倒沒什麼大礙，活得好好的。即便我的三位哥哥都已離開人世，很多朋友及同輩中人也都先走一步，但我對疾病或死亡並沒有想太多。

然而，二〇〇五年十二月，癌症忽然大駕光臨——我的右眼長了黑色素瘤，眼睛某一側突然呈白熾狀，然後就半瞎了。黑色素瘤大概已經慢慢長了一段時間，此刻已經長到接近視網膜的中央窩，這個微小的中心區域是感光最靈敏的地方。黑色素瘤惡名昭彰，確診時，我覺得自己彷彿被判了死刑。但我的醫師趕緊告訴我，眼部黑色素瘤相對是良性的，很少轉移，而且是可以治癒的。

我做了放射治療，以及好幾次雷射治療，因為某些部位一直長出新的癌細胞。在頭十八個月的治療期間，我的右眼視力幾乎每天都起伏不定，從幾近失明到幾近正常。這樣的起起伏伏，讓我在驚懼與解脫之間擺盪，在兩種極端情緒之間游移。

要不是某些視覺現象讓我著迷，我恐怕會受不了這場病，而且我會變得愈來愈難相處。我的視網膜和視力被腫瘤與雷射一點一滴蠶食，因而產生各種視覺現象：亂七八糟的拓撲扭曲、色彩的錯亂、盲點區巧妙的自動填滿、色彩與形狀毫無節制的蔓延、眼睛閉上時不斷感覺看到物體與場景；尤有甚者，各式各樣的幻覺湧入漸趨擴大的盲點區。我的大腦受到牽連的程度，顯然與眼睛本身不相上下。

我害怕失明，但我更害怕死亡，所以我和黑色素瘤打個商量。我跟它說：如果一定要的話，拿走我的眼睛吧，但請放過我身上的其他部分。

二〇〇九年九月，經過三年半的治療，我右眼的視網膜因放射治療而變得脆弱、出血，使右眼完全失明。醫師試著除去血塊，但不成功，因為視網膜又會立刻出血。兩眼視力少了一眼的我，有很多新的失能現象要應付（有時倒是很引人入勝）——以及研究。立體視覺的喪失，對我這種「立體狂」來說，不僅是一樁慘劇，而且往往很危險。少了景深的感知，臺階與路肩看起來就像是地面上的線條，遠處的物體與較近的物體似乎位在同一個平面上。隨著右眼視野的喪失，我出了很多次意外，老是撞到眼前不知從哪裡突然冒出來的東西或人。而且我往右邊看時，不僅生理上失明，心智上也同樣失明。我看不見的東西，竟然也想像不出那東西的樣子。這種神經學家所謂的「單側忽略」（hemi-neglect），通常是中風、大腦視覺區或頂葉的腫瘤造成的。身為腦神經科醫師，這些現象特別令我著迷，因為當感官輸入有缺陷或異常時，這些現象提供了大腦如何運作（或運作出差錯、或無法運作）的驚人全貌。我對這一切詳加記錄（我的〈黑色素瘤日誌〉已長達九萬字）、詳加研究，進行了各種感知實驗。這整個經歷，如同我的腿傷經歷，成了某種「親身實驗」：拿自己當白老鼠來「以身試法」的實驗。

我的眼睛損傷所造成的感知結果，構成了一片任我探索的沃土，我覺得自己彷彿正在探索一整個世界的奇特現象。不過，我忍不住想到，所有像我這樣的眼疾病人，肯定都經歷過類似的感知現象。那麼，寫出我自己的經歷，也等於是寫出他們的經歷。這種「探索的快感」著實令人振奮，讓我得以忍受這段本該是驚恐、沮喪的日子。持續看診與寫作也是同樣的道理。

當一連串新的災難以及外科手術找上門時，我正在努力寫一本新書：《看得見的盲人》。二〇〇九年九月，我的右眼才剛出血沒多久，左膝蓋又必須整個更換（這當然又讓我生出一篇不長不短的日誌）。我被告知，手術後要等上八個星期左右，左膝蓋才能再度活動自如；如果不成功的話，我的餘生就會有條硬邦邦的腿。活動膝蓋、除去傷痕組織，將會非常痛。「不要逞強，」外科醫師說：「你想吃什麼止痛藥都可以。」更過分的是，我的治療師說到這種疼痛時，用的字眼簡直色情極了。「擁抱它，」他們說：「深深陷入它。」他們堅稱，那是一種「好的疼痛」，如果我想在短期間內重獲充分的靈活度，把自己逼到極限至關重要。

我的復健情況良好，膝蓋活動的範圍、強度一天勝過一天。但另一個顧人怨的問題又來攪局：我從前奮戰多年的坐骨神經痛再度現身，起初慢慢的痛、躲躲閃閃的痛，但很快便讓我慘遭前所未知的劇痛。

我很努力的繼續復健，保持活動，但坐骨神經痛把我給打敗了。到了十二月，我躺在床上無法起身。左膝蓋開刀時剩下很多嗎啡，其功效對於「好的膝蓋疼痛」妙不可言，但對於基本上擠壓到脊椎神經的神經痛，卻幾乎毫無用處。我根本沒辦法坐下，連一秒鐘都不行。

我沒辦法坐著彈鋼琴，這真是嚴重的剝奪，因為從我滿七十五歲起，我又開始拜師學音樂、彈鋼琴（既然我寫過、連年紀更大的長者都能學習新技能，我想也該是時候聽聽自己的建議了）。我嘗試站著彈鋼琴，卻發現根本做不到。

我拿十大卷《牛津英語詞典》來墊高，在工作桌上架起高高的平臺，然後站著寫所有的東西。我發現，寫作時的專心致志，幾乎跟吃嗎啡的效果一樣好，而且沒有副作用。我討厭躺在床上，討厭待在疼痛的地獄裡，我盡可能花好幾個小時，站在我那臨時湊合的書桌前寫作。

事實上，我這段時間的思考、寫作、閱讀，都和疼痛有關，以前我從未真正思考過這個主題。在這兩個月的過程中，我的親身經歷告訴我，至少有兩種完全不同的疼痛。膝蓋手術的疼痛完全是區域性的，這種疼痛不會蔓延超過膝蓋部位，而且完全取決於我對手術部位、患部組織的伸展程度。我可以很輕易的用「十分制」來量化這種疼痛，而且最重要的是，正如治療師所說，這是「好的疼痛」，是那種可以擁抱、解決、征服的疼痛。

「坐骨神經痛」（這字眼不太恰當）在性質上全然不同。首先，這種疼痛不是區域性的，疼痛的蔓延，遠遠超過我的身體右側L5脊神經根受損而刺激到的區域。它不是那種回應伸展刺激、可想而知的疼痛，例如膝關節疼痛。相反的，它會突然發作，神不知鬼不覺的，無法預料且防不勝防，連事先咬緊牙關的時間都沒有。它的疼痛指數破表，無法量化，簡直會讓你痛不欲生。

更糟糕的是，這種疼痛具有它本身的感情成分，我發現那很難形容，是一種極度的痛苦、極恐怖的特質，文字難以捕捉其精髓。神經痛無法「擁抱」、抗衡或調適。它把人搗碎成一團顫動的、近乎無意識的肉漿，在這種疼痛的侵襲下，人的意志力、人的本性都不見了。

我重新拜讀赫德（Henry Head）的偉大著作《神經學研究》，書中比較了「精微」感覺（位於確切的部位、具差別性、與刺激的強弱成比例）與「原發」感覺（彌散、漫溢、一陣一陣突如其來）的不同。這種二分法，似乎相當符合我經歷過的兩類型疼痛。我很想寫針對個人、關於疼痛的小書或文章，除此之外，順便讓赫德長期遭遺忘的術語及二分法起死回生。（我把這想法講給朋友和同事聽，講得落落長，但我卻從未完成想寫的文章。）

到了十二月，坐骨神經痛讓我疼痛不堪，我再也無法閱讀或思考或寫作。這輩子第一次有了自殺的念頭。☆

脊椎手術日期定在十二月八日。這時我服用的嗎啡劑量很重，醫師警告我，由於術後水腫，手術後的幾個星期，疼痛有可能變得更嚴重，事實上果真如此。二〇〇九年的十二月一直都很陰鬱，也許是因為我吃的止痛藥太猛，增強了當時我所有的感覺：總是在希望與恐懼之間突然轉變。

我受不了一天二十四小時躺在床上不動，但還是得躺著。我開始想盡方法（一手拿枴杖，一手扶著凱特的手臂）進辦公室，在那裡，我至少可以口述信件、接聽電話，躺在辦公室的沙發上，假裝自己又回到了工作崗位。

二〇〇八年，過完七十五歲生日不久，我遇到了令我心儀的人。比利是作家，剛從舊金山搬到紐約，我們開始一起吃晚餐。一輩子怯懦拘謹的我，竟容許友誼和親密關係在我們之間滋長，當時也許不太了解這層關係有多深。到了二〇〇九年十二月，當我還在膝蓋及背部手術的復原期，受盡疼痛折磨，我才意識到這層關係有多深。

比利要去西雅圖跟家人一起過聖誕節，臨行前他來看我，用他一派認真、慎重的方式說：「我一直好想深深的愛你。」當他說這句話，我才明白從前我不明白的，或者，我一直隱瞞自己的：我也好想深深的愛他。我熱淚盈眶。他親吻我，然後他就走了。

他離開後，我幾乎時時刻刻都在想念他，卻又不想打擾他與家人相處。我殷殷切切、夾雜幾許膽顫心驚，等著他打電話來。有那麼幾天，他不方便在如常的時刻打電話來，我便開始擔心：他會不會出了車禍，已經殘廢或死掉了？好不容易捱過一、兩個小時，他終於打電話來，我簡直快要喜極而泣。

此時的我非常多愁善感。我鍾愛的音樂、傍晚金光閃閃的夕陽，都會讓我掉眼淚。我不太確定自己為何哭泣，但我對於愛、死亡、人生無常，有一種五味雜陳的強烈感覺。

躺在床上，我把滿懷的情感寫在筆記本裡，這本筆記獻給「墜入情網」。十二月三十一日深夜，比利回來了，帶來一瓶香檳。他打開瓶蓋，我們斟酒互敬對方，說聲：「敬你。」然後，舉杯迎來新的一年。

十二月最後一個星期，神經痛開始愈來愈不痛了。是因為術後水腫好了嗎？還是因為戀愛的喜悅有如止痛藥第勞第拖（Dilaudid，二氫嗎啡酮）或芬太尼（fentanyl）的神效，可

✫ 簡內達（Peter Jannetta）是我的同事與好友，以前和我同在UCLA醫學中心當過住院醫師，他發現並改良了某種技術，使罹患「三叉神經痛」病人的生活完全改觀，往往救了他們的命。在簡內達的改良技術出現之前，這種發生於眼睛及臉部的陣發性疼痛原本無法可治，往往令人生不如死，病人自殺時有所聞。

以減輕神經痛？這解釋讓我忍不住覺得很有趣。戀愛這回事，難道會讓全身上下瀰漫鴉片類藥物、大麻素、或之類的東西？

到了隔年一月，我回到以《牛津英語詞典》墊高的書桌寫作，當初因為臥病不起而遺棄在書桌上的《看得見的盲人》手稿，我又回過頭來寫了。而且我現在可以出門一陣子，只要我能站得住。我站在音樂廳和演講廳的後方，去那種有酒吧可以讓我站著的餐館，而且恢復去看精神分析師。不過，當我在諮詢室裡和他面對面時，我也必須站著。

有時我左看右看，覺得我的生活一直過得「離生活有段距離」；當比利和我墜入情網，我的生活也改變了。二十歲的我，曾經愛上塞利格；二十七歲的我，著魔似的愛上梅爾；三十二歲的我，不怎麼確定的愛上卡爾；而現在，天哪！我竟然七十七歲了。

全心全意、天翻地覆的改變，勢在必行。以我的情況而言，孤絕一生的習慣、某種內隱的自私自利，勢必要改變。生命裡多了新的需要、新的恐懼——需要另一個人、恐懼遭遺棄。勢必要全心全意、彼此互相調適。

對於比利和我來說，這些都不是問題，因為我們有共同的興趣和活動，我們都是作家。事實上，我們就是因為這樣才認識的。我曾拜讀比利《解剖學家》一書的校樣，非常喜歡。我寫信給他，建議他有機會來東岸時，或許我們可以見個面。二〇〇八年九月他來紐約，果真照辦了。

我喜歡比利那既嚴肅又俏皮的思維、他的善解人意、他那既直率又細膩的個性組合。靜靜躺在某人懷裡聊天、一起聽音樂、一切盡在不言中，這對我來說，是一種全新的體驗。我們一起學做飯，一起吃適當的餐點。（活到這把年紀，我之前差不多都是靠穀類食物維生，或是吃罐頭沙丁魚，站著吃，三十秒就吃完一罐。）

我們開始一起出遊，有時去聽音樂會（我的最愛），有時去逛畫廊（他的最愛），還常常去紐約植物園——四十多年來，那地方我都是自己一個人去逛的。我們也開始一起旅行：去我的城市倫敦，介紹他認識那裡的朋友和家人；去他的城市舊金山，他有很多朋友在那裡；去冰島，因為我們兩個都很嚮往去那裡。

我們常常一起游泳，在海內或海外。有時候，我們會把手上正在寫的作品，唸給對方聽。但大部分時間，如同任何一對愛侶，我們聊正在看的書，我們看電視上的老電影，我們一起看夕陽、分享午餐三明治。我們分享寧靜、多方面都很契合的生活——保持距離一輩子了，在我這把歲數，這真是意想不到的最佳恩賜。

小時候，人家都叫我小墨（Inky），而現在的我，似乎依然老是墨跡斑斑，如同七十年前的我。

我十四歲開始寫日記，最後算一算，竟然寫了上千本。這些日記本，從隨身攜帶的小小口袋型，到超級大的大部頭，各種形狀大小一應俱全。我的床邊總放著筆記本，用來記錄做了什麼夢或半夜想到什麼事情。游泳池畔、湖邊、海邊，我都試著放筆記本。游泳時也非常容易冒出想法，我得趕緊寫下來，尤其是整句或整段想法自己冒出來的時候（偶爾真的是這樣）。

我在寫《腿》書時，引用了大量日記上的詳細記載，那些都是一九七四年、我在當病人的時候寫的。《蕨樂園》也一樣，大多是依照我的手寫筆記。但大致上，我很少看自己寫了大半輩子的日記。寫作的行為，這件事本身就夠了，它的作用在於澄清我的想法與感受。寫作的行為，是我的精神生活的一部分，想法的浮現、成形，都來自寫作的行為。我的日記不是寫給別人看的，自己也很少看，但它們是特殊而不可或缺的一種自我對話形式。

讓想法躍然紙上，不僅限於筆記本。信封背面、菜單、隨手抓來的紙張，什麼都可以拿來寫。我經常抄錄自己鍾愛的嘉言妙句，手寫或打字在鮮豔的色紙上，然後張貼在布告欄。我住在城市島時，辦公室裡滿滿一堆嘉言妙句，都用活頁夾兜起來，掛在辦公桌上方的窗簾桿上。

通信也是生活的一大重點。大體來說，我喜歡寫信、收信，這是跟其他人的交流，而且是跟特定的其他人。當我沒辦法「寫作」（無論是哪一種寫作）時，卻發現自己有辦法寫信。我保存了所有收到的信件，以及自己寫的信件複本。如今，當我試圖重建生命中的某個部分，例如一九六〇年我剛來美國、極為關鍵且多災多難的那段期間，我發現，這些陳舊的信件真是一大寶庫，可用來修正不實的回憶與幻想。

數量龐大的寫作，早已在我的臨床筆記裡行之有年。包括貝斯亞伯拉罕醫院的五百名病人，安貧小姊妹會安養院的三百名住戶，以及布朗克斯州立醫院裡裡外外的數千名病人。幾十年來，每一年都要寫一千多份筆記，但我樂此不疲。我的筆記寫得很長、很詳細，人家說，有時候讀起來像小說似的。

我是個講故事的人，不管講得好不好。我猜想，對於故事、敘事的感情，乃是人類的共同性格，與我們的語言能力、自我意識、自傳式記憶同在。

若進行得很順利，寫作的行為會讓我感到開心、愉悅，甚於任何事物。寫作把我帶到另一個地方，無論主題是什麼。我專心一志，忘卻雜念、煩憂、成見，甚至忘卻時間的流逝。在那樣難得、天堂般美好的精神狀態下，我可以寫個不停，寫到連紙都看不見為止。那時我方知夜晚降臨，竟已寫了一整天。

這輩子，我已經寫了好幾百萬字。但寫作這件事，似乎還是一樣新鮮，一樣樂趣無窮，如同將近七十年前我開始寫作那時候。

誌謝

要不是凱特・艾德格，這本自傳是不可能寫出來的。三十多年來，凱特在我的生命中扮演了非常獨特的角色，她是我的私人助理、編輯、工作伙伴、朋友（我把我的上一本書《幻覺》獻給她）。為了這本書，凱特幫我篩選所有的早期著作，包括發表過和沒發表的，以及追溯至一九五〇年代的筆記和信件。另外也要感謝兩位忠誠的助手荷莉・帕克（Hallie Parker）及海莉・武奇克（Hailey Wojcik）的幫忙。

神經學家奧林・德溫斯基（Orrin Devinsky）是我的好友兼同事，我虧欠他特別多。二十五年來，我一直很喜歡跟他「醫師對醫師」、「朋友對朋友」式的對話。奧林用他挑剔的眼光來看待本書的科學與臨床部分，他對早期的幾本書也很挑剔（我把《腦袋裝了二千齣歌劇的人》獻給他）。

丹・法蘭克（Dan Frank）是我在可諾夫（Knopf）出版社的編輯，他看過本書的連續幾個版本，在每個階段都提供了寶貴的建議與見解。

摯友比利·海斯（Billy Hayes）也是作家，一直密切關心這本書的源起、寫作、成形，我要把這本書獻給他。

在我漫長且多災多難的一生中，有成千上百的人一直跟我很親、對我很重要，但本書涵蓋的只有少數幾位。其他人絕對可以放心，我並沒有忘記你們，你們將駐留在我的記憶中、我的情感中，直到我死去的那一天。

閱讀筆記

On the Move

A Life

健康生活 179

薩克斯自傳

(原書名：勇往直前)

On the Move

A Life

原著 — 奧立佛・薩克斯（Oliver Sacks）
譯者 — 黃靜雅

事業群發行人／CEO／總編輯 — 王力行
副總編輯 — 周思芸
編輯顧問暨責任編輯 — 林榮崧
封面設計暨美術編輯 — 江儀玲

出版者 — 遠見天下文化出版股份有限公司
創辦人 — 高希均、王力行
遠見・天下文化 事業群董事長 — 高希均
事業群發行人／CEO — 王力行
天下文化社長 — 林天來
天下文化總經理 — 林芳燕
國際事務開發部兼版權中心總監 — 潘欣
法律顧問 — 理律法律事務所陳長文律師
著作權顧問 — 魏啟翔律師
社址 — 台北市 104 松江路 93 巷 1 號 2 樓
讀者服務專線 — 02-2662-0012 ｜ 傳真 — 02-2662-0007，02-2662-0009
電子郵件信箱 — cwpc@cwgv.com.tw
直接郵撥帳號 — 1326703-6 號 遠見天下文化出版股份有限公司

排版廠 — 極翔企業有限公司
製版廠 — 東豪印刷事業有限公司
印刷廠 — 祥峰印刷事業有限公司
裝訂廠 — 台興印刷裝訂股份有限公司
登記證 — 局版台業字第 2517 號
總經銷 — 大和書報圖書股份有限公司 電話／02-8990-2588
出版日 — 2017 年 7 月 26 日第二版第 1 次印行
2022 年 8 月 16 日第二版第 3 次印行

定價 — NTD450
書號 — BGH179
ISBN — 978-986-479-267-2
天下文化官網 — bookzone.cwgv.com.tw

國家圖書館出版品預行編目(CIP)資料

薩克斯自傳 / 奧立佛.薩克斯（Oliver Sacks）著；黃靜雅譯. -- 第二版. -- 臺北市：遠見天下文化, 2017.07
面； 公分. --（健康生活；179）
譯自：On the move : a life
ISBN 978-986-479-267-2（平裝）

1.薩克斯（Sacks, Oliver, 1933-2015）
2.醫師 3.傳記

784.18 106011552

天下文化
BELIEVE IN READING